상담을 위한

부동산 세법실무 핸드북

법무사 박 형 기 지음

머 리 말

세법은 개인이나 법인 등 수범자 입장에서 보면 일단 제재법으로 느껴지고, 우리가 알아야 할 지식도 그러한 제재로부터 불이익을 받지 않도록 관련된 핵심 부분만 뽑아내 알면 된다고 생각하는 분도 있습니다. 다시 말해, 세법이란 게 적극적으로 돈을 벌어주는 지식이라기보다는 소극적으로 돈을 잃지 않는 지식으로 구성되어 있다는 것입니다.

그러나 세감면 규정 등 세제지원 법규들에서는 세 감면요건에 맞는 여러 가지 방법을 잘 활용하기만 하면 다액의 세액을 감면받는 혜택을 셀 수 없이 두고 있습니다. 이러한 세감면 규정들은 개인이나 법인이 그 사업활동 속에서 사업목적이나 사업규모, 미래의 성장방향 결정과 관련하여 적극적인 투자의 유치나 투자방향, 투자방법, 투자형태를 결정할 때 제1차적으로 고려해야 하는 요소가 되기도 합니다.

이러한 세법지식을 두루 갖추기는 쉽지 않습니다. 일단 개별 세법 자체가 다기하고 시행령과 시행규칙도 조문이 방대하여 팽대한 분량을 자랑하고 있습니다. 물론 다른 법령들과 마친가지로 세법도 체계가 있고 요건·효과로 따라 정리되어 있으므로 상당한 기간을 투자한다면 방향을 잡아 길을 찾을 수는 있겠지만, 이른바 '가성비'가 문제가 될 것입니다.

따라서 법학 자체도 실용학문이지만 세법은 더욱 원인요법이 아닌 대증요법적 경영도구로서 경제생활의 구체적 사건에서 즉각 응용되어야 하는 기술적 영역이라 할 것입니다. 세법의 수요자로서는 구체적 사건과 세법의 연관 및 필요를 가지할 수 있어야 하고, 전문가로서는 수요자의 두루뭉술한 정보 진술로도 정확한 세법적 해결수단을 찾아내어 제공하고 나아가 기업에게는 장기적 기업컨설팅, 개인에게는 재무적 설계를 제공할 수 있다면 최선일 것입니다.

결국 일반 수요자든 전문가든 가장 중요한 것은 아무 생각 없이 일반적인 길을 가다가 세법이 제공하는 입구가 있는지 감지하는 능력입니다. 그 다음은 일반 수요자는 그에 합당한 해결사(전문가)를 찾는 것이고, 전문가는 그 해결방안을 찾아 세법적·법률적·회계적 프로세스를 마련해 주는 것입니다.

『세무핸드북』은 이러한 고민 속에서 탄생한 책입니다. 작은 숲은 모두 날려버리고 큰숲만, 큰숲 가운데서도 필요한 수종과 큰나무만, 큰나무 가운데에서도 대간만 남겨 한 눈에 핵심 주제에 직접 도달할 수 있게 모든 주제를 도표화했습니다. 다시 말해, 국세와 지방세를 아우르면서 작은 분량으로 세법적 문제의 스모킹건을 전체적 그림 속에서 찾을 수 있도록 그물코를 날줄과 씨줄로 엮어 도표와 압축진술로 전달하려 노력하였습니다.

아무쪼록 이 소책자가 세법실무에 어려움을 느끼는 많은 분들에게 조금이나마 도움이 되기를 바랍니다.

2023년 5월 3일

저자 박형기 씀

차 례

세법 개요

● 세무 처리절차

1. 거래별, 행위별 발생세목 확인(복수일 경우도 있음)
2. 과세요건 확인(필요한 경우 구청 및 세무서 문의)
3. 세액 산정(중과세 및 감면 여부 확인)
4. 신고납부(기한, 납부장소, 감면신청, 기타 부가요건 요부 확인, 신고납부 착오시 수정신고납부)
5. 등기소 제출서류 확인(기타 부가 서류 요부 확인, 외국인 등의 부동산거래계약신고, 재외국민·외국인의 부동산양도세신고확인서)
6. 사후 또는 후속 조치 확인(상가양도시 건물분 부가가치세 환급 등)
7. 과오납시 구제절차 또는 위험경감 조치(경정심판, 취소소송을 통한 조세환급, 오납, 과납한 원천징수세액에 대한 부당이득반환소송)

● 조세의 분류

1. 과세권자 : 국가 - 국세 - 소득세, 법인세, 부가가치세, 종합부동산세, 주세
지자체 - 지방세 - 취득세, 등록면허세, 농특세, 지방교육세, 재산세, 주민세, 자동차세, 담배소비세
2. 조세전가의 유무 : 납세의무자 = 담세자(직접세)
납세의무자 ≠ 담세자(간접세 - 부가가치세, 주세)
3. 사용목적 : 보통세(일반목적). 특별세(특정목적- 농특세, 교육세)
4. 부과의 독립성 : 독립세(독립적 과세체계), 부가게(본세에 부가- 농특세, 교육세)

● 과세요건

1. 납세**의**무자 : 간접세 vs. 원천징수
2. 과세**대**상 : 이·배·사·근·연·기/퇴·양(소득세), 재화 또는 용역의 공급(부가가치세), 취득행위(취득세), 등록행위/면허행위(등록면허세), 특정물품(개별소비세), 상속재산·무상이전재산(상속세, 증여세)
3. 과세**표**준 : 크기(금액), 과세대상에서 세율을 곱하는 구체적인 기준이 되는 금액.
4. 세**율** : 정액세/정률세율, 누진세율, 탄력세율. 영세율 vs. 면세

제1장 부동산 일반

1-1 개인·법인사업자의 연간세무일정

<table>
<tr><th>구 분</th><th>사업자</th><th colspan="2">신고·납부기간</th><th>신고·납부할 대상</th></tr>
<tr><td rowspan="3">부가가치세</td><td>법인사업자</td><td>1기 예정
1기 확정
2기 예정
2기 확정</td><td>4. 25.
7. 25.
10. 25.
다음해 1. 25.</td><td>1. 1.~3. 31. 사업실적
4. 1.~6. 30. 사업실적
7. 1.~9. 30. 사업실적
10. 1.~12. 31. 사업실적</td></tr>
<tr><td rowspan="2">개인사업자</td><td>1기 확정
2기 확정</td><td>7. 25.
1. 25.</td><td>1. 1.~6. 30. 사업실적
7. 1.~12. 31. 사업실적</td></tr>
<tr><td colspan="3">• 예정신고 및 예정고지는 일반과세사업자에만 해당.
• 예정신고 : 예정신고 : 휴업 또는 사업부진으로 부가세예정신고기간의 공급가액 또는 납부세액이 직전과세기간의 부가세 공급가액 또는 납부세액의 1/3에 미달하는 자, 부가세 조기환급을 받고자 하는 자(부가세법제48조, 부가세령제90조)</td></tr>
<tr><td rowspan="2">종합소득세</td><td rowspan="2">개인사업자</td><td>확정신고</td><td>다음해 5. 31.</td><td>1. 1.~12. 31. 연간 소득금액</td></tr>
<tr><td>중간예납</td><td>(11.15. 고지)
11. 30.</td><td>중간예납 기준액의 1/2</td></tr>
<tr><td rowspan="2">법인세</td><td rowspan="2">법인사업자</td><td>확정신고</td><td>다음해 3. 1.~3. 31.</td><td>1. 1.~12. 31. 연간 소득금액</td></tr>
<tr><td>중간예납</td><td>8. 1.~8. 30.</td><td>중간예납기준액의 1/2 또는 반기 결산</td></tr>
<tr><td rowspan="4">개별소비세</td><td>과세유흥장소</td><td colspan="2" rowspan="4">분기의 다음달 25일까지(석유류는 다음달 말일까지)</td><td>3개월의 유흥음식요금</td></tr>
<tr><td>투전기시설장소</td><td>3개월의 입장인원</td></tr>
<tr><td>보석·귀금속상</td><td>3개월의판매금액
(200만원 초과금액)</td></tr>
<tr><td>가구제조업</td><td>3개월의 제조장 반출가격(기본금액 초과분)</td></tr>
<tr><td>사업장현황신고</td><td>개인면세사업자</td><td>다음해 1. 1.~2. 10.</td><td></td><td>1.1.~ 12. 31.(폐업일)의 면세수입금액</td></tr>
<tr><td rowspan="2">원천징수이행상황신고</td><td rowspan="2">원천징수의무자</td><td>일반사업자</td><td>다음달 10일</td><td rowspan="2">매월 원천징수한 세액(직원 근로소득세 등)</td></tr>
<tr><td>반기납부자</td><td>7. 10./1. 10.</td></tr>
<tr><td rowspan="3">지급명세서 신고</td><td rowspan="3">개인·법인사업자</td><td>일용 근로소득</td><td>4월, 7월, 10월, 다음 연도 2월</td><td rowspan="3">원천징수의무자가 개인별, 소득의 종류별로 지급한 보수의 연간합계액</td></tr>
<tr><td>근로, 사업, 퇴직소득</td><td>3. 10.</td></tr>
<tr><td>기타 소득</td><td>2. 28.</td></tr>
</table>

※ 신고납부일이 공휴일(임시공휴일 또는 대체휴일 포함)인 경우 다음 날까지 기한이 연장된다.

1-2 부동산의 거래단계별 각종 세금

<table>
<tr><th colspan="2">구 분</th><th>세 목</th><th>세 율</th><th>주요내용</th></tr>
<tr><td rowspan="5">취득
단계
(7종)</td><td rowspan="3">국
세</td><td>상속세</td><td>10~50%</td><td>사망, 실종 : 상속인에게 과세</td></tr>
<tr><td>증여세</td><td>10~50%</td><td>무상기부, 증여 : 수증자에게 과세</td></tr>
<tr><td>인지세</td><td>개별</td><td>부동산 매매계약서, 도급계약서 등</td></tr>
<tr><td rowspan="2">지
방
세</td><td>취득세
(지방교육세)
(농어촌특별세)</td><td>4%
(0.4%)
(0.2%)</td><td>승계취득 : 매매, 교환, 출자, 상속, 증여
원시취득 : 간척, 신축, 증축, 재건축, 재개발
간주취득 : 지목변경, 개축(자본적 지출), 과점주주, 리모델링</td></tr>
<tr><td>등록면허세
(지방교육세)</td><td>2%
(0.4%)</td><td>등기(면허)시 납부</td></tr>
<tr><td rowspan="7">보유
단계
(9종)</td><td rowspan="4">국
세</td><td>소득세(개인)</td><td>6~42%</td><td>토지, 주택, 건물 등 임대수입에 대한 과세(개인)</td></tr>
<tr><td>법인세</td><td>10~25%</td><td>토지, 주택, 건물 등 임대수입에 대한 과세(법인)</td></tr>
<tr><td>부가가치세</td><td>10%</td><td>토지·건물임대, 개인·법인사업자에 과세. 단, 주택임대는 면세</td></tr>
<tr><td>종합부동산세
(농어촌특별세)</td><td>0.5~2%
(세액의 20%)</td><td>과세기준일 현재 주택분, 토지분 재산세 납세의무자로서 과세기준금액 초과자에게 과세</td></tr>
<tr><td rowspan="3">지
방
세</td><td>재산세</td><td>개별</td><td>과세기준일 현재 토지, 건축물, 주택, 선박 및 항공기를 사실상 소유하고 있는 자에게 과세</td></tr>
<tr><td>주민세</td><td>재산분</td><td>사업소 1㎡당 250원</td></tr>
<tr><td>지역자원시설세</td><td>0.04~0.12%</td><td>건축물, 선박</td></tr>
<tr><td rowspan="6">양도
분양
단계
(6종)</td><td rowspan="5">국
세</td><td>(양도)소득세</td><td>6~70%</td><td>토지, 건물등 양도차익에 대한 과세(비사업자)</td></tr>
<tr><td>(사업)소득세</td><td>6~42%</td><td>토지, 건물, 주택의 분양, 매매소득(사업자)</td></tr>
<tr><td>토지등
양도소득에 대한
법인세</td><td>10%,
40%</td><td>법인에 대한 양도소득세(특정부동산)</td></tr>
<tr><td>법인세</td><td>10~25%</td><td>법인의 사업소득세</td></tr>
<tr><td>부가가치세</td><td>10%</td><td>건물, 국민주택초과분 분양판매 → 과세
토지의 분양, 국민주택건설과 분양 → 면세</td></tr>
<tr><td>지
방
세</td><td>지방소득세</td><td>0.6~4.2%</td><td>농업소득세, 소득세, 법인세액의 각각 10% 부과, 양도소득에 대해서도 과세</td></tr>
</table>

1-3 부동산종류별 세금

종 류		취득시	보유시	상속·증여시	양도시
토지		취득·등록면허·교육·농특세	-재산세 -종부세 -작물재배소득에 대해서는 종합소득세 과세 ×, 수익형 토지(나대지, 임야등)의 임대시 종합소득세	상속·증여세	-양도소득세(2년 이상 비사업용 토지는 10% 가산 중과세) -수익형 토지의 임대시 부가가치세
건물	상가(업무용빌딩)	-취득·등록면허·교육·농특세 -건물분 부가가치세	-재산세 -종부세(부속토지의 공시지가가 합계가 40억원을 초과할 경우) -종합소득세	상속·증여세	-양도소득세 -건물분 부가가치세(사업을 포괄양수도할 때는 면세)
	오피스텔	-취득·등록면허·교육·농특세 -건물분 부가가치세	-재산세(주거용으로 사용시 주택 재산세와 동일), -종부세(주거용으로 사용시 종부세 대상) -종합소득세	상속·증여세	-양도소득세(주거용으로 사용시 주택과 동일) -건물분 부가가치세(사업을 포괄양수도할 때는 면세)
	콘도	-취득·등록면허세, 교육·농특세(공유제로 분양해 등기한 경우만 해당) -건물분 부가가치세	-재산세(공유제 분양의 경우) -종합소득세	관련 없음	-양도소득세(보유기간 관계없이 9~36% 누진세율 적용) -건물분 부가가치세(사업을 포괄양수도할 때는 면세)

1-4 사업자건물(상가 등)의 일반적 세금

매수-(분양)시	사업중	매도시
① 취득세 : 별도 적용 ② 부가가치세 : 건물분 매수가에 포함(임대사업자등록시 환급)	① 부가가치세(임대수입)→ 수입의 10% ② 재산세(종합부동산세) : 별도 적용	① 양도소득세 : 양도소득세율 기준 ② 부가가치세 : 건물분 10%(사업의 포괄적 양수도일 때에는 면제)

1-5 부동산의 부가가치세 과세구분

부동산의 공급	부동산의 임대
토지의 공급 - 면세(부가세법제26조①14호)	토지의 임대 - 과세 (예외) 주택부속토지의 임대 - 면세(부가세법제26조①12호, 부가세령제41조①)
건물 등의 공급 - 과세 (예외) 국민주택공급 - 면세(조특법제106조①4호)	건물 등의 임대 - 과세 (예외) 주택의 임대 - 주택규모에 관계없이 면세(부가세법제26조①12호)

1-6 부동산임대업자의 세금

구 분	부동산 취득시	부동산 임대시	부동산 보유시	부동산 처분시
과세대상	취득가액	임대사업 수익	공시가격	양도소득 양도가액
세금	취득세 건물부가가치세	부가가치세 종합소득세(법인세)	재산세 종합부동산세	양도소득세 건물부가가치세

※ 건물부가가치세는 건물분 시가의 10%

1-7 상가·오피스텔 분양시 건물분 부가가치세 환급(*)

구 분	내 용	비 고
요 건	① 공급시기(잔금지급일 또는 계약일)부터 20일 이내 일반사업자 등록[간이과세자(연매출액 4,800만원 미만)나 면세사업자, 주택임대사업자는 해당 ×]하고 10년간(**) 일반과세자 유지할 것 ② 건물을 공급받을 것(분양계약서상 총액으로 표시한 경우에는 기준시가 비율로 안분한 건물분) ③ 세금계산서를 발급받을 것 ④ 부가가치세 확정신고기간 만료일부터 30일 이내 환급 신청할 것(조기환급신청도 가능)	• 건물분에 대한 10% • 보통 계약일부터 20일 이내 일반임대사업자등록, 사업장을 직접 경영한다면 사업자 본인의 업종이어야 함, 오피스텔을 주택임대사업자로 등록하는 경우에도 환급 불가, 실거주 목적의 오피스텔 구입의 경우에는 환급 ×, 조기환급신청은 부가가치세 납부 다음날부터 25일 이내 • 공·경매시에는 부가가치세 없으므로 환급도 없다.
추징사유	① 건물의 경우 10년 이내 양도 ② 10년 이내 연간 임대료 4,800만원 미만으로 변경(*)되거나 면세사업에 사용하는 경우 ③ 10년 이내 폐업하는 경우	• 환급세액 중 10년 미경과기간에 대해 추징(1과세기간당 5%씩 체감). (*) 이 경우 간이과세 포기신고를 하면 일반과세자가 유지되므로 추징 ×
환급신청시 필요서류	사업자등록증 사본, (분양계약서 사본), 분양대금 납부영수증, 환급받을 통장사본, 세금계산서, 대리인 위임장	

※ 우리나라 부가가치세제는 부가가치를 매출액에서 매입액을 공제하는 공제법으로 측정하고 있다. 따라서 부가가치세는 매출세액에서 매입세액을 공제한 금액이 된다. 매입세액이 매출세액을 초과하는 경우 초과하는 부분의 매입세액에 대해서는 환급받을 수 있는데, 일반적으로 환급이 발생하는 경우는 ① 영세율이 적용되는 경우, ② 거액의 설비(건물등 감가상각자산) 투자가 있는 경우, ③ 재고가 누적되어 매출이 매입보다 적은 경우이다. ①②의 경우에는 조기환급대상에도 해당한다.

(*) 건물 매매의 경우 매도인이나 매수인이 사업자등록이 된 일반사업자(간이사업자도 포함하지만 매수인의 경우에는 간이사업자임을 주장하면 불가)인 경우에 부가가치세를 납부하였다가 다시 환급받는 수고를 하지 않으려면 건물과 영업에 대한 포괄적 양수도계약을 매매계약서에 특약으로 기재하고, 매수인은 이 계약서를 세무서에 제출하면 된다(일반 매매계약서도 별도로 작성한다).

(**) 건물의 과세표준액=취득가액×(1−경과된 과세기간의 수×5/100). 따라서 건물 취득 후 10년이 경과하면 취득가액이 얼마이든 과세표준액은 '0'이 된다.

1-8 주택임대사업자 세제 지원

<table>
<tr><td rowspan="2">구분
(2022.3월 기준)</td><td colspan="3">전용면적(㎡)</td><td rowspan="2" colspan="2">세제 지원요건</td></tr>
<tr><td>40 이하</td><td>40~60</td><td>60~85</td></tr>
<tr><td>취득세 감면
(지특법제31조①②)</td><td colspan="2">면제(세액 200만 원 초과시 85% 경감)</td><td>50% 경감(임대주택 20호 이상 등록시)</td><td colspan="2">•공동주택 신축, 공동주택·오피스텔을 최초 분양한 경우
•분양의 경우 취득당시가액이 6억 원 이하(비수도권 3억 원 이하)
•2024.12.31.까지 감면신청시</td></tr>
<tr><td rowspan="3">재산세 감면</td><td rowspan="3">면제(세액 50만 원 초과시 85% 경감)</td><td rowspan="3">75% 경감</td><td rowspan="3">50% 경감</td><td>매입임대</td><td>건설임대</td></tr>
<tr><td>•공동주택 2세대 이상: 수도권 6억, 비수도권 3억 이하</td><td>•공동주택 2세대 이상: 수도권 9억, 비수도권 3억 이하</td></tr>
<tr><td colspan="2">•오피스텍 2세대 이상: 수도권 4억, 비수도권 2억 이하
•다가구주택: 모든 호실 전용면적 40㎡ 이하
•2024년 재산세 부과분까지</td></tr>
<tr><td rowspan="2">종부세
합산배제</td><td>매입임대</td><td colspan="4">•공시가격 수도권 6억, 비수도권 3억 이하
•'18.9.14 이후 조정대상지역에서 신규 취득한 주택은 합산과세</td></tr>
<tr><td>건설임대(2호 이상)</td><td colspan="4">•공시가격 9억 이하, 전용면적 149㎡ 이하</td></tr>
<tr><td rowspan="2">임대소득세</td><td>감면</td><td colspan="4">•1호 임대시 75%, 2호 이상 임대시 50%
•기준시가 6억 이하, 국민주택 규모 이하
•'22.12.31 이전에 끝나는 과세연도까지 발생한 임대소득</td></tr>
<tr><td>분리과세</td><td colspan="4">•2천만 원 이하 임대소득 분리과세시 필요경비율·기본공제 차등 혜택 적용
•필요경비율: 등록시 60%, 비등록시 50% / 기본공제: 등록시 400만원, 비등록시 200만원</td></tr>
<tr><td rowspan="4">양도소득세</td><td rowspan="2">중과배제</td><td>매입임대</td><td colspan="3">•기준시가 수도권 6억(비수도권 3억) 이하
•'18.9.14 이후 조정대상지역에서 신규 취득한 주택은 중과</td></tr>
<tr><td>건설임대
(2호 이상)</td><td colspan="3">•기준시가 6억 이하, 전용면적 149㎡ 이하, 대지면적 298㎡ 이하</td></tr>
<tr><td>장기보유특별공제(70% 공제)</td><td>건설임대</td><td colspan="3">•기준시가 수도권 6억(비수도권 3억) 이하, 국민주택 규모 이하
•'22.12.31까지 민간임대주택 등록</td></tr>
<tr><td>거주주택 비과세(1회 적용)</td><td colspan="4">•거주주택 : 주택 보유기간 중 거주기간이 2년 이상
•임대주택 : 거주주택 외 모든 주택을 임대, 기준시가 수도권 6억(비수도권 3억) 이하</td></tr>
</table>

1-9 주택 임대소득의 소득세 과세

구 분	과세대상	비과세대상
1주택(*) 소유자	기준시가 9억 원을 초과하는 국재 주택의 월세	기준시가 9억 원 이하의 월세 및 보증금, 전세금
2주택 소유자	월세	보증금, 전세금
3주택 소유자	월세 3억 원 초과하는 보증금 및 전세금은 1.2%의 간주임대료(**)로 계산하여 과세	3억 원 이하의 보증금 및 전세금

(*) 주택 수는 배우자와는 합산, 자녀와는 불합산. 오피스텔의 경우는 주거용은 포함한다.

(**) (보증금-3억)×60%×정기예금이자율(1.2%)/365

1-10 장기일반민간임대주택에 대한 주택임대사업자등록시 지방세 감면(지특법31조의3)

구 분		40㎡ 이하	40~60㎡	60~85㎡
재산세	공통요건	공동주택 건축·매입 또는 주거용 오피스텔 매입시(2세대 이상 임대)		
	4년 단기	면제(재산세액 50만원 초과시 85% 감면)	50% 감면	25% 감면
	8년 장기		75% 감면	50% 감면

※ 오피스텔의 경우에는 일반임대사업자나 주택임대사업자 가운데 하나를 선택할 수 있다. 주택임대사업자 등록을 한 경우에는 전입신고가 가능하다. 주택임대사업자 등록을 할 수 있는 오피스텔은 ① 전용면적 85㎡ 이하, ② 상하수도 시설이 갖추어진 전용 입식부엌, ③ 전용 수세식 화장실 및 목욕시설의 세 가지 요건을 모두 충족해야 한다.

1-11 오피스텔 용도에 따른 세제 비교

구 분		업무용 오피스텔		주거용 오피스텔	
		일반임대사업자 (의무기간 10년)	본인 사업용	주택임대사업자 (의무기간 10년)	미등록(자가용)
의무기간 불준수		환급받은 부가세 추징		과태료 3천만 원	
취득시	취득세	4.6%	4.6%	60㎡ 이하 : 최초 분양시 85% 경감 85㎡ 이하 : 25% 감면	4.6%
	부가가치세	환급(건물분의 10%)	일반과세자 : 환급 간이과세자 : 환급불가	불가	불가
보유시	재산세	토지·건물 분리과세		2세대 이상의 경우 40㎡ 이하 : 면제 60㎡ 이하 : 75% 경감 85㎡ 이하 : 50% 경감	시가표준액 60% (토지와 일괄평가)
	종합 부동산세	비과세	비과세	합산배제신청시 비과세	보유주택에 합산
		종부세는 주택, 토지에만 부과		기준시가 6억원 이하+주택임대사업자 등록	
		주택수 불포함		주택수 포함	
임대소득	소득세	월세의 10%		• 연소득 2천만 원 이하 분리과세 • 연소득 2천만 원 이하 일반과세(기본공제 400만 원)	
양도	양도소득세	1년 미만 50%, 2년 미만 40%, 2년 이상 일반세율 6~42%		1년 미만 70%, 2년 미만 60%, 2년 이상 일반세율 6~42%	
		주택이 아니므로 주택수 포함 ×		주택수 포함	1세대1주택 비과세 1세대다주택 : 과세
사업자 매도	부가가치세	매수인에게서 10%를 수령하여 납부(부가세 별도특약 필수) 사업자가 사업자에게 포괄양도시 비과세(포괄양도 특약 필수)		국민주택 규모 이하이므로 면세	
국민연금, 의료보험		근로소득자가 아닌 경우 추가 납부(소득액수 무관)		근로소득자가 아닌 경우 추가 납부(소득금액 2천만원 초과시)	

1-12 주택임대사업자의 과태료 부과 개별기준(민간임대주택에 관한 특별법 시행령 별표3)

(단위: 만원)

위반행위	근거 법조문	과태료 금액		
		1차 위반	2차 위반	3차 이상 위반
가. 임대사업자가 법 제5조제7항에 따라 등록신청 당시 임대차계약이 없는 경우 산정한 임대보증금의 상한을 추후 임대차계약에서 준수하지 않은 경우	법 제67조제3항제8호	200	400	500
나. 법 제5조의2에 따른 부기등기를 하지 않은 경우	법 제67조제3항제1호	200	400	500
다. 법 제5조의4를 위반하여 설명하지 않거나 설명한 사항을 확인받지 않은 경우	법 제67조제3항제2호	500	500	500
라. 주택임대관리업자가 법 제7조를 위반하여 등록사항 변경신고 또는 말소신고를 하지 않은 경우	법 제67조제3항제3호	200	400	500
마. 주택임대관리업자가 법 제12조에 따른 현황 신고를 하지 않은 경우	법 제67조제3항제4호	200	400	500
바. 주택임대관리업자가 법 제13조제1항 및 제2항에 따른 위·수탁계약서 작성·교부 및 보관의무를 게을리한 경우	법 제67조제4항제2호	50	70	100
사. 임대사업자가 법 제42조제4항을 위반하여 민간임대주택 공급신고를 하지 않은 경우	법 제67조제2항제1호	500	700	1,000
아. 법 제43조제1항을 위반하여 임대의무기간 중에 민간임대주택을 임대하지 않은 경우	법 제67조제1항제1호	임대주택당 3,000		
자. 법 제43조제2항 또는 제3항을 위반하여 민간임대주택 양도신고를 하지 않고 민간임대주택을 양도한 자	법 제67조제4항제2호의2	임대주택당 100		
차. 제43조제4항을 위반하여 시장·군수·구청장의 허가를 받지 않고 임대의무기간 중에 임대사업자가 아닌 자에게 민간임대주택을 양도한 경우	법 제67조제1항제2호	임대주택당 3,000		
카. 법 제44조제1항제1호를 위반하여 공공지원민간임대주택의 최초 임대료를 국토교통부령으로 정하는 기준에 따라 정하지 않거나 같은 조 제2항에 따른 임대료의 증액 비율을 초과하여 임대료의 증액을 청구한 경우	법 제67조제1항제3호 및 제4호			
1) 위반건수가 10건 이상인 경우		2,000	3,000	3,000
2) 위반건수가 2건 이상 10건 미만인 경우		1,000	2,000	3,000

3) 위반건수가 1건인 경우		500	1,000	2,000
타. 임대사업자가 법 제45조를 위반하여 임대차계약을 해제·해지하거나 재계약을 거절한 경우	법 제67조제2항제4호	500	700	1,000
파. 법 제46조에 따른 임대차계약 신고를 하지 않거나 거짓으로 신고한 경우	법 제67조제2항제5호	500	700	1,000
하. 임대사업자가 법 제47조에 따른 표준임대차계약서를 사용하지 않은 경우	법 제67조제2항제6호	500	700	1,000
거. 임대사업자가 법 제48조제1항에 따른 설명 및 확인의무를 위반하거나 같은 조 제2항에 따른 정보 제공 의무를 위반한 경우	법 제67조제3항제5호	500	500	500
너. 법 제49조를 위반하여 임대보증금에 대한 보증에 가입하지 않은 경우	법 제67조제5항			
1) 가입하지 않은 기간이 3개월 이하인 경우		임대보증금의 100분의 5에 상당하는 금액. 다만, 과태료의 총액은 3,000만원을 초과할 수 없다.		
2) 가입하지 않은 기간이 3개월 초과 6개월 이하인 경우		임대보증금의 100분의 7에 상당하는 금액. 다만, 과태료의 총액은 3,000만원을 초과할 수 없다.		
3) 가입하지 않은 기간이 6개월을 초과하는 경우		임대보증금의 100분의 10에 상당하는 금액. 다만, 과태료의 총액은 3,000만원을 초과할 수 없다.		
더. 법 제50조를 위반하여 준주택을 주거용이 아닌 용도로 사용한 경우	법 제67조제2항제7호	500	700	1,000
러. 법 제50조제2항, 제60조 및 제61조에 따른 보고, 자료의 제출 또는 검사를 거부·방해 또는 기피하거나 거짓으로 보고한 경우	법 제67조제3항제6호	100	200	300
머. 임대사업자가 법 제52조제2항을 위반하여 임차인대표회의를 구성할 수 있다는 사실 또는 구성해야 한다는 사실을 임차인에게 통지하지 않은 경우	법 제67조제4항제3호	50	70	100
버. 임대사업자가 법 제52조제4항을 위반하여 임차인대표회의와 관리규약 제정·개정 등을 협의하지 않은 경우	법 제67조제3항제7호	500	500	500
서. 법 제53조제1항 및 제2항에 따라 특별수선충당금을 적립하지 않거나 입주자대표회의에 넘겨주지 않은 경우	법 제67조제2항제8호	500	700	1,000

1-13 오피스텔 사용용도에 따른 세금

구 분		부가가치세	양도소득세
업무용	과세사업용	과세, 매입세액 공제	주택으로 보지 않으므로 1세대1주택 비과세 또는 다주택자 중과세 제도 적용하지 않음.
	면세사업용	면세, 매입세액 불공제	
주 거 용		면세, 매입세액 불공제	주택으로 보아 1세대1주택 비과세 또는 다주택자 중과세 제도 적용.

1-14 수용 보상금 수령시 관련세금

보상금종류	관련세목	내 용	참 고
토지	양도소득세 (주민세, 농특세 포함)	• 수목 등을 토지와 동시에 양도시 그 보상금도 포함(별개 양도시 수목 등이 사업용 자산에 해당되지 않는 경우는 불포함) • 토지 자체가 수용되면 부가가치세는 없으나 사업자의 토지사용보상금의 경우에는 부가가치세 부과	• 일반개인의 경우에는 양도소득세(지방소득세, 주민세, 농특세) • 개인사업자의 경우에는 지방소득세, 종합소득세 • 법인사업자의 경우에는 법인세, 지방소득세, 주민세, 농특세
건물	양도소득세	• 건축물에 대하여 지장물보상금을 받은 경우 • 건물을 사업시행자에게 소유권이전한 경우(1세대1주택 비과세는 적용) • 서업인정고시일로부터 소급하여 2년 이전에 취득한 경우 보상금 수령방식에 따라 10~40% 감면(현금보상의 경우 10%, 채권보상의 경우 15%, 3년 채권 만기보유특약시 30%, 5년 채권 만기보유특약시 40%) • 8년 이상 자경농지의 경우 면제(1년간 1억원, 5년간 2억원 한도)	
	부가가치세	비과세	
	종합소득세 (사업소득세, 법인세)	사업시행자에게 이전하지 않고 단지 이전철거보상금으로 수령하면 총수입금액에 산입	
영업손실 (휴·폐업)	종합소득세 (사업소득세, 법인세)	휴폐업보상이면 총수입금액에 산입	
기타 지장물	-	비과세	
분묘	종합소득세 (기타소득세, 법인세)	• 묘지주의 분묘이전보상금에 대하여 소득세 22% 원천징수(기타소득세 20% 및 지방소득세) • 토지주의 토지보상금에 대하여 양도소득세	
대체취득 (보상금 수령일부터 1년 이내)	취득세	일정 지역 내에서 농지 외의 부동산 취득시, 지정지역을 제외한 지역에서 농지 취득시 면제(다만, 새로 취득한 부동산의 금액이 종전 부동산 가액을 초과하는 부분에 대해서는 과세)	

1-15 부동산.선박.항공기의 소유권이전에 관한 증서의 기재금액별 인지세액

기 재 금 액	세 액
1천만원 초과~3천만원 이하	2만원
3천만원 초과~5천만원 이하	4만원
5천만원 초과~1억원 이하	7만원
1억원 초과~10억원 이하	15만원
10억원 초과	35만원

※ 주택의 경우에는 매매계약서상 기재금액이 1억원 이하이면 인지세 비과세

※ 일반부동산의 경우 기재금액이 1,000만원 이하인 경우 면제

1-16 각종 세목별 과세기간 및 신고납부기한

<table>
<tr><th colspan="2">세목
구분</th><th>과세대상별</th><th>과세기간</th><th colspan="3">신고납부기한</th></tr>
<tr><td rowspan="13">국
세</td><td rowspan="5">소득세</td><td>종합소득세</td><td>1.1~12.31</td><td colspan="3">다음 해 5.1~5.31</td></tr>
<tr><td>근로소득 및 연말정산</td><td>1.1~12.31</td><td colspan="3">다음 해 3.10</td></tr>
<tr><td>양도소득세 예정신고</td><td>각 양도시점</td><td colspan="3">양도일이 속하는 달의 말일부터 2월 이내</td></tr>
<tr><td>양도소득세 확정신고</td><td>1.1~12.31</td><td colspan="3">다음 해 5.1~5.31</td></tr>
<tr><td>이자 배당 등 분리과세소득</td><td>각 지급시점</td><td colspan="3">다음 달 10일</td></tr>
<tr><td>종합부동산세</td><td>재산 보유</td><td>6.1</td><td colspan="3">12.1~12.15</td></tr>
<tr><td>법인세</td><td>각 사업연도 소득</td><td>정관상 사업연도기간(1년 초과 못함)</td><td colspan="3">사업연도 말일부터 3월 이내</td></tr>
<tr><td>상속세</td><td>자연인의 사망 또는 실종신고</td><td>사망시 상속재산</td><td colspan="3">사망한 달의 말일부터 6월(거주자) 또는 9월(비거주자)</td></tr>
<tr><td>증여세</td><td>증여계약 후 이행된 재산</td><td></td><td colspan="3">증여한 달의 말일부터 3월</td></tr>
<tr><td rowspan="2">부가가치세</td><td>예정신고납부</td><td>1기 : 1.1~3.31
2기 : 7.1~9.30</td><td colspan="3">종료 후 25일까지(비거주자 50일)</td></tr>
<tr><td>확정신고납부</td><td>1기 : 4.1~6.30
2기 : 10.1~12.31</td><td colspan="3">종료 후 25일까지</td></tr>
<tr><td colspan="5" style="display:none"></td></tr>
<tr><td colspan="5" style="display:none"></td></tr>
<tr><td rowspan="7">지
방
세</td><td>취득세</td><td>재산 취득행위</td><td>취득시</td><td colspan="3">• 취득일부터 60일, 상속의 경우는 상속개시일이 속하는 달의 말일부터 6개월(상속인 중 국외에 주소가 있는 자가 있는 경우에는 9개월)
• 등기, 등록한 경우에는 그 접수일까지</td></tr>
<tr><td>등록면허세</td><td>등기·등록행위</td><td>등록시</td><td colspan="3">접수일까지</td></tr>
<tr><td rowspan="4">재산세</td><td rowspan="4">재산 보유</td><td rowspan="4">6.1</td><td rowspan="2">주택</td><td>산출세액 > 10만원</td><td>7.16~7.30 : 50%
9.16~9.30 : 50%</td></tr>
<tr><td>산출세액 < 10만원</td><td>7.16~7.30 : 전액</td></tr>
<tr><td colspan="2">건축물</td><td>7.16~7.30</td></tr>
<tr><td colspan="2">토지</td><td>9.16~9.30</td></tr>
<tr><td>지방소득세</td><td>각종 소득세 산출세액의 10%</td><td>위 소득세 과세기간과 동일</td><td colspan="3">위 각종 소득세 납부기한과 동일</td></tr>
</table>

1-17 세목별 납부방법

구 분	보통(고지) 징수	신고•납부
국 세	종합부동산세 신고·납부방법 선택도 가능	소득세, 법인세, 상속세 및 증여세, 부가가치세
지방세	재산세, 주민세, 특정부동산에 대한 지역자원시설세	취득세, 등록면허세, 지방소득세, 지방소비세, 특정자원에 대한 지역자원시설세
	부가세인 농어촌특별세와 지방교육세는 본세의 징수 예에 따라 납부하여야 함.	

1-18 국세의 부과 제척기간

구 분	원 칙	특 례
상속·증여세	탈세·무신고·거짓신고 등 : 15년 기타 : 10년	탈세로서 제3자 명의 보유 등으로 은닉재산 50억원 초과시 : 상속 또는 증여가 있음을 안 날로부터 1년
기타 세목	탈세 : 10년 무신고 : 7년 기타 : 5년	조세쟁송에 대한 결정 또는 판결이 있는 경우 : 그 결정 또는 판결이 확정된 날로부터 1년

1-19 신고납부방식의 세금에 대한 가산세 및 가산금, 가산세 감면

<table>
<tr><th>구 분</th><th colspan="2">유 형</th><th>산출식</th><th>비 고</th></tr>
<tr><td rowspan="9">가산세
(국세기본법, 지방세기본법, 부가가치세법)</td><td rowspan="2">무신고가산세</td><td>일반</td><td>무납부세액×20%</td><td></td></tr>
<tr><td>부정</td><td>무납부세액×40%</td><td></td></tr>
<tr><td rowspan="2">과소신고가산세</td><td>일반</td><td>과소납부세액×20%</td><td></td></tr>
<tr><td>부정</td><td>과소납부세액×40%</td><td></td></tr>
<tr><td rowspan="2">초과환급신고가산세</td><td>일반</td><td>과소납부세액×20%</td><td></td></tr>
<tr><td>부정</td><td>과소납부세액×40%</td><td></td></tr>
<tr><td colspan="2">납부불성실가산세</td><td>납부하지 아니한 세액 또는 과소납부분 세액×납부기한의 다음 날부터 자진납부일 또는 납세고지일까지의 기간×1일 3/10,000</td><td></td></tr>
<tr><td colspan="2">환급불성실가산세</td><td>초과환급받은 세액×환급받은 날의 다음 날부터 자진납부일 또는 납세고지일까지의 기간×1일 3/10,000</td><td></td></tr>
<tr><td colspan="2">원천징수불성실가산세</td><td>납부하지 아니한 세액 또는 과소납부분 세액의 100분의 3에 상당하는 금액+납부하지 아니한 세액 또는 과소납부분 세액×납부기한의 다음 날부터 자진납부일 또는 납세고지일까지의 기간×1일 3/10,000</td><td>10% 한도</td></tr>
<tr><td rowspan="2">가산금
(국세징수법, 지방세징수법)</td><td colspan="2">가산금</td><td>고지세액×3%</td><td>납부기한이 경과한 날부터 부과</td></tr>
<tr><td colspan="2">중가산금</td><td>고지세액×1.2%</td><td>납부기한이 경과한 달의 다음 달부터 매월 부과</td></tr>
<tr><td rowspan="5">가산세 감면
(국세기본법)</td><td rowspan="3">수정신고</td><td>6개월 이내</td><td>50%</td><td></td></tr>
<tr><td>1년 이내</td><td>20%</td><td></td></tr>
<tr><td>2년 이내</td><td>10%</td><td></td></tr>
<tr><td rowspan="2">기한 후 신고</td><td>1개월 이내</td><td>50%</td><td></td></tr>
<tr><td>6개월 이내</td><td>20%</td><td></td></tr>
</table>

제2장 재산세, 종합부동산세, 소득세, 법인세

2-1 재산세율(지세법제111조, 제111조의2)

<table>
<tr><th colspan="3">구 분</th><th colspan="2">과세표준</th><th>세율</th></tr>
<tr><td colspan="3" rowspan="4">주 택
(주택+부속토지)</td><td rowspan="4">주택공시가격×공정시장가액비율(60%)</td><td>6천만원 이하</td><td>0.1(0.05)(*)%</td></tr>
<tr><td>6천만원 초과 1억5천만원 이하</td><td>6만원(3만원)+6천만원 초과금액의 1.5(1)/1,000</td></tr>
<tr><td>1억5천만원 초과 3억원 이하</td><td>19만5천원(12만원)+1억5천만원 초과금액의 2.5(2)/1,000</td></tr>
<tr><td>3억원 초과</td><td>57만원(42만원)+3억원 초과금액의 4(3.5)/1,000</td></tr>
<tr><td rowspan="9">토지</td><td colspan="2" rowspan="3">종합합산</td><td rowspan="16">개별공시지가×공정시장가액비율(70%)</td><td>5천만원 이하</td><td>0.2%</td></tr>
<tr><td>1억원 이하</td><td>0.3%</td></tr>
<tr><td>1억원 초과</td><td>0.5%</td></tr>
<tr><td colspan="2" rowspan="3">별도합산</td><td>2억원 이하</td><td>0.2%</td></tr>
<tr><td>10억원 이하</td><td>0.3%</td></tr>
<tr><td>10억원 초과</td><td>0.4%</td></tr>
<tr><td rowspan="3">분리과세</td><td>전,답,과,목</td><td></td><td>0.07%</td></tr>
<tr><td>회원제골프장 등 토지</td><td></td><td>4%</td></tr>
<tr><td>기타 토지</td><td></td><td>0.2%</td></tr>
<tr><td rowspan="4">건축물</td><td colspan="2">골프장, 고급오락자용 (별장 제외)</td><td></td><td>4%</td></tr>
<tr><td colspan="2">일반건축물</td><td></td><td>2.5%</td></tr>
<tr><td colspan="2" rowspan="2">공장용 건축물</td><td>지정지역 소재</td><td>0.5%</td></tr>
<tr><td>대도시(상업단지 제외) 내 공장 신증설 후 5년간</td><td>2.5%</td></tr>
<tr><td rowspan="2">선박</td><td colspan="2">고급선박</td><td rowspan="2"></td><td>5%</td></tr>
<tr><td colspan="2">기타 선박</td><td>3%</td></tr>
<tr><td colspan="3">항공기</td><td></td><td>3%</td></tr>
</table>

(*) 1세대1주택 특례세율

2-2 종합부동산세율

과세대상	공정시장가액비율(**)	과세표준	세율				누진공제액			
			일반(2주택 이하)		3주택 이상 & 조정대상지역 2주택자(***)					
			개인	법인	개인	법인	개인		법인	
주택(*)	60%	3억원 이하	0.5%	2.7%	0.5	5%	–		–	
		3억원 초과 6억원 이하	0.7		0.7		150만원	150만원		
		6억원 초과 12억원 이하	1.0		1.0		360만원	360만원		
		12억원 초과 25억원 이하	1.3		2.0		960만원	960만원		
		25억원 초과 50억원 이하	1.5		3.0		2천650만원	3천560만원		
		50억원 초과 94억원 이하	2.0		4.0		6천400만원	1억1천60만원		
		94억원 초과	2.7		5.0		1억5천200만원	2억8천660만원		
종합합산토지	100%	15억원 이하	1%				–			
		15억원 초과 45억원 이하	2%				1천500만원			
		45억원 초과	3%				7천500만원			
별도합산토지	100%	200억원 이하	0.5%				–			
		200억원 초과 400억원 이하	0.6%				1억원			
		400억원 초과	0.7%				2억2천만원			

(*) 종합부동산세는 재산세가 물건별 과세임에 비해 인별 과세이다. 개인의 경우 1세대1주택자는 납세의무자별 주택의 공시가격을 합산한 금액이 12억원을 초과하는 금액, 그 밖의 경우에는 9억원을 초과하는 금액을 과세대상으로 한다. 법인은 모든 주택이 과세대상이다. 주택 이외의 일반건물(상가, 공장 등)은 과세대상이 아니다.

(**) 공정시장가액비율은 위 표의 비율을 기본으로 하되 납세의무 성립시기가 2019년부터 2021년까지인 경우에는 주택분이든 토지분이든 85%, 90%, 95%로 시행령에서 별도로 규정하고 있다(종부령제2조의4①②).

(***) 3주택 이상 & 조정대상지역 2주택자라 하여도 법령에서 정하는 공공주택사업자, 건설임대주택사업자 등은 일반누진세율을 적용한다.

2-3 (종합)소득세율(2018년)

과세표준	세율	계산식
1,400만원 이하	6%	–
초과~5,000만원	15%	84만원+(1,400만원 초과금액×15%)
초과~8,800만원	24%	624만원+(5,000만원 초과금액×24%)
초과~1억5천만원	35%	1,536만원+(8,800만원 초과금액×35%)
3억원 이하	38%	3,706만원+(1억5천만원 초과액×38%)
5억원 이하	40%	9,406만원+(3억원 초과금액×40%)
10억원 이하	42%	1억7,406만원+(5억원 초과금액×42%)
10억원 초과	45%	3억8,406만원+(10억원을 초과하는 금액×45%)

※ 비영리법인의 비수익사업은 비과세된다.

※ 지방소득세가 위의 각 세액에 대하여 10%씩 가산 부과된다.

2-4 법인세율(법인세법제55조, 제55조의2)

<table>
<tr><th>법인종류</th><th colspan="2">과세표준</th><th>세율</th><th>계산식</th></tr>
<tr><td rowspan="4">• 영리법인
• 영리법인(수익사업)
• 청산소득</td><td colspan="2">2억 이하</td><td>9%</td><td>–</td></tr>
<tr><td colspan="2">2억 초과~200억 이하</td><td>20%</td><td>1천800만원
+(2억원 초과금액×19%)</td></tr>
<tr><td colspan="2">200억 초과~3,000억원 이하</td><td>22%</td><td>37억8,000만원+(200억원 초과금액×21%)</td></tr>
<tr><td colspan="2">3,000억원 초과</td><td>25%</td><td>625억8,000만원+(3,000억원 초과금액×24%)</td></tr>
<tr><td>협동조합법인, 새마을금고</td><td colspan="4">9%(조특법제72조)</td></tr>
<tr><td>영농·영어조합법인, 농업회사법인</td><td colspan="4">일정한 범위 내에서 면제(조특법제66조)</td></tr>
<tr><td colspan="3">구 분</td><td colspan="2">세 율</td></tr>
<tr><td rowspan="3">토지·주택 등 양도소득</td><td colspan="2">대통령령으로 정하는 주택(부수토지) 및 별장</td><td colspan="2">20%</td></tr>
<tr><td colspan="2">비사업용 토지(미등기)</td><td colspan="2">10%(40%)</td></tr>
<tr><td colspan="2">주택을 취득하기 위한 권리(조합원입주권, 분양권)</td><td colspan="2">20%</td></tr>
</table>

※ 지방소득세가 위의 각 세액에 대하여 10%씩 가산 부과된다.

제3장 양도소득세

3-1-1 양도소득세 산출체계

(1) 기본정보

① 부동산표시 : 소재, 지번, 부동산종류
② 양도내용 : 일자, 면적
③ 취득내용 : 일자, 면적

필수	실제 양도가	원
	실제 취득가	
	보유기간(년)	
	취득신고가(구 등기신고액)	
선택	기본공제 기사용액	
	필요경비	

⇩

산 출 세 액		
구 분	일반과세조건시	중과세 유예조건시
양도소득세 + 주민세		

(2) 상세 산출근거

항 목	금 액	참 고
양도가액		실제 양도가액(양도 당시 기준시가)
(-)취득가액		실제 취득가액, 모르면 매매사례가액, 감정가액, 환산가액. 경락대금에 포함되지 아니한 임차인의 전세보증금을 매수인이 반환한 경우 취득가액에 포함.(취득 당시 기준시가)
(-)필요경비		* 취득신고가의 개산공제액(0.03%) 또는 ① 취득시 부대비용: 취득세, 등록세, 양수인이 부담한 양도소득세, 법무사수수료, 등기비용, 국민주택채권할인금액, 공증비용, 인지대, 중개수수료, 신문광고비, 분양수수료, 경매집행비용, 소송비용, 명도비용 ② 취득 후 지출비용: 용도변경·개량비용(자본적 지출액), 농지전용비용, 재건축부담금, 기반시설부담금, 불법건축물철거비용 ③ 양도비용: 계

<table>
<tr><td></td><td></td><td>약서작성비용, 공증료, 인지대, 소개비, 중개수수료, 양도소득세 신고서 작성비용(세무사수수료)
* 매매사례가액, 감정가액, 환산취득가액은 기준시가의 3% 적용</td></tr>
<tr><td>양도차익</td><td></td><td>양도가액-취득가액-필요경비</td></tr>
<tr><td>(-)장기보유특별공제 [1세대1주택 특례공제율은 국내 1주택 소유한 거주자에게만 적용, 비거주자는 일반부동산 공제율(최대 30%) 적용]</td><td>양도차익×공제율</td><td>
<table>
<tr><th colspan="2">보유기간</th><th>1세대
1주택</th></tr>
<tr><td colspan="2">3년 이상 4년 미만</td><td>24%</td></tr>
<tr><td colspan="2">4년 이상 5년 미만</td><td>32%</td></tr>
<tr><td colspan="2">5년 이상 6년 미만</td><td>40%</td></tr>
<tr><td colspan="2">6년 이상 7년 미만</td><td>48%</td></tr>
<tr><td colspan="2">7년 이상 8년 미만</td><td>56%</td></tr>
<tr><td colspan="2">8년 이상 9년 미만</td><td>64%</td></tr>
<tr><td colspan="2">9년 이상 10년 미만</td><td>72%</td></tr>
<tr><td>10년 이상</td><td>10년 이상 11년 미만</td><td>80%</td></tr>
<tr><td></td><td>11년 이상 12년 미만</td><td></td></tr>
<tr><td></td><td>12년 이상 13년 미만</td><td></td></tr>
<tr><td></td><td>13년 이상 14년 미만</td><td></td></tr>
<tr><td></td><td>14년 이상 15년 미만</td><td></td></tr>
<tr><td></td><td>15년 이상</td><td></td></tr>
</table>
</td></tr>
<tr><td>양도소득금액</td><td>양도차익-장기보유특별공제액</td><td></td></tr>
<tr><td>(-)양도소득 기본공제</td><td></td><td>미등기 양도자산은 공제×, 토지·건물, 부동산에 관한 권리, 기타자산을 1유형으로, 주식·출자지분 등을 2유형으로 구분하여 각각 적용하고 국내·국외자산으로 다시 구분하여 각 연 250만원을 한도로 하므로 최고 연 1,000만원까지 공제 가능.(소세법제103조①, 소세법제118의7 ①) 그러나 같은 유형의 자산에 대하여는 연간 1회만 공제 가능. 비거주자에 대하여도 적용.</td></tr>
<tr><td>과세표준</td><td>양도소득금액-양도소득 기본공제</td><td></td></tr>
<tr><td>(×)세율</td><td></td><td>다음 참조</td></tr>
<tr><td>산출세액</td><td>과세표준×세율</td><td></td></tr>
<tr><td>(-)감면세액</td><td></td><td></td></tr>
<tr><td>(-)외국납부세액공제</td><td></td><td></td></tr>
<tr><td>결정세액</td><td></td><td></td></tr>
<tr><td>(+)가산세</td><td></td><td>무신고, 부당과소신고, 단순과소신고, 납부불성실</td></tr>
<tr><td>총결정세액</td><td></td><td></td></tr>
<tr><td>(-)기납부·고지세액공제</td><td></td><td></td></tr>
<tr><td>납부세액</td><td></td><td></td></tr>
</table>

3-1-2 양도소득세율

<table>
<tr><th>자산별</th><th>구 분</th><th>'09.3.16~
'13.12.31</th><th>'14.1.1~
'17.12.31</th><th>'18.1.1~
3.31</th><th>'18.4.1~
'21.5.31</th><th>'21.6.1~
'22.5.9</th><th>'22.5.10~
'23.5.9</th></tr>
<tr><td rowspan="8">토지, 건물, 부동산에 관한 권리</td><td rowspan="3">보유기간</td><td>1년 미만</td><td>50%</td><td colspan="3">50%(*)(40%(**))</td><td>50%(70%)</td></tr>
<tr><td>2년 미만</td><td>40%</td><td colspan="3">40%(기본세율)</td><td>40%(60%)</td></tr>
<tr><td>2년 이상</td><td colspan="5">소득세 기본세율</td></tr>
<tr><td>분양권</td><td colspan="2">기본세율</td><td colspan="2">기본세율(조정대상지역 내 50%)</td><td colspan="2">60%(70%(***))</td></tr>
<tr><td>1세대2주택 이상(1주택과 1입주권·분양권 포함)인 경우의 주택</td><td colspan="3">기본세율(2년 미만 단기 양도시 해당 단기양도세율 적용)</td><td>보유기간별 세율(조정대상지역 기본세율-10%)</td><td>보유기간별 세율(조정대상지역 기본세율-20%)</td><td rowspan="2">기본세율(****)</td></tr>
<tr><td>1세대3주택 이상(주택+입주권+분양권의 합이 3 이상인 경우 포함)인 경우의 주택</td><td colspan="3">보유기간별 세율(조정대상지역 기본세율-10%)</td><td>보유기간별 세율(조정대상지역 기본세율-20%)</td><td>보유기간별 세율(조정대상지역 기본세율-30%)</td></tr>
<tr><td>비사업용토지</td><td colspan="6">보유기간별 세율(단, 지정지역은 기본세율+10%)(*****)(소득세법제104조①8호)</td></tr>
<tr><td>미등기양도자산</td><td colspan="6">70%</td></tr>
<tr><td colspan="2">기타 자산</td><td colspan="6">보유기간 관계없이 기본세율</td></tr>
</table>

(*) 2 이상의 세율에 해당하는 때에는 각각의 산출세액 중 큰 것을 적용한다.

(**) 주택(부수토지 포함) 및 조합원입주권을 양도하는 경우

(***) 보유기간이 1년 미만인 것

(****) 보유기간 2년 이상인 조정대상지역 내 주택을 '22.5.10부터 '23.5.9까지 양도시 기본세율 적용

(*****)'16.1.1 이후('15.12.31까지 지정지역은 +10%) 모든 지역의 비사업용 토지

장기보유특별공제율[표1]

2018. 12. 31. 이전 양도분		2019. 01. 01. 이후 양도분	
보유기간	공제율	보유기간	공제율
3년 이상~4년 미만	10%	3년 이상~4년 미만	6%
4년~5년 미만	12%	4년~5년 미만	8%
5년~6년 미만	15%	5년~6년 미만	10%
6년~7년 미만	18%	6년~7년 미만	12%
7년~8년 미만	21%	7년~8년 미만	14%
8년~9년 미만	24%	8년~9년 미만	16%
9년~10년 미만	27%	9년~10년 미만	18%
10년 이상	30%	10년~11년 미만	20%
		11년~12년 미만	22%
		12년~13년 미만	24%
		13년~14년 미만	26%
		14년~15년 미만	28%
		15년 이상	30%

장기보유특별공제율[표2]

(2019. 12. 31. 이전 양도분으로서 ①1세대1주택, ② 2년 이상 보유)
(2020. 01. 01. 이후 양도분으로서 ①1세대1주택, ② 2년 이상 보유, ③ 2년 이상 거주), 미충족시는 [표1]을 적용

보유기간	공제율
3년~4년 미만	24%
4년~5년 미만	32%
5년~6년 미만	40%
6년~7년 미만	48%
7년~8년 미만	56%
8년~9년 미만	64%
9년~10년 미만	72%
10년 이상	80%

※ 조합원입주권을 양도하는 경우에는 관리처분계획인가 전의 양도차익에 대하여 장기보유특별공제율 적용(2013.01.01. 개정)

※ 고가주택의 장기보유특별공제액=소세법제95조②에 따른 장기보유특별공제액×(양도가액-9억원)/양도가액

중과세율표(조정대상지역)

과세표준	기본세율	2주택자(+10%)	3주택자(+20%)	누진공제
1,200만원 이하	6%	16%	26%	–
1,200만원 초과~4,600만원 이하	15%	25%	35%	108만원
4,600만원~8,800만원 이하	24%	34%	44%	522만원
8,800만원~1억5천만원 이하	35%	45%	55%	1,490만원
1억5천만원~3억원 이하	38%	48%	58%	1,940만원
3억원~5억원 이하	40%	50%	60%	2,540만원
5억원 초과	42%	52%	62%	3,540만원

3-1-3 농지·임야·나대지가 사업용으로 인정받기 위한 기준

구 분	요 건	비 고
농지	① 지역 : 도시지역 외의 관리지역, 농림지역, 자연환경보전지역	경작하던 농지가 도시지역으로 편입된 경우에는 편입된 날로부터 3년 내
	② 재촌 : 소유자가 농지 소재지 시·군·구 또는 연접한 시·군·구에 거주하면서 직선거리 30㎞ 이내에 거주	• 재촌·자경 요건을 충족하지 않더라도 ① 8년 이상 재촌자경한 농지를 상속받거나 ② 상속으로 취득한 농지 등을 상속일부터 5년 이내에 양도하거나 ③ 사업인정고시일 2년 이전에 취득한 모든 토지는 사업용 토지에 해당함(소세령제168조⑭) • 주말체험농장은 재촌자경 요건 필요 없음
	③ 자경 : 소유자가 본인의 노동력의 1/2 이상을 투입하여 농지를 직접 경작(대리 또는 임대차 경작 제외)	
	④ 사업용 기간 : 양도일 직전 5년 중 3년 이상 또는 양도일 직전 3년 중 2년 이상 또는 전체 소유기간 중 60% 이상 사업에 사용	• 1년 간 근로소득이나 사업소득이 3,700만원 초과에는 자경기간으로 인정하지 않는다.
목장용지	시 이상 주거, 상업, 공업지역 외 지역에 소재하는 축산업을 자영하는 목장용지로서 기준 면적 이내의 토지	
임야	① 재촌	재촌 요건을 충족하지 않더라도 산림자원의 조성 및 관리에 관한 법률에 따라 사업용 토지로 인정되는 경우도 있음.
	② 사업용 기간	
나대지	사업용도인 경우(운동장, 경기장 등 체육시설용, 휴양시설업용, 주차장용, 청소년 수련시설용, 예비군훈련장용, 개발사업시행자가 조성한 토지)나 거주에 필수적인 경우	• 재산세가 바과세·면제되는 경우, 별도합산과세대상이거나 분리과세대상인 경우는 사업용토지로 봄. • 노외주차장으로 사용시에도 임대한 경우는 제외 • 건물 부속토지는 도시지역은 건물바닥면적의 5배, 그 외 재역은 10배 이내라면 사업용 토지에 해당함. • 건물을 신축하여 2년 이상 임대하면 사업용 토지

3-1-4 다주택자 중과세의 예외

2주택 보유자	3주택 이상자
① 3주택 이상자의 중과 제외 주택 ② 취학, 근무상 형편, 질병 요양 등으로 취득한 수도권 밖 다른 시·군 소재 주택 ③ 혼인합가일부터 5년 이내, 동거봉양합가일부터 10년 이내 양도하는 주택 ④ 소송 진행중인 주택 또는 소송 결과에 따라 취득한 주택 ⑤ 일시적 2주택인 경우 종전주택 ⑥ 양도 당시 기준시가 1억원 이하의 주택(도정법상 정비구역내 주택은 제외)	① 수도권·광역시·세종시 외 지역의 3억원 이하 주택 ② 장기임대주택 ③ 10년 이상 무상 제공한 장기 사원용 주택 ④ 5년 이상 가정어린이집으로 사용하는 주택 ⑤ 상속 주택(5년 이내 양도시) ⑥ 문화재로 등록된 주택 ⑦ 저당권 실행 및 채권 변제를 위해 취득한 주택(3년 이내 양도시) ⑧ 조특법상 감면대상 미분양 신축주택

3-1-5 조정대상지역(2023년)

조정대상지역	서울특별시	전지역
	경기도	과천시.하남시,광명시.성남시(분당, 수정구)

3-2-1 1세대1주택 비과세 요건(소세령 제152조의3, 제154조, 제154조의2, 제155조, 제156조, 제156조의2, 제156조의3)

요 건		특례 규정
적용대상자		양도일 현재 거주자(*)(법인격 없는 종중이나 교회의 대표자 ×)
적용대상주택		• 전체 주택을 기준으로 실거래가액 12억원까지는 전면 적용, 고가주택은 12억원 초과분에 대해서는 비적용(**). • 미등기이거나 거짓 계약(매맥가액이 실지거래가액이 아닌 경우)이 아닐 것.
기간 요건	보유기간	• 보유기간 2년 이상, • 다음 중 어는 하나에 해당하는 경우에는 보유기간의 제한을 받지 아니한다 ① 임차일로부터 양도일까지의 세대 전원이 5년 이상 거주한 건설임대주택 ② 공공사업용으로 양도·수용된 주택(5년내 양도하는 잔존주택 및 부수토지 포함) ③ 해외 이주, 1년 이상 국외거주 필요로 세대 전원이 출국 후 2년 내 양도하는 주택 ④ 취학, 학교폭력 피해로 전학, 근무, 질병 치료·요양의 사유가 있어 양도하는 1년 이상 거주 주택
	거주기간	취득 당시를 기준으로 조정대상지역으로 지정되어 있는 경우(다만, 2017. 8. 2. 이전에 취득한 주택, 2017. 8. 2. 이전에 매매계약을 체결하고 계약금을 지급한 경우로서 계약금지급일 현재 무주택 세대는 제외) 2년 이상
1세대(양도시점)		• 거주자 및 배우자가 동일한 주소 또는 거소에서 생계를 같이하는 가족(직계존비속과 그 배우자, 형제자매, 형제자매의 배우자는 제외)과 함께 구성하는 세대, 부부는 분가하여도 동일세대, 부모와 자녀가 단독주택에 층을 달리하여 거주하고 취사 등이 사실상 분리된 경우에는 독립 세대, 사실혼의 경우에도 동일세대로 봄. 다음 중 어느 하나에 해당하는 경우에는 배우자가 없는 때에도 1세대로 본다 ① 거주자의 연령이 30세 이상인 경우 ② 배우자가 사망하거나 이혼한 경우 ③ 중위소득(***)의 100분의 40 이상으로 독립된 생계를 유지할 수 있는 성년자
1주택(양도시점) (***8)		다음 중 어느 하나에 해당하는 경우에는 1주택으로 본다 ① 종전 주택 취득한 날부터 1년 이상 경과 후 다른 주택 취득하고, 다른 주택 취득한 날부터 3년 내에 양도하는 종전 주택(일시적 2주택, 이사 등의 경우, 매매·증여 포함)(소세령제155조①) ② 기존(일반)주택 소유자가 상속으로 2주택이 된 경우 기간 제한 없이 양도하는 기존주택(상속개시 당시 보유한 기존주택 1주택만 해당, 동일세대 내의 상속은 제외하나 60세 이상 직계존속과 동거봉양 합가 후 상속의 경우에는 해당)(소세령제155조②③) ③ 1주택 소유자가 60세 직계존속의 동거봉양을 위해 합가 후 5년내 먼저 양도하는 주택(배우자의 직계존속도 포함)(소세령제155조④) ④ 1주택 소유자 간의 혼인 후 혼인한 날부터 5년 내 먼저 양도하는 주택(소세령제155조⑤) ⑤ 지정문화재, 등록문화재에 해당하는 주택 소유자가 양도하는 일반주택(소세령제155조⑥) ⑥ 비수도권 읍·면 지역 소재 5년 이상 거주한 사실이 있는 농어촌주택(상속주

	택, 이농주택, 귀농주택)(*****) 소유자가 양도(귀농주택의 경우에는 취득 후 5년 내 양도) 하는 일반주택(소세령제155조⑦, 조특법제99조의4) ⑦ 취학 등 부득이한 사유로 취득한 비수도권 소재 주택 소유자가 3년내 양도하는 일반주택(소세령제155조⑧) ⑧ 다주택 중과 제외 장기임대주택(******) 소유자가 양도하는 등록 후 2년 이상 거주 주택(소세령제155조⑲) ⑨ 가정어린이집 5년 이상 운영하는 경우 해당 세대가 2년 이상 거주하고 양도하는 주택 ⑩ 재개발사업, 재건축사업 또는 소규모재건축사업의 시행기간 동안 거주하기 위하여 대체주택을)취득한 경우로서 요건을 모두 갖추어 대체주택을 양도하는 때(영제156조의2⑤)(*******) ⑪ 한 울타리 안에 2채의 주택이 있으나 1세대가 주거용으로 모두 사용하고 있는 경우 ⑫ 주택의 매수인이 등기 이전을 해가지 않아 1세대2주택으로 나타난 경우 잔금지급 사실이 확인되면 비과세

(*) 국내에 '주소'를 두거나 '183일 이상의 거소'를 둔 개인

(**) 고가주택의 양도차익=소세법제95조①에 따른 양도차익×(양도가액-12억원)/양도가액

(**) 중위소득(2023년)(국민기초생활보장법제2조11호 보건복지부고시)

구분	1인 가구	2인 가구	3인 가구	4인 가구	5인 가구	6인 가구	7인 가구
금액	2,077,892원	3,456,155원	4,434,816원	5,400,964원	6,330,688원	7,227,981	8,107,515원

(****) 1세대2주택자가 제1주택을 처분한 후 막바로 제2주택을 처분하여 양도세 비과세를 받기 위해서는 제2주택의 잔금청산일을 기준으로 그 전에 제1주택의 잔금청산이 완료되어야 하나 제1주택의 매매계약이 가장행위로서 무효인 경우는 비과세 적용을 받을 수 없다. 그러나 1주택자가 두 번째 주택의 매매계약의 성립 후 양도일 이전에 특약에 따라 주택을 멸실한 경우에는 남용 방지를 위해 매매계약의 잔금청산일이 아닌 매매계약일을 기준으로 주택 수를 판정하여 1세대 2주택자로 본다(양도, 재산세과-2830, 2008.9.17.).

(*****) 소득세법에서는 농어촌주택의 소재지를 수도권지역을 제외한 읍면지역(도시지역 제외)으로 제한하고 있고 조특법에서는 농어촌주택의 소재 지역을 일정한 시 지역까지 확대하면서 도시지역이나 투기지정지역, 토지거래허가구역을 제외하고 있다(소세령제155조⑦, 조특령제99조의4②⑦). 또한 조특법에서는 조특령으로 정하는 고향으로서 수도권지역이나 투기지정지역, 관광단지를 제외한 시지역에 소재하는 고향주택을 추가하여 과세특례 대상으로 규정하고 있다. 농어촌주택등에 1세대1주택 비과세가 적용되기 위해서는 일반주택을 보유하다가 농어촌주택등을 취득한 경우여야 한다(조특법제99조의4①). 농어촌주택과 일반주택은 행정구역상 같은 읍·면 또는 연접한 읍·면에 있는 경우가 아니어야 하고, 고향주택과 일반주택은 행정구역상 같은 시 또는 연접한 시에 있는 경우가 아니어야 한다(조특법제99조의4③). 또한 농어촌주택등을 3년 이상 보유하여야 하지만(조특법제99조의4①), 보유기간 충족 전에 양도가 이루어지더라도 비과세를 인정하고 사후에 보유기간을 충족하지 못하면 당초의 양도소득세를 추징한다. 농어촌주택은 대지면적이 660㎡ 이내여야 하고(조특법제99조의4①1호), 단독주택은 150㎡ 이내, 공동주택은 전용면적 116㎡ 이내여야 한다(이러한 주택의 규모기준은 2017.1.1. 이후 양도분부터는 폐지)(조특법제99조의4, 조특령제99조의4⑤). 가액 기준으로는 주택 및 부수토지의 기준시

가가 2억원(2014.1.1. 이후 취득하는 한옥은 4억원) 이하여야 한다(조특법제99조의4①1호). 고향주택은 수도권 지역 외의 고향에 소재하는 주택으로서 대지면적이 660㎡ 이내이고 주택 및 부수토지의 기준시가가 2억원(2014.1.1. 이후 취득하는 한옥은 4억원) 이하여야 한다. 면적기준이나 가액기준은 일반주택 양도일까지 증축이나 추가된 면적이 있는 경우에는 그 면적, 가액을 포함하여 판단한다(조특령제99조의4⑪). 이농주택은 농업 또는 어업에 종사하던 자가 전업으로 인하여 다른 시·구·읍·면으로 전출함으로써 거주하지 못하게 되는 주택으로서 이농인이 취득 후 5년 이상 거주한 사실이 있는 주택을 말한다. 귀농주택은 귀농일부터 계속하여 3년 이상 농업·어업에 종사하여야 하고, 세대 전원이 함께 이사(취학, 근무상의 형편, 질병 요양, 그 밖의 부득이한 사유로 세대 구성원 중 일부가 이사하지 못하는 경우도 포함)하여 거주하여야 한다(소세령제155조⑫). 또한 귀농주택은 고가주택이 아니어야 한다(소세령제155조⑩). 귀농주택은 1,000㎡ 이상의 농지를 소유한 자가 해당 농지 소재지에 있는 주택을 취득하는 것이거나 1,000㎡ 이상의 농지를 소유하기 전 1년 이내에 해당 농지 소재지에 있는 주택을 취득하는 것이어야 한다. 귀농주택의 1세대1주택 비과세 혜택은 귀농 후 최초로 양도하는 1채의 일반주택에 대해서만 가능하다(소세령제155조⑪). 이와 달리 상속주택의 경우에는 1세대1주택 비과세 판정시 주택수 계산에서 제외하여 일반주택을 수 차례 취득하여 양도하더라도 비과세 적용을 받는다.

(******) 소세령제167조의3①2호 각목에 따른 주택

(*******) ① 사업시행인가일 현재 1주택자일 것, ② 사업시행인가일 이후 대체주택을 취득할 것, ③ 대체주택에서 1년 이상 거주할 것, ④ 2년 이내 신축주택으로 세대 전원 이사 & 1년 이상 계속 거주할 것, ⑤ 신축주택이 완성되기 전 또는 완성된 후 2년 이내에 대체주택을 양도할 것. 과거 국세청에서는 영 제156조의2 제5항 특례를 사업시행인가 당시 1주택자(원조합원)에 한해서만 적용되므로 사업시행인가 후 (기존)주택을 취득하는 경우(승계조합원)에는 적용되지 않는다고 해석하였으나, 사업시행인가가 나더라도 재개발재건축사업이 바로 시행되는 것도 아니고 기존주택의 기능이 당장 소멸되는 것도 아니므로 사업시행인가가 난 이후에 재개발(재건축) 예정 주택을 구입하고 이후에 사업기간 중에 대체주택을 구입하는 경우에도 특례를 적용하는 것으로 유권해석을 변경하였다(법령해석 재산-3749, 2016.12.30.). 다만, 관리처분계획인가 후 조합원입주권으로 변환된 상태의 입주권을 승계취득하고 이후 주택을 구입한 경우에는 이 특례가 적용되지 않는다. 도한 재개발·재건축 주택을 보유한 자가 그 주택의 재개발 기간 동안 거주하기 위하여 곧 신축주택으로 전환될 분양권이나 입주권을 구입하는 경우에도 특례규정이 적용되는 대체주택에 해당한다(재산세과-1053, 2009.12.18.). 재개발·재건축 주택을 보유한 자가 2채의 대체주택을 취득한 경우에도 먼저 양도하는 주택은 비과세가 적용되지 않으나 나중에 양도하는 주택이 특례의 요건을 충족하는 경우에는 비과세가 적용된다(재산세과-509, 2009.10.21.).

※ 소득세법제89조, 소득세법시행령제154조, 소득세법시행령제155조

※ 보유기간은 취득일 초일 산입하여 양도일까지, 거주기간은 주민등록상 전입일부터 전출일까지의 기간으로 산정한다.

※ 조정대상지역 내 2년 거주기간은 보유(소유)기간 중 거주한 기간만 합산한다.

※ 조정대상지역 내 2년 거주요건은 소유자 및 명의자, 계약자뿐만 아니라 그들과 동일한 주소 또는 거소에서 생계를 같이하는 가족을 의미하지만 세대원 중 일부가 취학, 질병으로 인한 요양, 근무상·사업상 형편으로 함께 거주하지 못한 경우에는 나머지 세대원이 거주요건을 충족하

면 된다. 재학증명서나 재직증명서로 세대원 일부가 전입하지 못한 사유를 소명하면 되나 재학증명서의 경우에는 고등학교, 대학교의 경우만 인정한다.

3-2-2 조정대상지역이더라도 1세대1주택 비과세 적용되는 경우

<table>
<tr><td rowspan="5">보유기간 제한 없음
거주기간 제한 없음</td><td>임대주택의 분양전환으로 취득한 주택의 양도</td><td>세대원 전원이 거주한 기간이 5년 이상(취학, 근무, 질병 등 부득이한 사유로 세대 일부 전출시도 포함)</td></tr>
<tr><td>협의매수, 수용시</td><td>수용 후 남은 주택이나 부수토지도 수용일로부터 5년 내 매각시 포함</td></tr>
<tr><td>해외이주시</td><td>• 1세대1주택
• 세대원 전원 출국
• 출국일로부터 2년 이내 양도</td></tr>
<tr><td>해외출국시</td><td rowspan="2">• 1세대1주택
• 1년 이상 해외거주
• 취학 또는 근무상 필요
• 출국일부터 2년 이내 양도
• 1년 이상 거주한 주택을 취학, 근무, 질병 등 사유로 양도시</td></tr>
<tr><td>부득이한 사유</td></tr>
<tr><td rowspan="2">거주기간 제한 없음</td><td>주택임대사업자등록</td><td>사업자등록+주택임대사업자</td></tr>
<tr><td>조정대상지역 지정 전 계약</td><td>• 계약금지급일 현재 1세대 무주택자로서 조정지역지정 공고가 있은 날 이전 매매계약 체결+계약금 지급+증빙서류•</td></tr>
</table>

3-2-3 일반주택과 상속주택을 처분할 경우 1세대1주택 비과세 적용

<table>
<tr><th>구 분</th><th>일반주택 양도</th><th>상속주택 양도</th></tr>
<tr><td>상속주택 1채+상속개시 당시 일반주택 1채</td><td>1세대1주택으로 보아 비과세 판단</td><td rowspan="2">기본세율로 과세.
단, 세율 적용시 보유기간은 피상속인의 취득일부터 기산.</td></tr>
<tr><td>상속주택 1채+상속개시 당시 일시적 2주택</td><td>상속개시 당시 기존주택을 새 일반주택 취득 후 3년 이내 양도시 비과세 가능</td></tr>
</table>

※ 공동상속의 경우에는 상속주택의 소유자는 상속지분이 가장 큰 상속인으로 판단한다. 만약 상속지분이 동일하다면 상속개시 당시 상속주택에 거주한 자, 최연장자 순으로 소유한 것으로 본다.

※ 피상속인이 상속개시 당시 2주택 이상을 소유한 경우에는 1세대1주택 비과세 규정을 적용할 때 상속주택은 ① 피상속인의 소유기간이 가장 긴 1주택, ② 피상속인의 거주기간이 가장 긴 1주택, ③ 피상속인의 상속개시 당시 거주한 1주택, ④ 기준시가가 가장 큰 1주택 순으로 판단한다.

3-2-4 1세대1주택 보유기간 및 거주기간 요건 개정 연혁

<table>
<tr><th colspan="2" rowspan="2">구 분</th><th colspan="8">1세대1주택 비과세 요건</th></tr>
<tr><th>'03.10.01~'03.12.31.</th><th>'04.01.01.~04.12.31.</th><th>'05.01.01.~'11.06.02.</th><th>'11.06.03. 이후</th><th>'12.06.29. 이후</th><th>'17.9.19 이후</th><th>'21.1.19 이후</th><th>'22.5.10 이후</th></tr>
<tr><td rowspan="2">서울, 과천, 5대 신도시 지역</td><td>일반적인 경우</td><td>3년 이상 보유+1년 이상 거주</td><td colspan="2">3년 이상 보유+2년 이상 거주</td><td rowspan="2">3년 이상 보유 3년 이상 보유</td><td rowspan="2">2년 이상 보유 2년 이상 보유</td><td colspan="3" rowspan="4"></td></tr>
<tr><td>'99년 중 계약으로 취득한 주택</td><td colspan="2">1년 이상 보유+1년 이상 거주</td><td>3년 이상 보유+2년 이상 거주</td></tr>
<tr><td>기타 지역</td><td>일반적인 경우</td><td colspan="4">3년 이상 보유</td><td rowspan="2">2년 이상 보유 2년 이상 보유</td></tr>
<tr><td></td><td>'99년 중 계약으로 취득한 주택</td><td colspan="3">1년 이상 보유</td><td>3년 이상 보유</td></tr>
<tr><td colspan="2">취득 당시 조정대상지역 내</td><td colspan="3"></td><td></td><td></td><td>2년 이상 보유 & 2년 이상 거주</td><td>• 2년 이상 보유(1주택이 된 날부터 계산)
• 위보유기간 중 2년 이상 거주</td><td>2년 이상 보유 & 2년 이상 거주</td></tr>
<tr><td colspan="2">취득 당시 조정대상지역 외</td><td colspan="3"></td><td></td><td></td><td>2년 이상 보유</td><td>2년 이상 보유(1주택이 된 날부터 계산)</td><td>2년 이상 보유</td></tr>
</table>

3-3 보유기간 기산일

<table>
<tr><th colspan="3">취득 형식</th><th>기산일</th></tr>
<tr><td colspan="3">상속</td><td>상속개시일. 피상속인이 동일세대원인 경우는 피상속인의 취득일</td></tr>
<tr><td colspan="3">증여</td><td>증여등기일, 다만, 이월과세대상이나 부당행위계산대상의 경우는 증여자가 취득한 날. 배우자 증여의 경우에도 증여자가 취득한 날</td></tr>
<tr><td colspan="3">재산분할</td><td>이혼 전 배우자가 취득한 날(대법원 2012두10901)</td></tr>
<tr><td colspan="3">용도변경(상가→주택)</td><td>용도변경일</td></tr>
<tr><td rowspan="3">재개발·재건축</td><td rowspan="2">원조합원</td><td>청산금납부분</td><td>관리처분계획인가일</td></tr>
<tr><td>기존건물분</td><td>기존건물과 부속토지의 취득일</td></tr>
<tr><td colspan="2">승계조합원</td><td>신축아파트의 사용승인서교부일</td></tr>
</table>

3-4 조합원입주권의 보유기간 계산 비교

<table>
<tr><th colspan="2" rowspan="2">구 분</th><th colspan="2">보유 기간</th></tr>
<tr><th>기산일</th><th>종료일</th></tr>
<tr><td rowspan="2">장기보유특별공제 및 세율</td><td>기준시가 적용시</td><td>입주권 취득일</td><td>양도일</td></tr>
<tr><td>실거래가액 적용시</td><td>준공일</td><td>양도일</td></tr>
<tr><td colspan="2">비과세 보유기간 판정</td><td>준공일</td><td>양도일</td></tr>
<tr><td colspan="2">1년 미만 보유 실가대상 판정</td><td>준공일</td><td>양도일</td></tr>
</table>

3-5 8년 자경농지에 대한 양도소득세 감면(조특법제69조)

구 분		내 용	증명자료
요건	재존(거주)(조특령제66조①)	① 농지소재지 해당 지역에 8년 이상 거주, 양도일 현재 기준 거주자일 것 ② 농지가 소재하는 시·군·구 안의 지역 ③ 농지가 소재하는 시군구와 연접한 시·군·구 안의 지역 ④ 농지로부터 직선거리 30㎞ 이내	• 거주 : 주민등록초본
	자경	① 거주자가 그 소유농지에서 농작물 경작 또는 다년생 식물의 재배에 상시 종사할 것 ② 거주자가 그 소유농지에서 농작업의 2분의 1 이상을 자기의 노동력에 의하여 경작 또는 재배할 것	농지조합원증 농자재구입내역서 자경확인서(소재지 읍면동사무소)
	기간	① 농지 해당 지역에 농지의 취득일로부터 양도일까지 실제 보유기간 중 8년 이상을 자경할 것 ② 한 해의 농업소득, 농가부업소득, 부동산임대소득을 제외한 총급여액 합계가 3700만원 이상이 되는 과세기간은 경작기간에서 제외 ③ 상속 농지인 경우 상속인이 1년 이상 계속하여 재촌·자경하는 경우 피상속인의 자경기간을 합산, 상속인이 자경을 하지 않는 경우에는 상속개시일부터 3년 이내에 양도시에만 피상속인의 자경기간을 포함(다만, 상속인의 미경작기간은 제외한다)(조특령제66조⑪ ④ 증여 농지의 경우 증여일 이후의 경작기간만으로 산정(다만, 증여를 원인으로 소유권이전등기가 되어 있더라도 실질이 상속인 경우에는 상속농지로 보아 자경기간을 합산한다) ⑤ 교환으로 취득한 농지는 교환일 이후 경작한 기간만으로 산정 ⑥ 경작기간이 8년 미만이더라도 감면되는 경우 : 경영이양보조금 지급대상인 농지를 한국농어촌공사 또는 영농조합법인, 농업회사법인에게 2010.12.31.까지 양도하는 경우에는 3년 이상 자경	• 사업소득과 총급여액의 합계액이 연간 3,700만원 이상인 경우 그 과세기간은 자경기간에서 제외(조특령제66조⑭) • 8년 보유 : 토지대장, 부동산등기부등본
	농지(조특령제66조⑤)	양도일 현재 농지일 것(양도일 이전에 매매계약 조건에 따라 매수자가 형질변경, 건축 착공 등을 한 경우에는 매매계약일 현재의 농지를 기준으로 한다)	• 양도 당시 농지 여부 : 항공사진(위성사진), 토지측정조사표
감면 한도(조특법제133조①)		100% 감면. 연간 2억원, 자경농지와 농지대토(5년간 1억원 한도)로 인한 감면액 합계가 5년간 3억원	
감면 제외		특별시·광역시 내의 주거지역 등의 농지로서 편입되는 날부터 3년이 지난 농지	• 주거·상업·공업지역 안에 소재 여부 : 토지이용계획확인원
감면 신청		농지원부 원본, 경작사실확인서, 자경증명(지역농협가입증명원, 농기계구입비 및 농약구입비용 영수증 등)	

※ 조특법제69조의3(어업용 토지등에 대한 양도소득세의 감면), 제69조의4(자경산지에 대한 양도소득세의 감면), 제70조(농지대토에 대한 양도소득세 감면)

3-6 자경산지에 대한 양도소득세 감면(조특법제69조의4, 조특령제66조의4) : 신설 - 2018.01.01. 이후 양도자부터 적용

<table>
<tr><th colspan="2">구 분</th><th>내 용</th></tr>
<tr><td rowspan="3">요건</td><td>물적 요건
(조특령제66조의4③④)</td><td>양도일 현재 산림자원의 조성 및 관리에 관한 법률에 따른 산림경영계획인가를 받은 보전산지</td></tr>
<tr><td>인적 요건
(조특령제66조의4①)</td><td>①임업 및 산촌진흥촉진에 관한 법률 시행령에 따른 임업인
② 산지 소재하는 시군구 및 연접 시군구 또는 직선거리 30㎞ 이내 지역에 거주자(비거주자가 된 날로부터 2년 이내인 사람)</td></tr>
<tr><td>자경 요건
(조특령제66조의4②⑩)</td><td>① 거주자가 그 소유 산지에서 「임업 및 산촌 진흥촉진에 관한 법률」에 따른 임업(이하 이 조에서 "임업"이라 한다)에 상시 종사하는 것
② 거주자가 그 소유 산지에서 임작업의 2분의 1 이상을 자기의 노동력에 의하여 수행하는 것
③ 자경기간 : 10년 이상(사업소득과 총급여액의 합계액이 연간 3,700만원 이상인 경우 그 과세기간은 자영기간에서 제외)(조특령제66조⑭)</td></tr>
<tr><td colspan="2">감면한도(조특법제133조①)</td><td>연간 1억원, 5년간 2억원</td></tr>
<tr><td colspan="2">감면율(조특법제69조의4)</td><td><table><tr><th>자영기간</th><th>감면율</th></tr><tr><td>10년 이상</td><td>10%</td></tr><tr><td>20년 이상</td><td>20%</td></tr><tr><td>30년 이상</td><td>30%</td></tr><tr><td>40년 이상</td><td>40%</td></tr><tr><td>50년 이상</td><td>50%</td></tr></table></td></tr>
</table>

3-7-1 주식(출자지분)의 양도소득세율표

<table>
<tr><td colspan="2"></td><td colspan="2">세 율</td><td>비 고</td></tr>
<tr><td rowspan="3">대주주(*)</td><td>1년 미만 보유 주식
(중소기업 주식 제외)</td><td colspan="2">30%(지방소득세 추가)</td><td rowspan="3">소세법제104조
①11호가목</td></tr>
<tr><td rowspan="2">그 밖의 주식</td><td>3억원 이하</td><td>20%(지방소득세 추가)</td></tr>
<tr><td>3억원 초과</td><td>6천만원+(3억원 초과액×25%)(지방소득세 추가)</td></tr>
<tr><td rowspan="2">대주주가
아닌 자</td><td>중소기업의 주식</td><td colspan="2">10%</td><td rowspan="2">소세법제104조
①11호나목</td></tr>
<tr><td>그 밖의 주식</td><td colspan="2">20%</td></tr>
</table>

(*) 코스피는 총발행주식의 1%(코스닥은 2%, 코넥스 및 비상장법인은 4%) 또는 시가총액 10억원 이상인 경우의 당해 주주 1인과 특수관계인

3-7-2 대주주 판정 기준

<table>
<tr><td>구 분</td><td>지분율</td><td>시가총액</td></tr>
<tr><td>코스피</td><td>1% 이상</td><td rowspan="4">10억원 이상</td></tr>
<tr><td>코스닥</td><td>2% 이상</td></tr>
<tr><td>코넥스</td><td>4% 이상</td></tr>
<tr><td>비상장</td><td>4% 이상</td></tr>
</table>

※ 판단의 기준시점은 원칙적으로 주식양도일이 속한 사업연도의 직전 사업연도 말 보유 현황에 따른다. 또한 해당 사업연도 중에도 한 번이라도 대주주 지분율을 충족한 경우에는 해당 사업연도 말까지는 대주주에 해당한다.

3-7-3 주식 증권거래세율(2023년)

<table>
<tr><td>구 분</td><td>증권거래세</td><td>농특세</td><td>합계</td></tr>
<tr><td>코스피</td><td>0.05</td><td>0.15%</td><td rowspan="2">0.20%</td></tr>
<tr><td>코스닥</td><td>0.2%</td><td></td></tr>
</table>

※ 원천징수되므로 별 문제없다.

3-7-4 주식 배당소득세율(2023년)

구 분	배당소득세(*)	지방소득세	합계
코스피	14%	1.4%%	15.4%

(*) 배당금액이 2,000만원 이하인 경우

(**) 배당금액이 2,000만원 초과한 경우에는 추가로 종합소득세 납부

3-7-5 주식의 거래별 관련 세제

구 분	취득시	보유시	양도시
개인	• 저가양수시 증여이익 과세 • 유상증자시 증여이익 과세 • 현물출자시 증여이익 과세 • 합병시 증여이익 과세 • 무상증자시 의제배당 과세 • 명의신탁시 증여의제 • 상속(수유)시 상속세	• 배당소득세(14%+지방소득세 1.4%)	• 증권거래세 • 양도소득세 • 양도소득 부당행위 계산부인 • 고가양도시 증여이익 과세
법인	• 고가양수 부당행위 계산부인 • 유가증권 저가매입 익금산입 • 채무 출자전환시 손익 인식	• 배당소득에 대한 법인세	• 증권거래세 • 양도차익에 대한 법인세 • 저가양도 부당행위 계산부인
과점주주	• 과점주주의 제2차 납세의무 • 과점주주의 간주취득세	• 배당소득세	

3-7-6 자기주식 취득목적에 따른 세무

구 분	주 주	발행법인
보유	상여(배당) 처분으로 소득세 추징	가지급금으로 보아 인정이자 익금산입 상여 처리
매매	① 양도소득세(법인주주는 법인세) ② 증권거래세 과세 ③ 저가·고가 양도시 추가적 과세문제 발생	고가·저가 양도시 부당행위 계산부인
소각	① 의제배당 ② 증권거래세 비과세 ③ 저가·고가 감자시 증여세(법인주주는 법인세)	불균등감자 등을 제외한 경우에는 과세문제 없음.

제4장 상속세

4-1 상속개시 후 기간별 주요절차

	주 요 절 차
상속개시시	• 사망진단서 또는 사체검안서 발급(병원) • 장례비용 등 영수증 수령(피상속인의 재산에서 지급하는 것이 유리)
상속개시일부터 **1개월** 이내	• 사망신고서 제출(동사무소) • 사업자등록정정신고·영업자지위승계신고(세무서, 시·군·구청) 또는 폐업신고
상속개시일부터 **3개월** 이내	• 피상속인의 부동산·금융재산 조회(구청, 금융감독원등) • 상속포기·한정승인 여부 결정 및 심판청구(피상속인의 주소지 관할가정법원) • 자동차이전등록(상속인 주소지 차량등록사업소) • 사망일시금·유족연금 신청(5년 이내, 국민연금공단 지사) • 예금·보험·신용카드·전화·핸드폰·인터넷 등 해지 청구(해당 기관)
상속개시일부터 **6개월** 이내	• 상속재산의 평가(세무사) • 피상속인의 종합소득세 신고납부(2012.1.1. 현재 소득세 신고기한 만료분까지 적용, 상속인의 주소지 관할세무서) • 취득세 및 등록면허세 신고납부(2011.12.31. 이전 상속개시분, 재산소재지 시·군·구청)
상속개시일이 속하는 달의 **말일부터 6개월** 이내	• 유언증서 확인 후 상속재산 협의분할 및 소유권이전등기(재산소재지 관할등기소) • 상속세 신고납부(피상속인의 주소지 관할세무서) • 피상속인의 종합소득세 신고납부(2012.1.1. 현재 소득세 신고기한 미만료분부터 적용) • 취득세 및 등록면허세 신고납부(2012.1.1. 이후 상속개시분)
상속개시일이 속하는 달의 **말일부터 9개월** 이내	• 비거주자(외국인)의 경우 상속세·취득세 신고납부
상속세 **신고기한부터 6개월** 이내	• 배우자상속재산 분할기한까지 분할한 경우 배우자가 실제 상속받은 재산으로 인정 - 부득이한 사유시 연장 가능
유류분반환청구	• 피상속인이 사망한 사실, 유증이나 증여가 있었다는 사실, 그것이 반환 대상이 된다는 사실을 모두 안 때부터 1년
상속회복청구	• 상속권 침해를 안 날부터 3년, 상속권 침해행위가 있은 날부터 10년

4-2 보험금과 상속·증여세

<table>
<tr><th rowspan="3">구 분</th><th rowspan="3">계약자</th><th rowspan="3">피보험자</th><th rowspan="3">수익자</th><th colspan="4">과세관계</th></tr>
<tr><th colspan="2">생명보험</th><th colspan="2">저축성 보험(저축보험, 연금보험)</th></tr>
<tr><th>사망보험금</th><th>생존보험금(만기 또는 해지시)</th><th>사망시</th><th>생존시(만기 또는 해지시)</th></tr>
<tr><td rowspan="3">계약자=피보험자</td><td>피상속인</td><td>피상속인</td><td>피상속인</td><td>상속세</td><td>소득세</td><td>상속세</td><td>• 10년 이상, 1억원 이하의 경우 비과세.
• 10년 해지시 소득세</td></tr>
<tr><td>피상속인</td><td>피상속인</td><td>배우자</td><td>상속세(*)</td><td>증여세</td><td>상속세</td><td>증여세</td></tr>
<tr><td>피상속인</td><td>피상속인</td><td>상속인</td><td>상속세(*)</td><td>증여세</td><td>상속세</td><td>증여세</td></tr>
<tr><td rowspan="6">계약자≠피보험자</td><td>피상속인</td><td>배우자</td><td>피상속인</td><td>소득세</td><td>소득세</td><td>상속세</td><td>소득세</td></tr>
<tr><td>피상속인</td><td>배우자</td><td>배우자</td><td>상속세</td><td>증여세</td><td>상속세</td><td>증여세</td></tr>
<tr><td>피상속인</td><td>배우자</td><td>상속인</td><td>증여세</td><td>증여세</td><td>상속세</td><td>증여세</td></tr>
<tr><td>피상속인</td><td>상속인</td><td>피상속인</td><td>소득세</td><td>소득세</td><td>상속세</td><td>소득세</td></tr>
<tr><td>상속인</td><td>피상속인</td><td>상속인</td><td>없음</td><td>없음</td><td>소득세</td><td>소득세</td></tr>
<tr><td>상속인</td><td>피상속인</td><td>배우자</td><td>증여세</td><td>증여세</td><td>증여세</td><td>증여세</td></tr>
</table>

(*) 간주상속재산

※ 피상속인이 계약자라도 상속인이 실질적으로 보험료를 납부한 경우에는 상속인을 계약자로 본다.

※ 생명보험 또는 손해보험에 있어서 보험금 수령인과 보험료 납부자가 다른 경우에는 보험사고(만기 보험금 지급의 경우를 포함)가 발생한 때에 보험료 납부자가 보험금 상당액을 보험금수령인에게 증여한 것으로 보는 것임(상속증여세과-392, 2014.10.07.)

4-3 상속세 계산도

(1) 거주자(피상속인)

<table>
<tr><td rowspan="3">상속재산가액</td><td>총상속재산가액</td><td>① 본래의 상속재산(사망, 유증·사인증여로 취득한 재산), 피상속인의 생명침해 등으로 인한 손해배상청구권
② 간주상속재산(보험금, 신탁재산, 퇴직금 등)
③ 추정상속재산[재산종류별 1·2/2·5원칙 : 사망전 1년(2년) 이내 2억(5억) 이상의 재산처분·채무부담으로 용도가 불분명한 금액] - 증여 사실이 확인되면 추정규정 적용 배제하고 증여세 신고 후 상속세 과세가액 가산 요</td></tr>
<tr><td>(−)비과세재산가액</td><td>• 금양임야 및 묘토인 토지 : 2억원 한도
• 국가·지자체에 유증한 재산, 국가지정문화재</td></tr>
<tr><td>(−)과세가액 불산입액</td><td>• 공익법인 출연재산, 공익신탁재산</td></tr>
<tr><td rowspan="2">과세가액</td><td>(−)불산입채무 등</td><td>① 조세 등 공과금 - 상속개시일 현재 피상속인에게 납세의무 성립할 것, 상속인의 귀책사유 있는 가산세는 공제 불가
② 장례비
③ 채무 - 피상속인의 채무로서 상속인이 실제로 부담하는 채무(임대보증금, 보증채무, 연대채무, 가지급금, 기타)</td></tr>
<tr><td>(+)증여재산</td><td>수증자가 상속인이면 10년, 상속인외이면 5년 − 증여간주·추정재산도 가산, 부담부증여라면 채무를 차감한 부분만 가산, 사전증여받은 자가 피상속인보다 먼저 사망한 경우 불가산, 비과세 증여재산, 증여세 감면 재산은 불가산, 창업자금·가업승계에 대한 증여세 과세특례가 적용되는 경우에는 기간 제한 없이 가산</td></tr>
<tr><td colspan="3">= 상속세 과세가액</td></tr>
<tr><td rowspan="3">과세표준</td><td>(−)상속공제(종합한도 적용)</td><td>• [기초공제(2억원)+기타인적공제]와 일괄공제(5억원) 중 큰 금액
• 배우자상속공제 5억원(30억원 한도)
• 가업(영농)상속공제
• 금융재산상속공제
• 재해손실공제
• 동거주택상속공제
*단, 위 합계 중 공제적용 종합한도 내 금액
• 상속공제 종합한도 = 상속세 과세가액−상속인이 아닌 자에게 유증 등을 한 재산가액−선순위상속인의 상속포기로 후순위상속인이 상속받은 재산가액−사정증여재산가액(증여재산공제액 및 재해손실공제액을 뺀 가액)</td></tr>
<tr><td>(−)감정평가수수료</td><td>•부동산 : 5백만원 한도(감정평가법인)
•비상장주식 : 신용평가기관 수별로 각 1천만원 한도
•서화·골동품등 : 500만원 한도(예술품감정전문가)</td></tr>
<tr><td>상속세과세표준 및 세율</td><td><table><tr><th>과세표준</th><th>세 율</th></tr><tr><td>1억 이하</td><td>10%</td></tr><tr><td>5억 이하</td><td>1천만원+(1억원 초과금액×20%)</td></tr></table></td></tr>
</table>

		10억 이하 / 9천만원+(5억원 초과금액×30%) 30억 이하 / 2억4천만원+(10억원 초과금액×40%) 30억 초과 / 10억4천만원+(30억원 초과금액×50%)
산출세액	(×)세 율	
	상속세산출세액	
	(+)세대생략상속분 30% 할증	대습상속은 할증 없음
징수유예	(−)① 문화재자료 징수유예	
세액공제	(−)① 증여세액 공제 ② 외국납부 세액공제 ③ 단기재상속 세액공제 ④ 자진신고 세액공제(5%)	
결정세액	산출세액−징수유예−세액공제	
가산세	(+)신고[무신고(40, 20%), 과소신고(40, 10%)]·납부불성실가산세	
납부할세액	(−)분할납부·연부연납·물납세액	
	(=)현금납부세액	

(2) 비거주자(피상속인)

상속재산가액	총상속재산가액	① 본래의 상속재산(사망, 유증·사인증여로 취득한 재산), 피상속인의 생명침해 등으로 인한 손해배상청구권 ② 간주상속재산(보험금, 신탁재산, 퇴직금 등) ③ 추정상속재산[재산종류별 1·2/2·5원칙 : 사망전 1년(2년) 이내 2억(5억) 이상의 재산처분·채무부담으로 용도가 불분명한 금액] − 증여 사실이 확인되면 추정규정 적용 배제하고 증여세 신고 후 상속세 과세가액 가산 요.
	(−)비과세재산가액	•금양임야 및 묘토인 토지 : 2억원 한도 •국가·지자체에 유증한 재산, 국가지정문화재
	(−)과세가액 불산입액	•공익법인 출연재산, 공익신탁재산
과세가액	(−)불산입채무 등	① 조세 등 공과금 - 상속개시일 현재 피상속인에게 납세의무 성립할 것, 상속인의 귀책사유 있는 가산세는 공제 불가 ② 장례비 ③ 채무 - 피상속인의 채무로서 상속인이 실제로 부담하는 채무(임대보증금, 보증채무, 연대채무, 가지급금, 기타)
	(+)증여재산	수증자가 상속인이면 10년, 상속인외이면 5년 − 증여간주·추정재산도 가산, 부담부증여라면 채무를 차감한 부분만 가산, 사전증여받은 자가 피상속인보다 먼저 사망한 경우 불가산, 비과세 증여재산, 증여세 감면 재산은 불가산, 창업자

<table>
<tr><td></td><td></td><td>금·가업승계에 대한 증여세 과세특례가 적용되는 경우에는 기간 제한 없이 가산</td></tr>
<tr><td colspan="3">= 상속세 과세가액</td></tr>
<tr><td rowspan="3">과세
표준</td><td>(−)상속공제(종합한도 적용)</td><td>• 기초공제 2억원
• 기타인적공제 : 공제 불가
• 일괄공제 : 공제 불가
• 배우자상속공제 : 공제 불가
• 가업(영농)상속공제 : 공제 불가
• 금융재산상속공제 : 공제 불가
• 재해손실공제 : 공제 불가
• 동거주택상속공제 : 공제 불가
*단, 위 합계 중 공제적용 종합한도내 금액
• 상속공제 종합한도 = 상속세 과세가액−상속인이 아닌 자에게 유증 등을 한 재산가액−선순위상속인의 상속포기로 후순위상속인이 상속받은 재산가액−사정증여재산가액(증여재산공제액 및 재해손실공제액을 뺀 가액)</td></tr>
<tr><td>(−)감정평가수수료</td><td>• 부동산 : 5백만원 한도(감정평가법인)
• 비상장주식 : 신용평가기관 수별로 각 1천만원 한도
• 서화·골동품등 : 500만원 한도(예술품감정전문가)</td></tr>
<tr><td>상속세과세표준 및 세율
(*)</td><td><table><tr><th>과세표준</th><th>세 율</th></tr><tr><td>1억 이하</td><td>10%</td></tr><tr><td>5억 이하</td><td>1천만원+(1억원 초과금액×20%)</td></tr><tr><td>10억 이하</td><td>9천만원+(5억원 초과금액×30%)</td></tr><tr><td>30억 이하</td><td>2억4천만원+(10억원 초과금액×40%)</td></tr><tr><td>30억 초과</td><td>10억4천만원+(30억원 초과금액×50%)</td></tr></table></td></tr>
<tr><td rowspan="3">산출
세액</td><td>(×)세 율</td><td></td></tr>
<tr><td>상속세산출세액</td><td></td></tr>
<tr><td>(+)세대생략상속분 30% 할증</td><td>대습상속은 할증 없음</td></tr>
<tr><td>징수
유예</td><td colspan="2">(−)① 문화재자료 징수유예</td></tr>
<tr><td>세액
공제</td><td colspan="2">(−)① 증여세액 공제 ② 외국납부 세액공제 ③ 단기재상속 세액공제 ④ 자진신고 세액공제(5%)</td></tr>
<tr><td>결정
세액</td><td colspan="2">산출세액−징수유예−세액공제</td></tr>
<tr><td>가산세</td><td colspan="2">(+)신고[무신고(40, 20%), 과소신고(40, 10%)]·납부불성실가산세</td></tr>
<tr><td rowspan="2">납부할
세액</td><td>(−)분할납부·연부연납·물납세액</td><td></td></tr>
<tr><td>(=)현금납부세액</td><td></td></tr>
</table>

(*) 세대생략 상속시 할증과세(상증세법제27조)

대상자	할증과세 가산액
상속인(수유자)이 피상속인의 자녀를 제외한 직계비속인 경우	상속세산출세액×(그 상속인이 받은 재산/상속재산)×30/100
상속인(수유자)이 피상속인의 자녀를 제외한 직계비속으로 미성년자이고 상속받은 재산가액이 20억원을 초과하는 경우	상속세산출세액×(그 상속인이 받은 재산/상속재산)×40/100
민법 제1001조에 따른 대습상속은 제외	

※ 그 상속인이 받은 재산에는 법제11조에 따라 상속재산에 가산한 증여재산 중 상속인이나 수유자가 받은 증여재산 포함

4-4 거주자와 비거주자에 따른 과세대상의 차이

구 분		피상속인이 거주자인 경우	피상속인이 비거주자인 경우
구분 기준		국내에 주소를 두거나 1년 이상 거소를 둔 사람(*)	거주자가 아닌 사람
과세대상의 범위		국내외 일체의 상속재산	국내의 일체 상속재산
관할세무서(납세지)		피상속인의 주소지 관할세무서	주된 상속재산 소재지 관할세무서
신고·납부기한		상속개시일이 속하는 달의 말일부터 6개월 이내	상속개시일이 속하는 달의 말일부터 9개월 이내
상속재산의 차감액	채무	피상속인의 채무	해당 상속재산에 담보된 채무 등
	장례비용	500~1,500만원	공제 불가
	공과금	피상속인이 납부할 의무가 있는 금액	해당 상속재산에 관한 공과금 등
상속공제	기초공제	2억원	**2억원**
	기타인적공제	상속인별 일정액	공제 불가
	일괄공제	5억원	공제 불가
	배우자 공제	5억원~30억원 한도	공제 불가
	금융재산공제	2억원 한도	공제 불가
	가업상속공제	200억원~500억원 한도	공제 불가
	영농상속공제	5억원 한도	공제 불가
	재해손실공제	손실가액	공제 불가
	동거주택 상속 공제	5억원 한도	공제 불가
	감정평가수수료 공제	부동산 : 500만원 한도 비상장주식 : 1천만원 한도 서화·골동품 등 : 500만원 한도	좌동

(*) 주소와 거소의 판정은 원칙적으로 소세령 제2조에 따른다.

4-5 상속세 납세의무자의 범위

<table>
<tr><th>상속재산 취득자</th><th>납세의무자</th><th>세 목</th><th>비 고</th></tr>
<tr><td rowspan="4">자연인</td><td>상속인 또는 수유자</td><td>상속세</td><td>• 민법제1000, 1001, 1003조.
• 수유자에는 상속인이든 상속인이 아니든 유증을 받은 자와 사인증여를 받은 자를 포함(상속인이 아닌 자가 유증 또는 사인증여 외의 사유로 상속재산을 취득하는 경우에는 상속인이 상속재산을 상속인이 아닌 자에게 증여한 것으로 보아 증여세 과세).
• 사인증여에는 증여채무의 이행 중에 증여자가 사망한 경우의 그 증여를 포함.
• 상속인 또는 수유자는 상속개시일 전 10년 이내에 생전증여를 받은 경우에도 포함(그러나 상속인이 아닌 자가 상속개시일 전 5년 이내에 생전증여를 받은 경우에는 상속인 또는 수유자의 상속세 과세가액에만 포함할 뿐이다)(상증세법제3조의2, 제13조).
• 한정승인, 상속포기한 자도 상속세 납세의무 있음(선순위상속인의 전부가 포기한 경우에는 후순위상속인에게 납세의무 있음)
• 상속결격자, 특별연고자도 상속세 납세의무 있음.</td></tr>
<tr><td>추정상속인, 유언집행자, 상속재산관리인</td><td>상속세</td><td>상속인이 확정되지 아니하였거나 상속인이 상속재산을 처분할 권한이 없는 경우(국기법제82조⑤)</td></tr>
<tr><td rowspan="2">유류분을 반환받은 권리자</td><td>상속세</td><td>• 반환은 소송, 소송 외 불문.
• 현금 반환의 경우 반환한 특별수익자에게 양도소득세 과세</td></tr>
<tr><td>상속세, 양도소득세</td><td>• 유류분 포기의 대가로 다른 재산을 받은 경우에는 교환으로 봄.</td></tr>
<tr><td>영리법인</td><td>영리법인</td><td>법인세</td><td>• 상속세 납세의무 없음(상증세법제3조의2①). 법인세법상 익금 산입. 다만, 수유자 또는 특별연고자인 영리법인의 주주가 상속인 또는 그 직계비속인 경우에는 그들에게 지분비율만큼 상속세 과세(상증세법제3조의2②, 영제3조).
• 상속개시일 전 5년 이내에 생전증여를 받은 영리법인은 상속세 납세의무 없음(상증세법제3조의2, 제13조).</td></tr>
<tr><td>비영리법인</td><td>비영리법인</td><td>상속세</td><td>공익법인에 출연한 경우에는 상속세 과세가액에 산입하지 아니함(상증세법제16조①). 상속개시일 전 5년 이내에 생전증여를 받은 비영리법인은 상속세 납세의무 없음.</td></tr>
</table>

4-6 상속지분의 변천

1) 직계비속 있는 경우

부(호주) 사망	구관습	60. 1. 1.~78. 12. 31.	79. 1. 1.~90. 12. 31.	91. 1. 1.~현재
처	0	0.5(2)	1.5(6)	1.5(3)
장남	1	1.5(6)	1.5(6)	1(2)
차남	0	1(4)	1(4)	1(2)
미혼녀	0	0.5(2)	1(4)	1(2)
출가녀	0	0.25(1)	0.25(1)	1(2)

처 사망	구관습	60. 1. 1.~78. 12. 31.	79. 1. 1.~90. 12. 31.	91. 1. 1.~현재
남편	0	1(4)	1(4)	1.5(3)
장남	1	1(4)	1(4)	1(2)
차남	1	1(4)	1(4)	1(2)
미혼녀	1	0.5(2)	1(4)	1(2)
출가녀	0	0.25(1)	0.25(1)	1(2)
남편 대습상속	불가	불가	불가	가능
구관습상 호주 아닌 기혼 가족의 사망시 그 배우자인 처나 남편이 아니라 동일 가적 내의 직계비속 자녀들이 균분 상속함(대법원 88다카33619 전합)				

2) 직계비속 없는 경우

남편 사망	구관습	60. 1. 1.~78. 12. 31.	79. 1. 1.~90. 12. 31.	91. 1. 1.~현재
처	불명확	1	1.5(3)	1.5(3)
시아버지		1	1(2)	1(2)
시어머니		1	1(2)	1(2)
구관습상 가족인 미혼의 자녀가 사망한 경우에 그 유산은 동일 가적에 있는 부(父)가, 부가 없으면 모가, 모도 없으면 호주가 상속				

처 사망	구관습	60. 1. 1.~78. 12. 31.	79. 1. 1.~90. 12. 31.	91. 1. 1.~현재
남편	불명확	1	1	1.5(3)
장인		0	0	1(2)
장모		0	0	1(2)

3) 대습상속의 변천

1960. 1. 1.~1990. 12. 31.	처는 대습상속권이 있으나 부(夫)는 없음
1991. 1. 1.~현재	배우자 모두 대습상속권이 있음

※ 사후양자는 신민법 이후로는 호주상속권만 인정되고 재산상속권은 부인된다.

4-7 상속공제

종 류	공 제 액
①기초공제(상증법 §18) :거주자, 비거주자	• 기초공제액 : 2억원 • 가업상속공제액 : MAX(㉮, ㉯) ㉮가업상속재산가액×40%(가업영위기간 10년 이상 60억, 15년 이상 80억원, 20년 이상 100억 한도) ㉯2억원(가업상속재산가액이 2억원에 미달한 경우는 그 가액) • 영농상속공제액 : 2억원 한도에서 영농상속재산가액
②기타인적공제(상증법§20):거주자	• 자녀공제 : 자녀수×5천만원, 계모자 사이, 적모서자 사이는 제외 • 미성년자공제 : 1천만원×만19세까지 잔여연수, 모든 미성년자 합산[상속인(배우자 제외) 및 동거가족 중. 자녀공제와 중복 적용.], 태아도 2013년부터 공제 가능(조심2020부8164, 2022.01.26.).(상증세법제20조①1호, 상증세령제18조→임신사실을 확인할 수 있는 서류) → 부모가 부양능력이 있는 피상속인의 손자는 해당× • 연로자공제 : 연로자수×5천만원[피상속인과 동거한 상속인(배우자 제외) 중 65세 이상] → 자녀공제와는 선택 적용 • 장애인공제 : 1천만원×75세에 이를 때까지의 연수(2011.1.1. 이후 상속분은 기대여명의 연수로서 소숫점 이하는 버린다), 장애자수만큼 합산[피상속인과 동거한 상속인(배우자 제외)]. 다른 인적공제와 중복적용] → 장애인증명서 제출
③일괄공제(상증법 §21):거주자	• 중산층의 상속세 불안 해소 • 별도의 과세표준신고가 없는 경우에는 5억원을 공제한다. • 일괄공제액 : MAX(㉮, ㉯) ㉮5억원 ㉯(기초공제 2억원+②기타인적공제 합계액) *배우자 단독상속시(*) 일괄공제 적용 없음. 피상속인의 형제자매가 상속인이 되는 경우에도 적용 가능, 공동상속인 중 일부가 비거주자인 경우에도 적용, 착오 신고의 경우 일괄공제액으로 경정신고 가능
④배우자상속공제(법률혼)(상증법 §19):거주자	• 배우자상속공제액 : MAX(㉮, ㉯) ㉮MIN(㉠, ㉡) ㉠배우자의 실제 상속금액(총상속재산가액−비과세재산−불산입재산) ㉡공제한도액 : MIN(ⓐ, ⓑ) ⓐ(상속재산가액×배우자 법정상속지분)−가산하는 증여재산 중 배우자가 상속개시 전 10년 내 사전증여받은 재산의 과세표준(차감) ⓑ30억원 ㉯5억원 ※㉮는 신고기한의 다음날부터 6월까지(배우자상속재산 분할기한) 배우자상속재산분할등기시 적용(**) ※부와 모가 동시에 사망하는 경우에는 배우자간 상속이 발생하지 않으므로 배우자상속공제가 적용될 수 없다. 다만, 상속세의 과세는 부·모 각각 개별적으로 계산하여 부과한다. ※피상속인의 배우자가 가업을 상속받는 경우 배우자상속공제는 중복적용되지 않는다.
⑤금융재산상속공제(상증법§22):거주자	순금융재산가액(금융재산−금융채무)이 • 2천만원 초과시 : MIN(㉮, ㉯)

	㉮순금융재산의 20%와 2천만원 중 큰 금액 ㉯2억원 • 2천만원 미만시 : 금융재산가액 전액 ※금융재산에는 금융기관이 취급하지 아니하는 비상장주식이나 회사채도 포함한다(상증세령제19조①, 상증세칙제8조). ※대통령령으로 정하는 최대주주 또는 최대출자자가 보유하고 있는 주식 또는 출자자분은 포함되지 아니한다(상증세법제22조②). ※예금은 예입액과 미수이자의 합계액에서 원천징수세액을 차감한 금액으로 한다. ※상속세 과세가액에 산입하는 사전증여재산인 금융재산에 대하여는 공제를 적용할 수 없다. 따라서 차명계좌의 경우 증여인지 아닌지에 따라 공제 적용 여부가 결정될 것이다.(***)
⑥재해손실공제(상증법§23):거주자	과세표준 신고기한 이내에 화재, 자연재해 등으로 멸실·훼손된 손실가액(순손실가액-보험금 등)(상증세령제20조②) cf. 상증세법제79조①(****)
⑦동거주택상속공제(상증법§23의2):거주자	• 피상속인과 직계비속인 상속인이 상속개시일부터 소급하여 10년(상속인이 미성년자인 기간은 제외) 이상 계속하여 하나의 주택(고가주택 포함)에서 동거한 경우로서 ㉠ 피상속인과 상속인이 상속개시일부터 소급하여 10년 이상 계속하여 1세대를 구성하면서 1세대 1주택에 해당할 것(무주택인 기간도 포함) & ㉡무주택자로서 피상속인과 동거한 직계비속인 상속인이 상속 받는 주택 • 공제액= 상속주택가액(부수토지 가액 포함)×80/100(5억원 한도) • 동거주택 상속공제 요건을 갖춘 상속인과 그 외의 상속인이 주택을 공동으로 상속등기하여 동거주택 상속인의 지분을 확인할 수 있는 경우에는 상속주택가액에서 공제요건을 충족하는 상속인의 지분 상당액의 80/100에 상당하는 금액(5억원 한도) ※ 동거요건은 주민등록상 세대가 분리되어 있더라도 실제 사실관계를 기준으로 한다. 징집, 추;ㅣ학, 직장 변경(전근), 질병치료(요양) 중 부득이한 사유로 동거하지 못한 경우에는 계속 요건은 충족한 것으로 보되 동거기간에는 산입하지 아니한다(영제20조의2, 규칙제9조의2). ※ 시행령 제20조의2에서 정하는 일시적 2주택의 경우에는 1세대1주택으로 본다. ※ 동일 세대원의 재차 상속의 경우에도 적용(대법원 2012두2474, 2014. 06.26). ※ 상속주택가액은 당해 주택에 담보된 전세금이나 임차보증금, 근저당채무는 차감하여 산정한다. ※ 1세대1주택 판단시 주택의 개념에는 주택 멸실 후 상속개시일 현재 조합원입주권도 포함한다. 사실상 주거용이면 오피스텔도 해당한다. ※주택 부수토지만 상속받은 경우에는 적용되지 아니한다. ※피상속인이 주택을 취득하여 상속인과 10년 이상 동거하던 중 상속개시일 이전에 상속인에게 주택의 1/2을 증여하고 나머지는 상속이 된 경우 상속개시일 현재 상속인은 무주택자가 아니어서 동거주택상속공제가 적용되지 아니한다.
⑧공제적용 종합한도액(상증법§24)	상속세 과세가액-[상속인외의 자에게 유증·사인증여한 재산+선순위 상속인의 상속포기로 후순위 상속인이 받은 상속재산+상속재산에 가산된 합산대상 증여재산에 대한 증여세 과세표준]
⑨가업상속공제(상증법§18, 시행령	(1) 가업의 범위: ①10년 이상 계속 경영한 조특법상 중소기업 또는 매출액 3천억원 미만 기업(상증세법제18조②1호), ②최대주주 등으로서 지분율

§15):거주자	50%(30%) 이상 계속하여 보유하는 경우(상증세령제15조③), ③피상속인은 최대주주 가운데 1인으로만 한정(상증세령제15조③단서) (2)피상속인 요건: 피상속인이 가업의 영위기간 중 50/100 이상의 기간, 10년 이상의 기간 또는 상속개시일부터 소급하여 10년 중 5년 이상의 기간을 대표이사로 재직한 경우(상증세령제15조④1호) (3)상속인요건: 상속인이 ①상속개시일 현재 18세 이상인 경우로서 ②상속개시일 전에 2년 이상 직접 가업에 종사하고 ③상속인 1인이 해당 기업의 전부를 상속받아 ④상속세 과세표준 신고기한까지 임원으로 취임하고 상속세 신고기한부터 2년 이내에 대표이사 등으로 취임한 경우(상증세령제15조④2호)–상속인의 배우자가 ①②④의 요건을 모두 갖춘 경우도 포함 • 가업상속재산가액 ㉠200억원(가업영위기간 10년 이상) ㉡300억원(가업영위기간 15년 이상) ㉢500억원(가업영위기간 20년 이상)
⑩영농상속공제(상증법§18, 시행령§16):거주자	• 영농상속가액 : 2억원
⑪감정평가수수료(상증세법§25①2호, 상증세령§20의3①)	• 부동산감정평가수수료 : 500만원 한도 • 비상장주식 신용평가수수료 : 법인 수 및 평가기관의 수별로 각각 1,000만원 한도 • 서화·골동품 등의 전무가감정수수료 : 500만원 한도

※ 피상속인이 거주자인 경우 위 ① 내지 ⑦의 합계(대부분 일괄공제와 ④~⑦의 합계)와 공제적용 종합한도액(⑩) 중 적은 금액을, 피상속인이 비거주인 경우에는 기초공제 2억원과 공제적용 종합한도 액 중 적은 금액을 공제한다.

※ 상속공제나 증여공제의 경우 배우자공제는 법률상 혼인만 해당하고 사실상 혼인은 제외한다. 또한 배우자가 동시 사망한 경우에는 적용하지 않는다.

(*) 배우자 단독상속이란 민법 제1003조 제1항에 따라 상속순위에 따른 상속인이 없을 때를 말하는 것이지 협의분할이나 상속포기, 유증에 따른 것을 포함하는 의미는 아니다.

(**) 예외적으로 부득이한 사유가 있는 경우 배우자상속재산 분할기한까지 필수적으로 미분할사유를 신고하여야 하고 배우자상속재산 분할기한 또는 소송·심판청구가 종료된 날의 다음날부터 6개월이 되는 날 또는 6개월 경과 후 세액결정시에는 그 결정일까지 분할등기와 신고를 하여야 한다. 보통 부득이한 사유란 상속회복청구의 소를 제기하거나 상속재산분할 심판을 청구한 경우를 말한다.

(***) 상속개시 전 2년 내 피상속인의 통장에서 인출금액이 있을 경우 상속인이 사용처를 입증하지 못하면 상속재산으로 인정되고, 상속개시 전 2년 전의 인출금액에 대해서는 과세관청이 사용처를 입증하여 상속재산 또는 사전증여재산으로 과세하게 된다(사전증여재산으로 인정될 경우 증여세 신고납부가 안 되었다면 가산세 폭탄을 맞을 수 있고 금융재산상속공제도 받을 수 없다).

(****) **상속세 및 증여세법 제79조(경정 등의 청구 특례)** ① 제67조에 따라 상속세 과세표준 및 세액을 신고한 자 또는 제76조에 따라 상속세 과세표준 및 세액의 결정 또는 경정을 받은 자에게 다음 각 호의 어느 하나에 해당하는 사유가 발생한 경우에는 그 사유가 발생한 날부터 6개월 이내에 대통령령으로 정하는 바에 따라 결정이나 경정을 청구할 수 있다.

1\. 상속재산에 대한 상속회복청구소송 등 대통령령으로 정하는 사유로 상속개시일 현재 상속인

간에 상속재산가액이 변동된 경우
2. 상속개시 후 1년이 되는 날까지 상속재산의 수용 등 대통령령으로 정하는 사유로 상속재산의 가액이 크게 하락한 경우
→ 이 경우는 과세표준 신고기한이 지나 발생한 후발적 사유의 경우에 해당한다.

※ 보통 상속세 과세표준 신고를 하지 않았거나 신고시에 상속공제 신청을 하지 않았더라도 상속공제는 적용되므로 경정청구가 가능하다.

※ 상속공제 한도 = 상속세과세가액(*) - 상속인 이외의 자에게 유증(사인증여)한 재산가액 - 상속인의 상속포기로 차순위 상속인이 상속받은 재산가액 - 사전증여재산가액(상증세법제24조).
(*) 상속세 과세가액= 총상속재산-(비과세재산가액+ 과세가액불산입액+ 공과금등 공제금액)+ 가산하는 증여재산가액

이 경우 창업자금공제와 가업승계공제는 사전증여재산으로 보지 않는다. 특히 세대생략상속이나 선순위 상속인 전원의 상속포기로 인한 후순위 상속인의 상속의 경우에는 반드시 상속공제한도를 검토하여야 한다. 그러나 상속공제한도를 몰라서 적용하지 않고 공제액 전액을 신고함으로써 상속세 과세가액이 과소신고된 경우 신고불성실가산세를 부과할 수는 없다.(조세심판) 또한 본래의 상속재산은 존재하지 않고 상속인에게 10년 내 증여한 재산만 있는 경우에는 상속공제는 애당초 적용할 수 없다. 부담부증여의 경우 상속세 과세가액에서 차감하는 증여재산가액은 전체의 증여재산가액에서 수증자가 인수한 채무를 차감한 증여세 과세가액만을 말한다.

※ 상속세 면제한도 : 자녀 없이 배우자 상속만 있다면 최소 7억원(배우자공제 5억 + 기초공제 2억), 자녀와 배우자 모두 있다면 최소 10억원(배우자공제 5억 + 일괄공제 5억). 최대 35억(배우자공제 30억 + 일괄공제 5억). 피상속인의 배우자가 없는 경우에는 최소 5억원(일괄공제)까지 공제. 부와 모가 동시사망으로 추정된다면 배우자상속공제는 적용 배제된다. 그러나 상속인 이외의 자에게 유증이나 사인증여가 있거나 선순위 상속인 전원의 상속포기로 인한 후순위 상속인의 상속의 경우에는 공제적용 종합한도가 줄어 상속재산이 5억원 미만인 경우에도 상속세가 부과될 수 있다.

상속세 및 증여세법 제24조(공제 적용의 한도) 제18조, 제18조의2, 제18조의3, 제19조부터 제23조까지 및 제23조의2에 따라 공제할 금액은 제13조에 따른 상속세 과세가액에서 다음 각 호의 어느 하나에 해당하는 가액을 뺀 금액을 한도로 한다. 다만, 제3호는 상속세 과세가액이 5억원을 초과하는 경우에만 적용한다.
1. 선순위인 상속인이 아닌 자에게 유증등을 한 재산의 가액
2. 선순위인 상속인의 상속 포기로 그 다음 순위의 상속인이 상속받은 재산의 가액
3. 제13조에 따라 상속세 과세가액에 가산한 증여재산가액(제53조 또는 제54조에 따라 공제받은 금액이 있으면 그 증여재산가액에서 그 공제받은 금액을 뺀 가액을 말한다)

상속세 및 증여세법 제19조(배우자 상속공제) ① 거주자의 사망으로 상속이 개시되어 배우자가 실제 상속받은 금액의 경우 다음 각 호의 금액 중 작은 금액을 한도로 상속세 과세가액에서 공제한다.

1. 다음 계산식에 따라 계산한 한도금액

한도금액 = (A - B + C) × D - E
A: 대통령령으로 정하는 상속재산의 가액
B: 상속재산 중 상속인이 아닌 수유자가 유증등을 받은 재산의 가액
C: 제13조제1항제1호에 따른 재산가액
D: 「민법」 제1009조에 따른 배우자의 법정상속분(공동상속인 중 상속을 포기한 사람이 있는 경우에는 그 사람이 포기하지 아니한 경우의 배우자 법정상속분을 말한다)
E: 제13조에 따라 상속재산에 가산한 증여재산 중 배우자가 사전증여받은 재산에 대한 제55조제1항에 따른 증여세 과세표준

2. 30억원

② 제1항에 따른 배우자 상속공제는 제67조에 따른 상속세과세표준신고기한의 다음날부터 6개월이 되는 날(이하 이 조에서 "배우자상속재산분할기한"이라 한다)까지 배우자의 상속재산을 분할(등기·등록·명의개서 등이 필요한 경우에는 그 등기·등록·명의개서 등이 된 것에 한정한다. 이하 이 조에서 같다)한 경우에 적용한다. 이 경우 상속인은 상속재산의 분할사실을 배우자상속재산분할기한까지 납세지 관할세무서장에게 신고하여야 한다.

③ 제2항에도 불구하고 대통령령으로 정하는 부득이한 사유로 배우자상속재산분할기한까지 배우자의 상속재산을 분할할 수 없는 경우로서 배우자상속재산분할기한[부득이한 사유가 소의 제기나 심판청구로 인한 경우에는 소송 또는 심판청구가 종료된 날]의 다음날부터 6개월이 되는 날(배우자상속재산분할기한의 다음날부터 6개월을 경과하여 제76조에 따른 과세표준과 세액의 결정이 있는 경우에는 그 결정일을 말한다)까지 상속재산을 분할하여 신고하는 경우에는 배우자상속재산분할기한 이내에 분할한 것으로 본다. 다만, 상속인이 그 부득이한 사유를 배우자상속재산분할기한까지 납세지 관할세무서장에게 신고하는 경우에 한정한다. <개정 2014.1.1. >

→ [제 목] 공익법인 출연재산은 배우자 상속공제 대상이 아님

[요 지] 배우자 상속공제의 순위가 공익법인 등의 출연재산에 대한 상속세과세가액 불산입 이후에 규정되어 있는 점, 배우자 상속공제 규정은 배우자가 실제 상속받은 재산에 관하여 적용되는 점으로 보아 공익법인 출연재산은 배우자 상속공제 대상이 아님(대법원 2011두1474).

※ 기대여명은 통계청의 국가통계포털(KOSIS)→국내통계→주제별통계→인구·가구→생명표→완전생명표→기대여명(남자, 여자)

※ 각종 상속공제의 판정기준일은 상속개시일이다.

※ 상속공제 적용 착오로 상속세 과세표준을 과소신고한 경우에는 과소신고가산세를 적용하지 아니한다(국기법제47의3④1호).

4-8 일반적인 상속세 최소 공제한도

상속인의 구성	상속세 최소공제액	비 고
민법상 순위상속인 외에 배우자가 없는 경우	5억원	일괄공제
배우자와 다른 상속인이 있는 경우	10억원	일괄공제+배우자공제(*)
배우자만 있는 경우	7억원	배우자공제+기초공제, 일괄공제 배제, 기타 인적공제액이 있을 경우 합산 가능

(*) 상속세 과세표준 신고기한의 다음날부터 6개월이 되는 날까지 배우자의 상속재산을 분할하고 그 분할사실을 관할 세무서장에게 신고한 경우에만 적용받을 수 있다(상속재산과 관련된 소송이 제기된 경우는 예외 인정).

4-9 상속재산의 평가방법-시가주의원칙과 보충적 평가벙법

구 분		검 토 대 상
사가주의 원칙(상증세법제60조, 상증세령제49조)	시가 유형	• 평가기준일(상속개시일) 전후 6개월(증여는 3개월) 이내에 해당 재산에 대한 매매·감정·수용·경매·공매 사실이 있는 경우에는 그 거래가액. 당해 재산과 유사한 재산에 대해서는 평가기준일 전 6개월(3개월)부터 상속세 과세표준 신고일까지 매매사례가액이 있는 경우에는 그 매매사례가액(상증세령제49조⑤). • 평가기준일 전후 6개월(3개월)을 벗어나더라도 평가기준일 전 2년 이내에 매매·감정·수용·경매·공매 사실이 있는 경우라면 평가심의위원회의 자문을 거친 경우라면 인정 가능.
	상속개시일 전후 6개월 이내 시가 존부	매매계약일, 감정가격산정기준일 또는 감정가액평가서작성일, 수용보상가액결정일, 공매·경매가액결정일 기준
	상속개시일 2년 이내 시가 존부	과세관청에서 재산평가심의위원회의 자문을 거친 경우에만 시가 포함 가능(상속개시일 전 6개월 이내의 기간은 제외)
	시가가 2 이상 있는 경우	상속개시일을 전후하여 가장 가까운 날에 해당하는 가액을 기준
	상장주식의 경우	평가기준일(평가기준일이 공휴일 등인 경우에는 그 전일) 이전·이후 각 2개월 동안 공표된 매일의 거래소 최종 시세가액의 평균액(평가기준일 이전·이후 각 2개월 동안에 증자·합병 등의 사유가 발생한 경우에는 평가기준일 이전·이후 각 2개월의 기간 중 상증세령제52조의2②이 정하는 바에 따라 계산한 기간의 평균액). 다만, 제38조에 따라 합병으로 인한 이익을 계산할 때 합병(분할합병을 포함)으로 소멸하거나 흡수되는 법인 또는 신설되거나 존속하는 법인이 보유한 상장주식의 시가는 평가기준일 현재의 거래소 최종 시세가액.
	비상장주식의 경우	상증세령제54조 참조
보충적 평가방법(상증세법제61조)	토지	개별공시지가, 개별공시지기가 없는 경우에는 이근토지릉 표준지로 보고 토지가격비준표에 의하여 납세지 관할세무서장이 평가한 금액.
	건물	국세청 고시가액
	주택	국토교통부장관이 고시하는 단독주택가격, 공동주택가격
	지상권	지상권이 설정된 토지의 가액에 상증세법시행규칙 제16조①에서 정하는 비율(2%)을 곱하여 계산한 금액을 해당 지상권의 잔존연수를 고려하여 환산한 가액(상증세법제61조③)
	부동산을 취득할 수 있는 권리, 특정시설물을 이용할 수 있는 권리	평가기준일까지 불입한 금액과 평가기준일 현재의 프리미엄에 상당하는 금액을 합한 금액(상증세법제61조③, 상증세령제51조②)
	저당권 등이 설정된 재산	그 재산이 담보하는 채권최고액을 한도로 한 채권액을 기준으로 평가한 가액과 시가 또는 보춘적 평가방법으로 평기한 금액 중 큰 금액. 그러나 이 경우에도 채권최고액이 실제 재산가액보다 큰 금액이라면 그 사실을 입증하여 채권최고액을 배제할 수는 있다(대법원 91누2137).

4-10 가업상속공제 제도

<table>
<tr><th colspan="3">구 분</th><th>내 용</th><th>비 고</th></tr>
<tr><td rowspan="5">요건</td><td rowspan="3">가업의 기준</td><td>계속경영기업</td><td>피상속인이 10년 이상 계속하여 경영</td><td rowspan="3">상증세법제18조②, 상증세령제15조①②</td></tr>
<tr><td>중소기업</td><td>자산총액 5천억원 미만(조특령제2조①)</td></tr>
<tr><td>중견기업</td><td>직전 3개 소득세 과세기간 또는 법인세 사업연도의 매출액의 평균금액이 4천억원 미만</td></tr>
<tr><td colspan="2">피상속인 기준(상증세령제15조③)</td><td>① 특수관계인 등 지분과 합산하여 50%(거래소 상장법인은 30%) 이상을 10년 이상 보유(자사주는 발행총수에서 제외)
② 대표(이사) 재직요건(아래 중 하나)
• 가업의 영위기간 중 50% 이상 재직
• 상속개시일부터 소급하여 10년 중 5년 이상의 기간
• 10년 이상의 기간(상속인이 피상속인의 대표이사등의 직을 승계하여 승계한 날부터 상속개시일까지 재직한 경우로 한정)</td><td></td></tr>
<tr><td colspan="2">상속인 기준</td><td>①&②&③
① 연령 : 18세 이상 거주자(그 배우자)
② 가업종사기간 : 상속개시일 전 2년 이상 가업에 종사(피상속인이 65세 이전에 사망하거나 부득이한 사유로 사망한 경우에는 2년이 안 되어도 가능)
③ 취임기준 : 신고기한까지 임원으로 취임해야 하고 신고기한부터 2년 이내에 대표이사 등에 취임해야
④ 납부능력 : 가업이 중견기업에 해당하는 경우, 가업상속재산 외에 상속재산의 가액이 해당 상속인이 상속세로 납부할 금액의 2배를 초과하지 않을 것</td><td>공동상속 허용</td></tr>
<tr><td colspan="3">공제한도(상증세법제18조②)</td><td>최대 100%(10년 이상 20년 미만 200억원, 20년 이상 30년 미만 300억원, 30년 이상 500억원 한도)</td><td></td></tr>
<tr><td colspan="3">상속 후 의무</td><td>10년간 주된 업종 유지</td><td></td></tr>
<tr><td colspan="3">추징사유</td><td>상속개시일부터 10년 이내 다음의 어느 하나에 해당할 것
• 가업용 자산 20% 이상 처분
• 상속인이 가업에 종사하지 않게 되는 경우[대표이사등 퇴직, 주된 업종의 변경, 1년 이상 휴업(무실적) 또는 폐업]
• 사업연도의 평균 정규직 근로자수가 기준고용인원의 80/100에 미달하는 경우
• 주식등을 상속받은 상속인의 지분이 감소된 경우(상속인은 최대주주여야)
• 상속개시된 과세기간 말 또는 법인세 사업연도 말부터 10년간 정규직근로자 수의 전체 평균이 기준고용인원의 100/100(중견기업은 120/100)에 미달하는 경우</td><td>정당한 사유(상증세령제15조⑧)가 있을 경우에는 제외</td></tr>
<tr><td colspan="3">연부연납 특례</td><td>50% 미만 : 10년간 분할납부(3년 거치 가능)
50% 이상 : 20년간 분할납부(5년 거치 가능)</td><td>상증세법제18조⑥</td></tr>
<tr><td colspan="3">가업용 자산이나 지분 매각시 양도소득세 계산</td><td>자본이득세 도입(취득가액은 피상속인의 취득시 가액)</td><td></td></tr>
</table>

4-11 가업의 승계에 대한 증여세 과세특례(조특법제30조의6)

<table>
<tr><th colspan="3">구 분</th><th>내 용</th><th>비 고</th></tr>
<tr><td rowspan="4">요건</td><td rowspan="2">가업</td><td>중소기업</td><td>자산총액 5천억원 미만(조특령제2조①)</td><td rowspan="2">상증세법제18조②, 상증세령제15조①②</td></tr>
<tr><td>중견기업</td><td>직전 3개 소득세 과세기간 또는 법인세 사업연도의 매출액의 평균금액이 3천억원 미만</td></tr>
<tr><td colspan="2">증여자</td><td>① 증여 당시 60세 이상의 부모(부모가 사망한 경우에는 조부모도 포함)
② 특수관계인 등 지분과 합산하여 50%(거래소 상장법인은 30%) 이상을 10년 이상 보유(자사주는 발행총수에서 제외)</td><td></td></tr>
<tr><td colspan="2">수증자</td><td>① 증여 당시 18세 이상 거주자인 자녀(그 배우자)
② 5년 이내 대표이사등 취임하고 5년간 대표이사 유지</td><td>수증자 1인만 특례 적용</td></tr>
<tr><td colspan="3">증여 후 의무</td><td>10년간 주된 업종 유지</td><td></td></tr>
<tr><td colspan="3">과세가액 한도</td><td>• 부모가 10년 이상 20년 미만 계속하여 경영시 : 300억원
• 부모가 20년 이상 30년 미만 계속하여 경영시 : 400억원
• 부모가 30년 이상 계속하여 경영시 : 500억원</td><td>자산총액 5천억원 미만(조특령제2조①)</td></tr>
<tr><td colspan="3">특례증여세액 계산식</td><td>[과세가액-10억원(증여재산 공제)]×특례세율</td><td>특례세율
• 60억원 이하 10%
• 60억원 초과 20%</td></tr>
<tr><td colspan="3">추징사유</td><td>주식등을 증여받은 날부터 7년 이내 다음의 어느 하나에 해당할 것
① 가업에 종사하지 아니하거나 가업을 휴업하거나 폐업하는 경우[수증자(배우자)가 주식 등의 증여일부터 5년 이내에 대표이사로 취임하지 아니하거나 7년까지 대표이사직을 유지하지 아니하는 경우, 주된 업종을 변경하는 경우, 가업을 1년 이상 휴업(무실적)하거나 폐업하는 경우]
② 증여받은 주식등의 지분이 줄어드는 경우(수증자가 증여받은 주식 등을 처분하는 경우, 증여받은 주식 등을 발행한 법인이 유상증자 등을 하는 과정에서 실권 등으로 수증자의 지분율이 낮아지는 경우)</td><td>정당한 사유(조특령제27조의6③)가 있을 경우에는 제외</td></tr>
<tr><td colspan="3">증여 후 상속개시와 가업상속공제의 적용</td><td>①&②
① 「상속세 및 증여세법 시행령」 제15조제3항에 따른 가업에 해당할 것(다만, 피상속인의 대표이사등 재직 요건은 제외)
② 수증자가 증여받은 주식 등을 처분하거나 지분율이 낮아지지 아니한 경우로서 가업에 종사하거나 대표이사로 재직하고 있을 것</td><td>조특령제27조의6⑧</td></tr>
<tr><td colspan="3">이중적용 배제</td><td>가업승계로 증여세 과세특례를 적용받는 거주자에 대하여는 창업자금에 대한 증여세 과세특례를 적용하지 아니함</td><td></td></tr>
</table>

4-12 창업자금에 대한 증여세 과세특례(조특법제30조의5)

구 분		내 용	비 고
요건	창업	• 「소득세법」 제168조제1항, 「법인세법」 제111조제1항 또는 「부가가치세법」 제8조제1항 및 제5항에 따라 납세지 관할 세무서장에게 등록하는 것을 말하며, 사업을 확장하는 경우로서 사업용자산을 취득하거나 확장한 사업장의 임차보증금 및 임차료를 지급하는 경우도 포함 • 창업으로 보지 않는 경우 ① 합병·분할·현물출자 또는 사업의 양수를 통하여 종전의 사업을 승계하거나 종전의 사업에 사용되던 자산을 인수 또는 매입하여 같은 종류의 사업을 하는 경우 ② 거주자가 하던 사업을 법인으로 전환하여 새로운 법인을 설립하는 경우 ③ 폐업 후 사업을 다시 개시하여 폐업 전의 사업과 같은 종류의 사업을 하는 경우 ④ 다른 업종을 추가하는 등 새로운 사업을 최초로 개시하는 것으로 보기 곤란한 경우, 그 밖에 이와 유사한 것으로서 대통령령으로 정하는 경우(창업자금을 증여받기 이전부터 영위한 사업의 운용자금과 대체설비자금 등으로 사용하는 경우)	조특령제27조의5③
	업종	창업중소기업과 창업벤처중소기업의 범위에 속하는 업종	조특법제6조③
	증여자	증여 당시 60세 이상의 부모(부모가 사망한 경우에는 조부모도 포함)	
	수증자	증여 당시 18세 이상 거주자인 자녀	다수의 수증자도 각각 특례 적용
	창업자금	① 사업용자산의 취득자금 ② 사업장의 임차보증금(전세금을 포함) 및 임차료 지급액	양도소득세 과세대상 자산은 제외
	창업기한	증여일부터 2년 이내	
	특례신청	증여세 신고기한까지 관할세무서장에게 특례신청서 및 창업자금사용명세서[창업자금 사용내역, 고용 내역(30억원 초과시)] 제출	
증여 후 의무		4년 이내 창업자금을 해당 목적에 사용하여야	
과세가액 한도		50억원(창업으로 10명 이상을 신규 고용한 경우 100억원)	조특령제27조의6⑦
특례증여세액 계산식		[과세가액-5억원(증여재산 공제)]×특례세율	10%, 일반증여재산과 합산 배제, 신고세액공제 배제
상속 개시		상속개시일까지의 기간에 관계없이 증여일 현재의 시가에 상당하는 증여재산가액을 상속재산에 가산, 기존 증여세액은 상속세 산출세액에서 공제	상속세액<증여세액이더라도 환급 불가(조특법제30조의5⑨)

추징사유	① 창업하지 아니하거나 창업에 해당하는 업종 외의 업종 영위시 ② 창업자금을 창업 용도외 사용시 ③ 창업 후 10년 이내 해당 사업을 휴업하거나 폐업시 ④ 10인 이상 고용한 창업일 속하는 과세연도의 종료일부터 5년 이내 과세연도의 근로자수가 괄호의 계산식에 따라 계산한 수보다 적은 경우[창업한 날의 총근로자수-(영업을 통하여 신규 고용한 인원수-10명)]	일반세율로 증여세 과세(이자상당액 가산)

4-13 상속세 신고기한 및 납부장소

구 분	신고납부기한	납부장소
거주자인 피상속인 및 상속인	상속개시일이 속하는 달의 말일부터 6개월 이내	피상속인의 주소지나 거소지 관할세무서장
비거주자인 피상속인 및 상속인(*)	상속개시일이 속하는 달의 말일부터 9개월 이내	상속재산 소재지 관할세무서장, 관할구역이 둘 이상인 경우 주된 상속재산의 소재지 관할세무서장
실종선고에 따른 상속	실종선고일이 속하는 달의 말일부터 6개월 이내	상속개시지 관할세무서장, 상속개사지가 불분명한 경우 주된 상속인의 주소지 관할세무서장

(*) 상속인의 일부라도 외국에 주소를 둔 경우를 말한다.

4-14 유류분반환청구와 세금 문제

구 분		세 금	비 고
반환시점	상속세 신고기한 이전	상속재산 포함하여 상속세 신고	사전증여는 상속개시 당시로 소급하여 소멸하고 반환청구권자에게 상속된 것으로 봄. 상속재산 가액 평가도 사전증여 당시가 아닌 상속개시 당시를 기준으로 평가.
	상속세 신고기한 이후	사유발생일부터 6개월 이내 상속세 경정청구 (증여세 경정청구)	
반환유형	원물반환(원칙)	상속세와 별도로 취득세 발생	• 부동산 등 등기·등록이 필요한 재산의 경우 • 공동상속인 사이에 구상권 발생 가능
	가액반환	상속세와 별도로 현금반환의 경우 양도소득세	• 상속부동산을 사전증여 받은 자에게 다시 양도한 것으로 봄. • 상속개시 당시 유류분의 평가액과 받은 현금의 차액이 양도차익이 됨.
포기의 대가로 다른 재산(주식, 부동산)으로 반환		상속세, 양도소득세	• 교환으로 봄. • 반환자에게도 양도소득세 발생 • 반환의무를 제3자가 인수하여 이행한 경우에는 대물변제로 제3자에게 양도소득세 발생, 수유자에게는 채무면제 등 증여의제로 증여세 발생 가능.

제5장 증여세

5-1 증여세 계산도

(1) 거주자(수증자)

<table>
<tr><td rowspan="7">과세
가액</td><td colspan="2">증여재산가액</td><td>국내외의 모든 재산. 증여추정재산 포함, 증여일 현재의 시가로 평가. 시가산정이 어려우면 개별공시지가 등 보충적 평가방법.</td></tr>
<tr><td colspan="2">(-)비과세 증여재산가액</td><td>국가 또는 지자체로부터 증여받은 재산, 사회통념상 인정되는 피부양자의 생활비·교육비·치료비·축하금·혼수용품</td></tr>
<tr><td colspan="2">(+)증여재산 가산금액</td><td>• 재차증여 : 동일인으로부터 10년 이내 받은 증여재산가액의 합산액이 1,000만원 이상인 경우(동일인이 수증자의 직계존속이면 그 배우자도 동일인 포함)(상증세법제47조②)
• 연대납부의무 없이 수증자를 대신하여 납부한 증여세
• 합산배제 증여재산은 적용×</td></tr>
<tr><td rowspan="2">증여재산
차감금액</td><td>과세가액
불산입금액</td><td>공익법인 출연재산, 공익신탁재산, 장애인이 증여받은 재산(직계존비속과 친족의 증여, 5억원 한도)</td></tr>
<tr><td>채무액(수증자
입증책임)</td><td>증여재산에 담보된 채무로 수증자가 인수한 채무금액, 증여자가 타인에게 임대한 경우 임대보증금</td></tr>
<tr><td colspan="2">= 증여세과세가액</td><td></td></tr>
<tr style="display:none"><td></td></tr>
<tr><td rowspan="4">과세
표준</td><td colspan="2">(-)수증자별 증여재산공제</td><td>• 배우자: 10년간 6억원
• 직계비속: 수증자별 10년간 5천만원(수증자가 미성년이면 2천만원)
• 직계존속: 수증자별 10년간 5천만원
• 그밖의 친족들(6촌 이내 혈족, 4촌 이내 인척): 수증자별 10년간 1천만원</td></tr>
<tr><td rowspan="2">(-)과세가액
차감금액</td><td>재해손실공제</td><td>신고기한 이내 재난으로 멸실·훼손된 손실가액(손실보상금이나 구상금을 수령할 수 있는 경우는 제외)</td></tr>
<tr><td>증여재산
감정평가
수수료</td><td>• 부동산 감정평가수수료는 5백만원 한도
• 비상장주식 평가의뢰시 신용평가기관별, 법인별로 각각 1천만원 한도
• 서화·골동품 등 전문가평가수수료는 500만원 한도</td></tr>
<tr><td colspan="2">= 증여세과세표준</td><td>• 일반증여재산: 위 항목 전부 공제
• 명의신탁재산: 명의신탁재산의 가액−감정평가수수료
• 합산배제재산
㉠ 특수관계법인의 거래이익: 증여의제이익−감정평가수수료
㉡ ㉠ 이외의합산배제재산: 증여재산가액−3천만원−감정평가수수료
• 과세표준이 50만원 미만이면 비과세(상증세법 제55조②)</td></tr>
<tr><td>산출</td><td colspan="2">(×)세율</td><td></td></tr>
</table>

<table>
<tr><td rowspan="5">세액</td><td></td><td rowspan="2"><table><tr><th>과세표준</th><th>세 율</th></tr><tr><td>1억 이하</td><td>과세표준의 10%</td></tr><tr><td>5억 이하</td><td>1천만원+(1억원을 초과하는 금액의 20%)</td></tr><tr><td>10억 이하</td><td>9천만원+(5억원을 초과하는 금액의 30%)</td></tr><tr><td>30억 이하</td><td>2억4천만원+(10억원을 초과하는 금액의 40%)</td></tr><tr><td>30억 초과</td><td>10억4천만원+(30억원을 초과하는 금액의 50%)</td></tr></table></td></tr>
<tr><td>(-)누진공제액</td></tr>
<tr><td>=증여세산출세액</td><td></td></tr>
<tr><td>(+)세대생략할증</td><td>세대생략증여시 30% 할증[직계비속 사망으로 인한 경우(대습증여) 제외](상증세법 제57조) – 부계·모계 포함</td></tr>
<tr><td>=증여세산출세액 합계</td><td></td></tr>
<tr><td rowspan="6">신고
납부
세액</td><td>(-)납부세액공제</td><td>기납부, 자진신고(10%)· 납부, 외국납부(수증자가 거주자). 제척기간만료로 증여세 부과되지 않는 경우에는 공제×.</td></tr>
<tr><td>(-)감면세액</td><td>영농자녀 감면 등</td></tr>
<tr><td>=결정세액</td><td></td></tr>
<tr><td>(+)가산세</td><td>무신고(일반무신고 20%, 부정무신고 40%), 과소신고(일반 10%, 부당 40%), 납부불성실. 의무 위반의 종류별로 1억원 한도. 수정신고시 10~50% 감면.</td></tr>
<tr><td>(-)분납.연부연납.물납</td><td>분납과 연부연납은 중복 적용 없음</td></tr>
<tr><td>=납부세액</td><td></td></tr>
</table>

(2) 비거주자(수증자)

<table>
<tr><td rowspan="6">과세
가액</td><td colspan="2">증여재산가액</td><td>국내외의 모든 재산. 증여추정재산 포함, 증여일 현재의 시가로 평가. 시가산정이 어려우면 개별공시지가 등 보충적 평가방법.</td></tr>
<tr><td colspan="2">(-)비과세 증여재산가액</td><td>국가 또는 지자체로부터 증여받은 재산, 사회통념상 인정되는 피부양자의 생활비·교육비·치료비·축하금·혼수용품</td></tr>
<tr><td colspan="2">(+)증여재산 가산금액</td><td>●재차증여 : 동일인으로부터 10년 이내 받은 증여재산가액의 합산액이 1,000만원 이상인 경우(동일인이 수증자의 직계존속이면 그 배우자도 동일인 포함)(상증세법제47조②)
●연대납부의무 없이 수증자를 대신하여 납부한 증여세
●합산배제 증여재산은 적용×</td></tr>
<tr><td rowspan="2">증여재산
차감금액</td><td>과세가액
불산입금액</td><td>공익법인 출연재산, 공익신탁재산, 장애인이 증여받은 재산(직계존비속과 친족의 증여, 5억원 한도)</td></tr>
<tr><td>채무액(수증자
입증책임)</td><td>증여재산에 담보된 채무로 수증자가 인수한 채무금액, 증여자가 타인에게 임대한 경우 임대보증금</td></tr>
<tr><td colspan="2">= 증여세과세가액</td><td></td></tr>
</table>

<table>
<tr><td rowspan="5">과세
표준</td><td colspan="2">(-)수증자별 증여재산공제</td><td>•배우자: 공제 불가
•직계비속: 공제 불가
•직계존속: 공제 불가
•그밖의 친족(부계 6촌 이내, 모계 3촌 이내): 공제 불가</td></tr>
<tr><td rowspan="2">(-)과세가액
차감금액</td><td>재해손실공제</td><td>신고기한 이내 재난으로 멸실·훼손된 손실가액(손실보상금이나 구상금을 수령할 수 있는 경우는 제외)</td></tr>
<tr><td>증여재산
감정평가
수수료</td><td>•부동산 감정평가수수료는 5백만원 한도
•비상장주식 평가의뢰시 신용평가기관별, 법인별로 각각 1천만원 한도
•서화·골동품 등 전문가평가수수료는 500만원 한도</td></tr>
<tr><td colspan="2">= 증여세과세표준</td><td>•일반증여재산: 위 항목 전부 공제
•명의신탁재산: 명의신탁재산의 가액－감정평가수수료
•합산배제재산
㉠ 특수관계법인의 거래이익: 증여의제이익－감정평가수수료
㉡ ㉠ 이외의합산배제재산: 증여재산가액－3천만원－감정평가수수료
•과세표준이 50만원 미만이면 비과세(상증세법 제55조②)</td></tr>
<tr><td colspan="3"></td></tr>
<tr><td rowspan="5">산출
세액</td><td colspan="2">(×)세율</td><td rowspan="2"><table><tr><th>과세표준</th><th>세율</th><th>누진공제액</th></tr><tr><td>1억 이하</td><td>10%</td><td>－</td></tr><tr><td>5억 이하</td><td>20%</td><td>1천만원</td></tr><tr><td>10억 이하</td><td>30%</td><td>6천만원</td></tr><tr><td>30억 이하</td><td>40%</td><td>1억6천만원</td></tr><tr><td>30억 초과</td><td>50%</td><td>4억6천만원</td></tr></table></td></tr>
<tr><td colspan="2">(-)누진공제액</td></tr>
<tr><td colspan="2">=증여세산출세액</td><td></td></tr>
<tr><td colspan="2">(+)세대생략할증</td><td>세대생략증여시 30% 할증[직계비속 사망으로 인한 경우(대습증여) 제외](상증세법 제57조) － 부계·모계 포함</td></tr>
<tr><td colspan="2">=증여세산출세액 합계</td><td></td></tr>
<tr><td rowspan="6">신고
납부
세액</td><td colspan="2">(-)납부세액공제</td><td>기납부, 자진신고(*)· 납부. 제척기간만료로 증여세 부과되지 않는 경우에는 공제×.</td></tr>
<tr><td colspan="2">(-)감면세액</td><td>영농자녀 감면 등</td></tr>
<tr><td colspan="2">=결정세액</td><td></td></tr>
<tr><td colspan="2">(+)가산세</td><td>무신고(일반무신고 20%, 부정무신고 40%), 과소신고(일반 10%, 부당 40%), 납부불성실. 의무 위반의 종류별로 1억원 한도. 수정신고시 10~50% 감면.</td></tr>
<tr><td colspan="2">(-)분납.연부연납.물납</td><td>분납과 연부연납은 중복 적용 없음</td></tr>
<tr><td colspan="2">=납부세액</td><td></td></tr>
</table>

(*) 2017년 이전 10%, 2018년 이전 7%, 2018년 5%, 2019년 이후 3%

5-2 증여세 과세체계와 납세의무자

구 분		과세표준 및 세액 계산	비 고
과세체계	부과대상	수증자별	
	과세단위	증여자별	수인으로부터 증여받은 경우
	시기	증여시기별	다만, 동일인으로부터 10년 이내에 받은 재차증여재산을 합친 금액이 1천만원 이상인 경우에는 합산과세 한다.
납세의무자		수증자	원칙
		증여자	연대납세의무(① 수증자의 주소나 거소가 분명하지 아니한 경우로서 증여세에 대한 조세채권을 확보하기 곤란한 경우, ② 수증자가 증여세를 납부할 능력이 없다고 인정되는 경우로서 체납처분을 하여도 증여세에 대한 조세채권을 확보하기 곤란한 경우, ③ 수증자가 비거주자인 경우, ④ 명의신탁재산의 증여의제에 해당하는 경우)

5-3 증여재산 반환(증여계약 해제 또는 취소) 관련 증여세 과세 여부

증여재산별	반환시기별	당초 증여분	반환분	재증여
부동산	증여세 신고기한 내(증여받은 날이 속하는 달의 말일부터 3개월 이내)	×	×	×
	증여세 신고기한 경과 후 3개월 이내	○	×	×
	증여세 신고기한 경과 후 3개월 이후	○	○	○
금전	시기 무관	○	○	○

※ 증여부동산의 반환시점의 기준은 증여부동산의 말소등기 시점이다.
※ 반환이란 원물반환을 의미한다.

5-4 재산취득자금 등의 증여추정 배제기준 (국세청 상속세및증여세 사무처리규정 제31조)

구 분		취득재산		채무상환	총액한도
		주택	기타재산		
1. 세대주인 경우	가. 30세 이상인 자	2억원	5천만원	5천만원	2억5천만원
	나. 40세 이상인 자	4억원	1억원		5억원
2. 세대주가 아닌 경우	가. 30세 이상인 자	1억원	5천만원	5천만원	1억5천만원
	나. 40세 이상인 자	2억원	1억원		3억원
		5천만원	5천만원	5천만원	1억원

5-5 저가양수도에 따른 증여세(취득자)·양도소득세(양도자)

구 분		과세 요건	증여재산가액
증여세	특수관계인간 거래	(시가-대가)≧30% 또는 3억원	(시가-대가)-MIN(시가×30%, 3억원)
	특수관계인이 아닌 자 간의 거래	(시가-대가)≧시가×30%	(시가-대가)-3억원
양도소득세	특수관계인간 거래	부당행위계산부인(대가와 시가의 차액 부분 추가과세)	

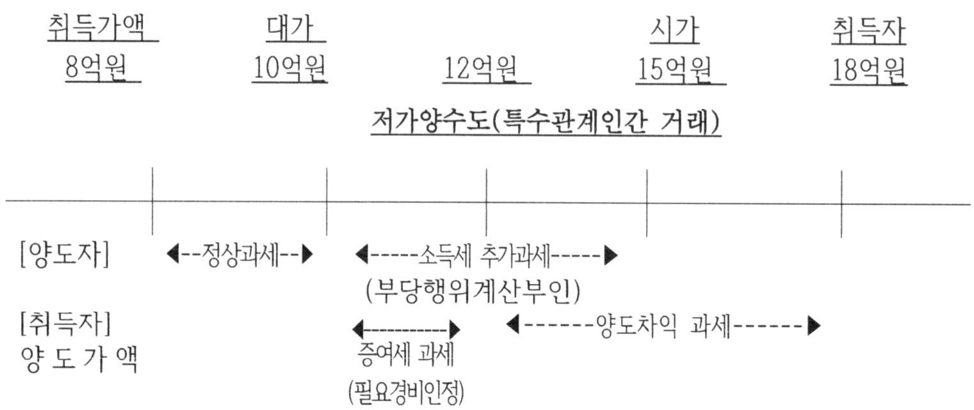

5-6 고가양수도에 따른 증여세(양도자)·양도소득세(취득자)

구 분		과세 요건	증여재산가액
증여세	특수관계인간 거래	(시가-대가)≧30% 또는 3억원	(시가-대가)-MIN(시가×30%, 3억원)
	특수관계인이 아닌 자 간의 거래	(시가-대가)≧시가×30%	(시가-대가)-3억원
양도소득세	특수관계인간 거래	부당행위계산부인(대가와 시가의 차액 부분 추가과세)	

5-7 자산별 명의신탁의 세법상 규율

자산별 유형	부동산명의신탁	차명예금	주식명의신탁
내용	• 증여세가 아닌 부동산실명법상 부동산가액의 30% 과징금과 형사처벌 • 2자간명의신탁의 경우 명의신탁일부터 몇 년이 지났든 세법상 피상속인의 차명재산으로서 상속재산에 포함되어 상속세 부과 • 신탁자가 무상으로 반환받는 경우에는 신탁자에게 증여세가 발생하고 고령의 신탁자가 반환받는 경우에는 증여세 과세 이후 10년이내 신탁자가 사망하는 경우에는 사전증여 재산에 해당하지 않으므로 상속세 산정시 증여세액 공제가 되지 않는다. 신탁자가 유상으로 반환받는 경우에는 실질 소득자인 신탁자에게 양도소득세가 과세되지만 수탁자가 이미 납부한 경우에는 환급되지 않고 신탁자의 납부세액으로 공제된다. • 소유권이전등기청구권 소멸시효 10년 • 과징금의 제척기간 : 명의신탁등기가 해소된 때부터 5년(대법원 2004두2776)	• 예금은 등기·등록을 요하는 재산은 아니므로 타인명의로 예금한 경우에도 명의신탁재산에 대한 증여의제 규정이 비적용. 다만, 금융실명법상 과징금 부과. • 차명예금에 대하여는 실질과세원칙에 따라 예금을 실질적으로 지배·관리한 자가 누구인지에 따라 증여세가 과세되거나 상속세가 과세됨.	• 조세회피 목적의 주식 명의신탁에 주식의 명의개서일에 증여된 것으로 보고 명의자에게 신탁주식가액에 대한 증여세 과세. • 실지소유자는 연대납세의무. 따라서 실제소유자가 대납하는 경우 재차 증여로 보지 아니함. • 최대주주의 보유주식에 대하여는 할증평가(상증세법제63조③)(중소기업은 한시적으로 제외-조특법 제101조) • 증여공제의 적용 없음.(상증세법제55①1호) • 부과 제척기간은 15년. • 신고불성실가산세 20%, 납부불성실가산세 10%

※ 명의신탁주식 실제소유자 확인제도(상속세 및 증여세 사무처리규정)
① 주식발행법인이 2001.7.23. 이전 설립되었고 실명전환일 현재 조특령 제2조의 중소기업일 것, ② 실제소유자와 명의수탁자 모두 법인설립 당시 발기인으로서 설립 당시 명의신탁한 주식을 실제소유자에게 환원하는 경우일 것, ③ 실제소유자별, 주식발행법인별로 실명전환 하는 주식가액의 합계액이 30억 원 미만일 것

→ 이 제도를 통해 실제소유자로 인정된 경우에도 납세의무는 별개의 문제이므로 실질에 따라 과세책임이 있다. 실제소유자로 인정된 경우에는 당초 명의신탁에 따른 증여세(또한 명의신탁 이후 유상증자가 실시되었다면 새로운 증여로 봄), 배당에 따른 종합소득세가 과세될 수 있다. 다만, 2001년 이전의 명의신탁이므로 제척기간 경과로 납세의무가 없을 것으로 보인다. 실제소유자로 인정되지 않을 경우에는 거래실질에 따라 유상거래라면 양도소득세 및 증권거래세, 무상거래인 경우 증여세가 과세될 수 있다.

5-8 상속재산과 증여재산에 관련한 각종 시기와 기산일

구 분	상속재산	증여재산
양도차익 계산시 취득시기	상속개시일(소세령162①5, 소세령제163조⑨)(*)	증여등기접수일(소세령162①5, 소세령제163조⑨)
세율적용시 취득시기(+보유기간 산정시)	피상속인의 취득일(소세법104②)	증여자의 취득일(소세법104②)
장기보유특별공제 적용시 취득시기	상속개시일(소세법95④)	증여등기 접수일(소세법95④)
1세대1주택비과세 적용시 취득시기	상속개시일(예외: 동일세대원으로부터 상속받은 경우 동일세대원 보유 및 거주기간 통산)	증여등기 접수일(예외: 동일세대원에게 증여한 후 그 수증자가 양도하는 경우 동일세대원 보유 및 거주기간 통산)
비사업용토지 판단시 법령제한기간 기산일	상속개시일(소세령168의14①3)	증여등기 접수일
자경감면시 자경기간 기산일	피상속인의 취득일(조특령66⑪⑫)(예외: 상속인이 비자경의 경우 상속개시일부터 기산. 단, 상속개시일부터 3년 이내 양도하는 경우에는 피상속인의 자경기간 통산)	증여등기 접수일
대토감면시 자경기간 기산일	상속개시일(조특령67⑤)(예외: 대토 취득 후 3년 이내 상속시 상속인이 재촌자경시 피상속인의 자경기간 통산)	증여등기 접수일
수용감면시 취득시기	피상속인의 취득일(조특법77⑧)	증여등기 접수일

5-9 증여공제액(10년간 누적한도)

증여자·수증자별		공제한도액
배우자→배우자		6억원
직계존속→직계비속(자녀)	수증자가 성년	5천만원
	수증자가 미성년	2천만원
직계비속→직계존속	수증자가 성년	5천만원
	수증자가 미성년	2천만원
기타 친족→기타 친족		1천만원

5-10 영농자녀등에 대한 증여세 감면(조특법제71조, 조특령제68조)

구 분		내 용	비 고
요건	증여자인 자경농민등(①&②)	① 농지등이 소재하는 시·군·구, 그와 연접한 시·군·구 또는 해당 농지등으로부터 직선거리 30㎢ 이내에 거주할 것 ② 농지등의 증여일부터 소급하여 3년 이상 계속하여 직접 영농(양축, 영어, 및 영림을 포함)에 종사하고 있을 것	
	수증자인 영농자녀(①&②)	① 농지등의 증여일 현재 만 18세 이상인 직계비속일 것 ② 「상속세 및 증여세법」 제68조에 따른 증여세 과세표준 신고기한까지 제1항제1호의 요건을 갖추고 증여받은 농지등에서 직접 영농에 종사할 것	
	농지 등의 범위	① 농지로서 4만㎡ 이내 ② 초지로서 14만8천5백㎡ 이내 ③ 산림지로서 산림경영계획을 인가받거나 특수산림사업지구로 지정받아 새로 조림한 기간이 5년 이상이면서 29만7천제곱미터 이내 ④ 축사용지로서 축사의 실제 건축면적을 건폐율로 나눈 면적 범위 이내 ⑤ 어선으로서 총톤수 20톤 미만 ⑥ 어업권으로서 10만㎡ 이내 ⑦ 어업용 토지로서 4만㎡ 이내	
감면 한도		• 수증자별로 5년간 증여세액의 합계가 1억원 이하 • 손자에게 증여하는 경우에는 증여세 산출세액에 세대생략가산액을 합한 금액	
추징 사유		정당한 사유 없이 증여받은 날부터 5년 이내에 양도하거나 질병·취학 등 대통령령으로 정하는 정당한 사유 없이 해당 농지등에서 직접 영농에 종사하지 아니하게 된 경우	
농어촌특별세 부과 여부		비과세	
상속재산(10년 내 증여재산) 포함 여부		포함 ×	
재양도시 취득시기		자경농민등이 취득한 날	

※ 농지등을 동시에 2필지 이상 증여받은 경우에는 증여세를 감면받으려는 농지등의 순위를 정하여 감면을 신청하여야

5-11 우회양도와 이월과세의 비교

구 분	우회양도(부당행위 계산부인)	이월과세(필요경비 계산특례)
근거법령	소세법제101조, 소세령제167조	소세법제97조의2
요 건	① **특수관계인**에게 자산 증여 ② 증여받은 자산을 증여등기 접수일부터 5년 이내 양도 ③ 양도소득이 증여자에게 귀속될 것 ④ 조세 회피 목적 필요(조세부담의 부당한 감소가 있을 것)	① 거주자가 **배우자(*)나 직계존비속**으로부터 자산을 증여받을 것 ② 증여받은 자산을 증여등기접수일부터 10년(2023.1.1. 이전에는 5년) 이내 양도할 것(*)
증여자와 수증자의 관계	특수관계인[이월과세 적용을 받는 배우자 및 직계존비속은 제외(소세법제101조②본문)]	배우자, 직계존비속
자산의 종류	모든 양도소득세 과세대상	토지, 건물, 부동산을 취득할 수 있는 권리, 특정시설물이용권(골프, 콘도회원권)(소세법제94조)
양도소득의 귀속	증여자	실질 귀속 불문
효 과	당초의 증여자에게 양도소득세 부과(증여자가 양도한 것으로 봄)	수증자이면서 양도자인 배우자나 직계존비속에게 양도소득세 부과(증여자가 양도한 것으로 보지 않음)
취득가액(취득시기)	증여자의 취득가액	증여자의 취득가액
장기보유특별공제 및 세율적용시 보유기간 계산	증여자의 취득일부터 양도일까지	증여자의 취득일부터 양도일까지
증여세 처리	부과처분을 직권취소 후 환급	양도소득의 필요경비로 공제
적용 배제	증여자가 제3자에게 직접 양도할 경우의 양도세가 수증자의 증여세와 양도소득세의 합계액보다 작을 경우	1. 사업인정고시일부터 소급하여 2년 이전에 증여받은 경우로서 협의매수 또는 수용된 경우 2. 1세대1주택 비과세대상의 양도에 해당하는 경우 3. 이월과세 적용시 양도소득 결정세액이 이월과세 미적용시 양도소득 결정세액보다 적은 경우(2017.7.1. 이후) → 이월과세의 적용이 배제되는 경우에는 일반규정인 부당행위 계산부인 규정을 검토해야 함.
기타	수증자는 연대납세의무 부담	증여자의 연대납세의무 없음, 이월과세 적용으로 1세내2주택 비과세 대상이 될 경우 부당행위 계산부인 규정 적용

소득세법 제101조(양도소득의 부당행위계산) ① 납세지 관할 세무서장 또는 지방국세청장은 양도소득이 있는 거주자의 행위 또는 계산이 그 거주자의 특수관계인과의 거래로 인하여 그 소득에 대한 조세 부담을 부당하게 감소시킨 것으로 인정되는 경우에는 그 거주자의 행위 또는 계산과

관계없이 해당 과세기간의 소득금액을 계산할 수 있다. <개정 2012. 1. 1.>

② 거주자가 제1항에서 규정하는 특수관계인(제97조의2제1항을 적용받는 배우자 및 직계존비속의 경우는 제외한다)에게 자산을 증여한 후 그 자산을 증여받은 자가 그 증여일부터 10년 이내에 다시 타인에게 양도한 경우로서 제1호에 따른 세액이 제2호에 따른 세액보다 적은 경우에는 증여자가 그 자산을 직접 양도한 것으로 본다. 다만, 양도소득이 해당 수증자에게 실질적으로 귀속된 경우에는 그러하지 아니하다. <개정 2012. 1. 1., 2014. 1. 1., 2022. 12. 31.>

1. 증여받은 자의 증여세(「상속세 및 증여세법」에 따른 산출세액에서 공제·감면세액을 뺀 세액을 말한다)와 양도소득세(이 법에 따른 산출세액에서 공제·감면세액을 뺀 결정세액을 말한다. 이하 제2호에서 같다)를 합한 세액
2. 증여자가 직접 양도하는 경우로 보아 계산한 양도소득세

③ 제2항에 따라 증여자에게 양도소득세가 과세되는 경우에는 당초 증여받은 자산에 대해서는 「상속세 및 증여세법」의 규정에도 불구하고 증여세를 부과하지 아니한다.

④ 제2항에 따른 연수의 계산에 관하여는 제97조의2제3항을 준용한다. <개정 2014. 1. 1.>

⑤ 제1항에 따른 특수관계인의 범위와 그 밖에 부당행위계산에 필요한 사항은 대통령령으로 정한다. <개정 2012. 1. 1.>

소득세법시행령 제167조(양도소득의 부당행위 계산) ③법 제101조제1항에서 "조세의 부담을 부당하게 감소시킨 것으로 인정되는 경우"란 다음 각 호의 어느 하나에 해당하는 때를 말한다. 다만, 시가와 거래가액의 차액이 3억원 이상이거나 시가의 100분의 5에 상당하는 금액 이상인 경우로 한정한다. <개정 2007.2.28., 2012.2.2., 2017.2.3.>

1. 특수관계인으로부터 시가보다 높은 가격으로 자산을 매입하거나 특수관계인에게 시가보다 낮은 가격으로 자산을 양도한 때
2. 그 밖에 특수관계인과의 거래로 해당 연도의 양도가액 또는 필요경비의 계산시 조세의 부담을 부당하게 감소시킨 것으로 인정되는 때

→ cf. 상증세법제35조

※ 우회양도의 부당행위 계산부인은 이월과세와 중복되는 경우에는 이월과세가 우선 적용된다.

(*) 양도 당시 혼인관계가 소멸된 경우를 포함하되, 사망으로 혼인관계가 소멸된 경우는 제외한다.

소득세법 제97조의2(양도소득의 필요경비 계산 특례) ① 거주자가 양도일부터 소급하여 10년 이내에 그 배우자(양도 당시 혼인관계가 소멸된 경우를 포함하되, 사망으로 혼인관계가 소멸된 경우는 제외한다. 이하 이 항에서 같다) 또는 직계존비속으로부터 증여받은 제94조제1항제1호에 따른 자산이나 그 밖에 대통령령으로 정하는 자산의 양도차익을 계산할 때 양도가액에서 공제할 필요경비는 제97조제2항에 따르되, 취득가액은 그 배우자 또는 직계존비속의 취득 당시 제97조제1항제1호에 따른 금액으로 한다. 이 경우 거주자가 증여받은 자산에 대하여 납부하였거나 납부할 증여세 상당액이 있는 경우에는 제97조제2항에도 불구하고 필요경비에 산입한다. <개정 2017. 12. 19., 2022. 12. 31.>

② 다음 각 호의 어느 하나에 해당하는 경우에는 제1항을 적용하지 아니한다. <개정 2014. 12. 23., 2015. 12. 15., 2016. 12. 20.>

1. 사업인정고시일부터 소급하여 2년 이전에 증여받은 경우로서 「공익사업을 위한 토지 등의 취득 및 보상에 관한 법률」이나 그 밖의 법률에 따라 협의매수 또는 수용된 경우
2. 제1항을 적용할 경우 제89조제1항제3호 각 목의 주택[같은 호에 따라 양도소득의 비과세대상에서 제외되는 고가주택(이에 딸린 토지를 포함한다)을 포함한다]의 양도에 해당하게 되는 경우
3. 제1항을 적용하여 계산한 양도소득 결정세액이 제1항을 적용하지 아니하고 계산한 양도소득

결정세액보다 적은 경우
③ 제1항에서 규정하는 연수는 등기부에 기재된 소유기간에 따른다.
④ 「상속세 및 증여세법」 제18조의2제1항에 따른 공제(이하 이 항에서 "가업상속공제"라 한다)가 적용된 자산의 양도차익을 계산할 때 양도가액에서 공제할 필요경비는 제97조제2항에 따른다. 다만, 취득가액은 다음 각 호의 금액을 합한 금액으로 한다. <개정 2017. 12. 19., 2022. 12. 31.>
1. 피상속인의 취득가액(제97조제1항제1호에 따른 금액) × 해당 자산가액 중 가업상속공제가 적용된 비율(이하 이 조에서 "가업상속공제적용률"이라 한다)
2. 상속개시일 현재 해당 자산가액 × (1 - 가업상속공제적용률)
⑤ 제1항부터 제4항까지의 규정을 적용할 때 증여세 상당액의 계산과 가업상속공제적용률의 계산방법 등 필요경비의 계산에 필요한 사항은 대통령령으로 정한다.

5-12 차등배당(초과배당)의 활용

<table>
<tr><th>구 분</th><th>내 용</th></tr>
<tr><td>법령</td><td>상증법제41조의2</td></tr>
<tr><td>과세요건</td><td>법인의 최대주주와 그 특수관계인 간의 차등배당일 것</td></tr>
<tr><td>증여시기</td><td>초과배당에 따른 이익의 증여규정 적용시 법인이 배당 등을 한 날이며 실제 배당금을 지급한 날을 의미한다(재산-3790, 2016.10.12.)</td></tr>
<tr><td>증여재산가액(법제41조의2)</td><td>법인의 최대주주가 본인이 지급받을 배당의 전부 또는 일부를 포기하거나 본인이 보유한 주식수에 비례하여 균등하지 아니한 조건으로 배당을 받음에 따라 그 최대주주의 특수관계인이 본인이 보유한 주식수에 비례하여 균등하지 아니한 조건으로 배당을 받은 금액</td></tr>
<tr><td>초과배당금액(영제32조의2)</td><td>초과배당금액=[①×②]
① 특수관계인이 실제 배당받은 금액-본래 균등배당금액
② 최대주주의 과소배당금액/전체과소배당금액</td></tr>
<tr><td>소득세 상당액의 계산(규칙10조의3)</td><td>소득세 상당액=초과배당금액×규칙으로 정한 비율
<table>
<tr><td>초과배당금액</td><td>계산식</td></tr>
<tr><td>5,2220만원 이하</td><td>초과배당금액×14%</td></tr>
<tr><td>8,800만원 이하</td><td>731만원+5(,220만원 초과금액×24/100)</td></tr>
<tr><td>1억5,000만원 이하</td><td>1,590만원+(8,8800만원 초과금액×35/100)</td></tr>
<tr><td>3억원 이하</td><td>3,760만원+(1억5,000만원 초과금액×38/100)</td></tr>
<tr><td>5억원 이하</td><td>9,460만원+(3억원 초과금액×40/100)</td></tr>
<tr><td>10억원 이하</td><td>1억7,460만원+(5억원 초과금액×42/100)</td></tr>
<tr><td>10억원 초과</td><td>3억8,460만원+(10억원 초과금액×45/100)</td></tr>
</table></td></tr>
<tr><td>초과배당금액에 대한 소득세 상당액의 처리</td><td>증여세 산출세액에서 공제</td></tr>
<tr><td>과세 제외</td><td>초과배당금액에 대한 증여세액이 초과배당금액에 대한 소득세 상당액보다 적은 경우</td></tr>
</table>

5-13 증여세 신고(납부)기한 및 납세장소

<table>
<tr><th colspan="2">구 분</th><th>신고 기한</th></tr>
<tr><td colspan="2">신고납부기한</td><td>수증일이 속한 달의 말일부터 3개월 이내</td></tr>
<tr><td rowspan="7">신고납부 장소</td><td>주소지가 분명한 경우</td><td>수증자의 주소지를 관할하는 세무서장</td></tr>
<tr><td>주소지가 없거나 불분명한 경우</td><td>수증자의 거소지를 관할하는 세무서장</td></tr>
<tr><td>수증자가 비거주자인 경우</td><td rowspan="2">증여자의 주소지를 관할하는 세무서장</td></tr>
<tr><td>수증자의 주소 및 거소지가 불분명한 경우</td></tr>
<tr><td>수증자와 증여자 모두 비거주자인 경우</td><td rowspan="3">증여재산 소재지를 관할하는 세무서장</td></tr>
<tr><td>수증자와 증여자 모두 주소가 불분명한 경우</td></tr>
<tr><td>수증자가 비거주자이거나 주소 또는 거소가 불분명하고, 증여자가 제39조②, 제39조의3② 및 제45조의3에 따라 의제된 경우</td></tr>
</table>

제6장 취득세

6-1 취득의 유형

취득 유형		과세대상	개별 취득행위	참 고
승계취득(*)	유상	부동산 등	매매, 교환, 현물출자, 대물변제, 부담부증여, (수용)	골프회원권 등
	무상	부동산 등	상속, 증여, 기부, 이혼 재산분할, 합병	
원시취득		토지	공유수면매립, 간척	
		건축물	신축, 증축, 개축, 재축	
		선박	건조	
		광업권, 어업권	출원에 따른 원시취득은 제외	
		시효취득		
		수용		유상 승계취득으로 취급
간주취득		토지	지목변경	
		건축물	개수	
		차량, 건설기계, 선박	종류변경	
		과점주주의 주식취득		

(*) 차량, 기계장비,항공기 및 주문을 받아 건조하는 선박은 승계취득만 과세대상이다.

6-2 상속재산 협의분할과 관련된 과세 구분

구 분		증여 취득세	증여세
최초 협의분할로 법정상속분을 초과하여 상속재산취득		과세 ×	과세 ×
상속등기 미경료	취득세(상속세) 신고기한 내 재협의분할	과세 ×	과세 ×
	취득세(상속세) 신고기한 후 재협의분할	과세 ×	과세 ×
상속등기 경료 후	취득세(상속세) 신고기한 내 재협의분할	과세 ×	과세 ×
	취득세(상속세) 신고기한 후 재협의분할	과세 ○	과세 ○

6-3 법률행위의 해제 및 원인무효에 따른 각종 조세의 환급 가부

<table>
<tr><th rowspan="2">세목</th><th rowspan="2">법률행위</th><th colspan="3">시기별 환급 가부</th><th rowspan="2">판결 요부</th><th rowspan="2">비 고</th></tr>
<tr><th>대금 청산 전</th><th>이전등기 전</th><th>이전등기 후</th></tr>
<tr><td rowspan="3">취득세</td><td>합의해제
(착오취소)</td><td colspan="2">×(계약일 또는 잔금지급일부터 60일 이내 계약해제가 화해조서나 공증서면이 작성된 경우에는 ○)</td><td>×</td><td>불요</td><td>말소등기가 경료되더라도 환급 불가</td></tr>
<tr><td>원인무효</td><td colspan="3">○</td><td>당연무효 입증, 기타 경우에는 판결 요</td><td>• 의제자백·무변론판결, 조정 등은 제외.
• 원상회복자에게는 취득세 납세의무 ×</td></tr>
<tr><td>사해행위
취소</td><td>-</td><td>-</td><td>×</td><td>판결 요</td><td>원상회복시 채무자 취득세 납세의무 ×</td></tr>
<tr><td rowspan="3">양도소득세</td><td>합의해제
(착오취소)</td><td>양도세 불성립(등기가 경료되었더라도 마찬가지)</td><td>×(과세관청 실무)
○(대법원)</td><td>×(과세관청 실무)
○(대법원)</td><td>판결 불요(대법원)</td><td>판례는 선의의 제3취득자가 있어 원상회복이 불가한 경우에도 양도 불성립으로 봄.</td></tr>
<tr><td>원인무효</td><td>-</td><td>○</td><td>○</td><td>판결 요(명백한 하자로 합의해제되어 등기가 말소된 경우에는 판결 불요),</td><td>의제자백·무변론판결, 조정 등은 제외.</td></tr>
<tr><td>사해행위
취소</td><td>-</td><td>-</td><td>○</td><td>판결 요</td><td>사해행위 취소 판결 후 환원등기를 하지 않은 상태에서 제3자에게 양도한 경우에는 양도소득세는 양도 당시 등기부상 소유자임.</td></tr>
<tr><td rowspan="6">증여세</td><td>합의해제
(착오취소)</td><td>-</td><td colspan="2">×(증여세 신고기한 내 말소등기시 ○)</td><td>판결 불요</td><td></td></tr>
<tr><td>원인무효</td><td>-</td><td colspan="2">○</td><td>당연무효 입증, 기타 경우에는 판결 요.</td><td>의제자백·무변론판결, 조정 등은 제외.</td></tr>
<tr><td>사해행위
취소</td><td>-</td><td colspan="2">○</td><td></td><td></td></tr>
<tr><td>몰수(추징)</td><td>-</td><td colspan="2">×</td><td></td><td></td></tr>
<tr><td>상속회복청구</td><td>-</td><td>-</td><td>○</td><td></td><td></td></tr>
<tr><td>유류분반환청구</td><td>-</td><td>-</td><td>○</td><td></td><td></td></tr>
</table>

6-4 상속등기 이후 상속재산 재협의분할과 관련된 세금문제(2014.1.1. 이후)

구 분	법정·협의분할 상속등기 된 부동산의 신고납부기한(6개월) 이내 재분할	법정·협의분할 상속등기 된 부동산의 신고납부기한(6개월) 경과 후 재분할	참 고
등기방식	소유권경정등기	소유권경정등기	
취득세등 납부의무	• 당초 상속분을 초과하여 취득하게 되는 재산가액에 대한 취득세 납부의무 × • 경정등기에 대한 등록면허세(6,000원) • 기납부한 취득세는 환부 ×	• 당초 상속분을 초과하여 취득하게 되는 재산가액에 대한 무상취득세 납부의무(3.5%) ○ • 경정등기에 대한 등록면허세 납부의무(6,000원) • 기납부한 취득세는 환부 ×	
국민주택채권	당초 상속분을 초과하여 취득하게 되는 재산가액에 대한 납부	당초 상속분을 초과하여 취득하게 되는 재산가액에 대한 납부	
증여세 과세 여부	×	당초 상속분을 초과하여 취득하게 되는 재산가액에 대한 증여세 과세	

6-5 유상양도와 상속이 교차하는 경우 상속세 및 양도소득세, 취득세 부담

세부담 / 시기별	대금청산 전 상속개시		대금청산 후 상속개시	
	양도인 사망	양수인 사망	양도인 사망	양수인 사망
상속재산	부동산	소유권이전등기청구권	(매매대금)	부동산
과세가액	미수령잔대금	기지급대금	(매매대금)	부동산 전체가액
상속세 부담	○	○	부동산상속세는 ×	○
양도소득세 부담	상속인 자신의 조세채무	×	피상속인의 조세채무 승계	×
취득세	상속취득세 ○	상속취득세 ×	상속취득세 ×	상속취득세 ○
	유상취득세 ×	유상취득세 ○	유상취득세 ×	유상취득세 ○(승계)

6-6 무상양도와 상속이 교차하는 경우 상속세 및 증여세, 취득세 부담

세 부 담 / 구 분	증여자 사망의 경우	수증자 사망의 경우
상속재산	부동산	×(이전등기청구권)
상속세	수증자 부담(사인증여)	×
증여세	×	상속인에게 이전등기시 ○
취득세	수증자 상속취득세 ○	수증자 상속취득세 ×
	무상(증여)취득세 ×	무상(증여)취득세 ○

6-7 부동산거래계약신고와 관련한 과태료 부과기준(부동신거래신고등에 관한 법률시행령 별표3)

<table>
<tr><th colspan="2">위반행위</th><th>과태료</th></tr>
<tr><td colspan="2">1. 매매계약을 체결하지 않았는데도 거짓 신고한 경우</td><td>3,000만원</td></tr>
<tr><td colspan="2">2. 매매계약이 해제되지 않았는데도 거짓 신고한 경우</td><td>3,000만원</td></tr>
<tr><td colspan="2">3. 거래대금 지급을 증명할 수 있는 자료를 미제출</td><td>신고가격별로 500만원부터 3,000만원까지 단계별</td></tr>
<tr><td colspan="2">4. 무신고, 공인중개사에게 무신고ㆍ거짓신고 교사</td><td>10만원부터 500만원까지</td></tr>
<tr><td colspan="2">5. 가격 외의 사항을 거짓 신고</td><td>취득가액의 2/100</td></tr>
<tr><td rowspan="3">6. 가격 허위신고</td><td>차액이 실거래 가격의 10% 미만</td><td>취득가액의 2/100</td></tr>
<tr><td>차액이 실거래 가격의 10% 이상 20% 미만</td><td>취득가액의 4/100</td></tr>
<tr><td>차액이 실거래 가격의 20% 이상</td><td>취득가액의 5/100</td></tr>
<tr><td colspan="2">7. 외국인등이 부동산등의 취득신고 해태 또는 거짓신고</td><td>해태기간 3개월 이하 : 계약금액별로 4만원부터 15만원까지
해태기간 3개월 초과 6개월 이하 : 계약금액별로 13만원부터 45만원까지
해태기간 6개월 초과 1년 이하 : 계약금액별로 21만원부터 70만원까지
해태기간 1년 초과 2년 이하 : 계약금액별로 24만원부터 80만원까지
해태기간 2년 초과 또는 공동신고 거부 : 계약금액별로 30만원부터 100만원까지</td></tr>
</table>

6-8 등기 지연시 과태료(반대급부의 이행이 완료된 날 또는 계약의 효력이 발생한 날부터 60일)(부동산등기특별조치법에 의한 과태료부과징수규칙 별표1)

부과기준	부과금액
등기만료일부터 2월 미만 해태	(구)등록세액의 5/100
등기만료일부터 5월 미만 해태	(구)등록세액의 15/100
등기만료일부터 8월 미만 해태	(구)등록세액의 20/100
등기만료일부터 12월 미만 해태	(구)등록세액의 25/100
등기만료일부터 12월 이상 해태	(구)등록세액의 30/100

※ 3년을 초과하는 장기미등기자에 대해서는 부동산가액의 30% 내에서 과징금이 부과된다(부동산실명법제10조①).

부동산등기특별조치법 제2조(소유권이전등기등 신청의무) ① 부동산의 소유권이전을 내용으로 하는 계약을 체결한 자는 다음 각호의 1에 정하여진 날부터 60일 이내에 소유권이전등기를 신청하여야 한다. 다만, 그 계약이 취소·해제되거나 무효인 경우에는 그러하지 아니하다.
1. 계약의 당사자가 서로 대가적인 채무를 부담하는 경우에는 반대급부의 이행이 완료된 날
2. 계약당사자의 일방만이 채무를 부담하는 경우에는 그 계약의 효력이 발생한 날
② 제1항의 경우에 부동산의 소유권을 이전받을 것을 내용으로 하는 계약을 체결한 자가 제1항 각호에 정하여진 날 이후 그 부동산에 대하여 다시 제3자와 소유권이전을 내용으로 하는 계약이나 제3자에게 계약당사자의 지위를 이전하는 계약을 체결하고자 할 때에는 그 제3자와 계약을 체결하기 전에 먼저 체결된 계약에 따라 소유권이전등기를 신청하여야 한다.
③ 제1항의 경우에 부동산의 소유권을 이전받을 것을 내용으로 하는 계약을 체결한 자가 제1항 각호에 정하여진 날 전에 그 부동산에 대하여 다시 제3자와 소유권이전을 내용으로 하는 계약을 체결한 때에는 먼저 체결된 계약의 반대급부의 이행이 완료되거나 계약의 효력이 발생한 날부터 60일 이내에 먼저 체결된 계약에 따라 소유권이전등기를 신청하여야 한다.
④ 국가·지방자치단체·한국토지주택공사·한국수자원공사 또는 토지구획정리조합(1999年 5月 1日 전에 조합설립의 인가를 받아 土地區劃整理事業의 施行者인 土地區劃整理事業法에 의한 土地區劃整理組合에 한한다)이 택지개발촉진법에 의한 택지개발사업, 토지구획정리사업법에 의한 토지구획정리사업 또는 산업입지및개발에관한법률에 의한 특수지역개발사업(住居施設用 土地에 한한다)의 시행자인 경우에 당해시행자와 부동산의 소유권을 이전받을 것을 내용으로 하는 계약을 최초로 체결한 자가 파산 기타 이와 유사한 사유로 소유권이전등기를 할 수 없는 때에는 지방자치단체의 조례로 정하는 자에 대하여 제2항 및 제3항의 규정을 적용하지 아니한다. <신설 1999. 3. 31., 2000. 1. 21., 2012. 12. 18.>
⑤ 소유권보존등기가 되어 있지 아니한 부동산에 대하여 소유권이전을 내용으로 하는 계약을 체결한 자는 다음 각호의 1에 정하여진 날부터 60일 이내에 소유권보존등기를 신청하여야 한다. <개정 2011. 4. 12.>
1. 「부동산등기법」 제65조에 따라 소유권보존등기를 신청할 수 있음에도 이를 하지 아니한 채 계약을 체결한 경우에는 그 계약을 체결한 날
2. 계약을 체결한 후에 「부동산등기법」 제65조에 따라 소유권보존등기를 신청할 수 있게 된 경우에는 소유권보존등기를 신청할 수 있게 된 날
[법률 제5958호(1999. 3. 31.) 부칙 제3조의 규정에 의하여 이 조 제4항은 2000년 6월 30일까지 유효함]

6-9 거래유형별 취득시기와 과세표준(지세법제10조~제10조의6)

구 분		취득시기		과세표준
원칙	무상취득	계약일		취득 당시의 가액
	유상취득	사실상 잔금지급일		
무상취득	증여			1) 원칙 : 시가인정액[매매사례가액, 감정가액, 공(경)매가액] 2) 예외 : 시가표준액, 1억원 이하의 부동산은 시가인정액과 시가표준액 중에서 납세자가 정하는 가액

				3) 부담부증여 : 채무 외(무상취득)+채무액(유상취득)
	상속	상속·유증개시일		시가표준액
유상취득		계약상 잔금지급일(불명시의 경우 계약일부터 60일이 경과한 날)	등기일이 빠르면 등기일	개인, 법인 모두 사실상 취득가격[1]
원시취득	(건물의 신축·증축·재축 등)	사용승인일·임시사용승인일·사실상 사용가능일 중 빠른날		1) 원칙 : 사실상 취득가격 2) 예외 : 시가표준액(개인)
	시효취득	등기일 또는 등록일		
	매립·간척	공사준공인가일, 사용승낙일·허가일 또는 사실상 사용일 중 빠른 날		
과세표준 특례	차량·건설기계	1) 실수요자가 차량등을 인도받는 날과 계약서 상의 잔금지급일 중 빠른 날 2) 제조·조립·건조하는 자가 그 차량등을 직접 사용시 : 등기 또는 등록일과 사실상의 사용일 중 빠른 날		1) 유상 : 원칙-사실상 취득가격, 예외-시가표준액 2) 무상 : 시가표준액 3)제조회사가 차량을 직접 사용시 : 사실상 취득가격
	법인의 합병·분할			1) 원칙 : 시가인정액 2) 예외 : 시가표준액
	도시개발·정비사업			지세령제18조의4①3호
간주취득	개수, 지목변경, 용도·구조변경	사실상 변경된 날과 공부상 변경된 날 중 빠른 날		1) 원칙 : 사실상 취득가격(변경으로 증가한 가액) 2) 예외 : 시가표준액(개인)
	과점주주	최초로 과점주주가 된 날		취득당시가액 : 해당 법인의 결산서와 그 밖의 장부 등에 따른 그 부동산등의 총가액을 그 법인의 주식 또는 출자의 총수로 나눈 가액에 과점주주가 취득한 주식 또는 출자의 수를 곱한 금액
부당행위 계산부인		특수관계인으로부터 시가인정액보다 낮은 가격으로 부동산을 취득한 경우로서 시가인정액과 사실상취득가격의 차액이 3억원 이상이거나 시가인정액의 100분의 5에 상당하는 금액 이상인 경우, 개인, 법인 불문하고 시가인정액으로 과세 가능		

※ 무상·유상취득의 경우 취득일 이전에 등기등록을 한 경우에는 그 등기일 또는 등록일이 취득시기이다(지세법제20조⑭).

---

1) 해당 물건을 취득하기 위하여 거래 상대방 또는 제3자에게 지급했거나 지급해야 할 직접비용과 간접비용의 합계액(지세령제18조)

6-10 일괄취득시 과세표준(지세령제19조)

(1) 원칙 : 한꺼번에 취득한 가격을 각 과세물건별 시가표준액 비율로 나눈 금액

(2) 주택, 건축물과 그 부속토지를 한꺼번에 취득한 경우

1. 주택 부분:

$$\text{전체 취득가격} \times \frac{[\text{건축물 중 주택 부분의 시가표준액(법제4조제2항에 따른 시가표준액)}] + [\text{부속토지 중 주택 부분의 시가표준액(법 제4조제2항에 따른 토지 시가표준액)}]}{\text{건축물과 부속토지 전체의 시가표준액}}$$

2. 주택 외 부분:

$$\text{전체 취득가격} \times \frac{(\text{건축물 중 주택 외 부분의 시가표준액}) + (\text{부속토지 중 주택 외 부분의 시가표준액})}{\text{건축물과 부속토지 전체의 시가표준액}}$$

(3) 신축 또는 증축으로 주택과 주택 외의 건축물을 한꺼번에 취득한 경우

1. 주택 부분:

$$\text{전체 취득가격} \times \frac{\text{건축물 중 주택 부분의 연면적}}{\text{건축물 전체의 연면적}}$$

2. 주택 외 부분:

$$\text{전체 취득가격} \times \frac{\text{건축물 중 주택 외 부분의 연면적}}{\text{건축물 전체의 연면적}}$$

(4) 시가표준액이 없는 경우 : 부동산등의 감정가액 등을 고려하여 시장·군수·구청장이 결정한 비율로 나눈 금액

6-11 상속 관련 법률행위와 취득세율

<table>
<tr><th>구 분</th><th>개 념</th><th>과세 세목</th><th>취득세율</th></tr>
<tr><td>증여</td><td>당사자의 일방(증여자)이 자기의 재산을 무상으로 상대방(수증자)에게 준다는 의사표시를 하고 상대방이 이를 승낙함으로써 효력이 발생하는 계약</td><td>증여세</td><td>무상취득세율(법제11조①2호)</td></tr>
<tr><td>사인증여</td><td>증여자의 생전에 증여계약이 이루어지지만 그 효력은 사망 후에 발생</td><td rowspan="3">상속세(상증세법제2조1호,제3조의2)</td><td>무상취득세율(법제11조①2호)</td></tr>
<tr><td>유증</td><td>상대방 없는 단독행위인 유언으로 유산의 전부 또는 일부를 무상을 타인(수유자)에게 주는 행위</td><td>상속인이 아닌 자에게 한 특정유증의 경우에는 무상취득세율, 상속인에게 한 특정유증이나 모든 포괄유증은 상속취득세율</td></tr>
<tr><td>상속</td><td>사망하거나 실종선고를 받은 자(피상속인)의 법률상 지위를 상속인(들)이 포괄적으로 승계하는 법률요건</td><td>상속취득세율(법제11조①1호)</td></tr>
</table>

6-12 주택 취득(취득+등록)세율의 변천

시기별	일반주택		고가주택	참 고
2005년 이전	5%(취득2,등록3)		좌동	
2005.1.1.~2005.12.31.	3.5%(취득2,등록1.5)		좌동	법인 4%
2006.1.1.~2006.8.31.	2.5%(취득1.5,등록1)		좌동	법인 4%
2006.9.1.~2010.12.31.	2%(취득1,등록1)		좌동	법인도 동일
2011.1.1.~2011.3.21.	9억원 이하 1주택	2%	4%	이하 (통합)취득세
	9억원 초과 또는 다주택자	4%		
2011.3.22.~2011.12.31.	9억원 이하 1주택	1%	2%	
	9억원 초과 또는 다주택자	2%		
2012.1.1.~2012.9.23.	9억원 이하 1주택	2%	4%	
	9억원 초과 또는 다주택자	4%		
2012.9.24.~2012.12.31.	9억원 이하 1주택	1%	2% 3%(12원원 초과)	
	9억원 초과 12억원 이하 또는 다주택자	2%		
	12억원 초과	3%		
2013.1.1.~2013.6.30.	9억원 이하 1주택	1%	2% 3%(12원원 초과)	2013.3.23. 시행, 소급 적용
	9억원 초과 12억원 이하 또는 다주택자	2%		
	12억원 초과	3%		
2013.7.1.~2013.8.27.	9억원 이하 1주택	2%	4%	
	9억원 초과 또는 다주택자	4%		
2013.8.28. 이후	6억원 이하	1%	2% 3%(9억원 초과)	취득세 영구인하, 다주택자도 동일
	6억원~9억원	2%		
	9억원 초과	3%		

6-13 유상거래 주택의 취득세율[2](2013.8.28. 이후) / 상속주택

<table>
<tr><th colspan="2">구 분</th><th>취득세</th><th>농어촌
특별세[3]</th><th>지방
교육세</th><th>합 계</th><th>1가구1주택
상속</th></tr>
<tr><td rowspan="2">6억원 이하</td><td>85㎡ 이하</td><td>1%</td><td>비과세</td><td>0.1%</td><td>1.1%</td><td rowspan="6">취득세
0.8%
교육세
0.16%
농특세
(비과세)[4]</td></tr>
<tr><td>85㎡ 초과</td><td>1%</td><td>0.2%</td><td>0.1%</td><td>1.3%</td></tr>
<tr><td rowspan="2">6억원 초과
~9억원 이하</td><td>85㎡ 이하</td><td>2%</td><td>비과세</td><td>0.2%</td><td>2.2%</td></tr>
<tr><td>85㎡ 초과</td><td>2%</td><td>0.2%</td><td>0.2%</td><td>2.4%</td></tr>
<tr><td rowspan="2">9억원 초과</td><td>85㎡ 이하</td><td>3%</td><td>비과세</td><td>0.3%</td><td>3.3%</td></tr>
<tr><td>85㎡ 초과</td><td>3%</td><td>0.2%</td><td>0.3%</td><td>3.5%②</td></tr>
</table>

※ 무허가주택에 대해서는 2015.2.20. 이전까지는 주택의 취득세율을 적용하였으나 그 이후로는 불법으로 주거용으로 사용하고 있다 하더라도 원상복구 해야 할 대상이므로 토지의 세율을 적용하여 총 4.6%가 적용된다(무허가주택등 주택유상거래 취득세 운영방안).

6-14 현행 유상거래 주택의 취득세율(2020.1.1. 이후)

<table>
<tr><th rowspan="2">주택
수</th><th colspan="2">구 분취득</th><th rowspan="2">취득세율</th><th rowspan="2">농어촌특별세
(전용면적 85㎡
이하)</th><th rowspan="2">지방교육세</th></tr>
<tr><th>지역별</th><th>가액별</th></tr>
<tr><td rowspan="3">1주택
자</td><td rowspan="3">불문</td><td>6억원 이하</td><td>1%</td><td rowspan="3">0.2%</td><td>0.1%</td></tr>
<tr><td>6억원 초과
9억원 이하</td><td>(취득가액×2/3
억원-3)×1/100</td><td>취득세의 1/10</td></tr>
<tr><td>9억원 초과</td><td>3%</td><td>0.3%</td></tr>
<tr><td rowspan="4">2주택
자</td><td>조정대상지역</td><td>불문</td><td>8%</td><td>0.6%</td><td>0.4%</td></tr>
<tr><td rowspan="3">조정대상지역 외</td><td>6억원 이하</td><td>1%</td><td rowspan="3">0.2%</td><td>0.1%</td></tr>
<tr><td>6억원 초과
9억원 이하</td><td>(취득가액×2/3
억원-3)×1/100</td><td>취득세의 1/10</td></tr>
<tr><td>9억원 초과</td><td>3%</td><td>0.3%</td></tr>
<tr><td rowspan="2">3주택
자</td><td>조정대상지역</td><td rowspan="2">불문</td><td>12%</td><td>1%</td><td>0.4%</td></tr>
<tr><td>조정대상지역 외</td><td>8%</td><td>0.6%</td><td>0.4%</td></tr>
<tr><td rowspan="2">4주택
자·
법인</td><td>조정대상지역</td><td rowspan="2">불문</td><td>12%</td><td>1%</td><td>0.4%</td></tr>
<tr><td>조정대상지역 외</td><td>12%</td><td>0.6%</td><td>0.4%</td></tr>
</table>

2) 다주택자, 고가주택 여부를 불문하고 적용한다. 그러나 고급주택은 제외한다.
3) 감면이 아닌 표준세율이므로 지방세법 제11조 및 제12조의 표준세율을 100분의2로 적용하여 지방세법, 지방세특례제한법 및 조세특례제한법에 따라 산출한 취득세액의 10%(농특세법제5조①6호)로 일률적으로 적용한다.
4) 농어촌특별세법 제4조 제8호

6-15 생애최초 주택구입시 취득세 감면(지특법제36조의3, 행안부장관 고시 부칙제2조)

구 분	'20.12.31까지	'22.06.20까지	'22.06.21부터 (2023.3.14. 개정)
적용시기	'19.1.1~'20.12.31	'20.7.10~'22.06.20	'22.06.21~
감면대상자	생애최초 주택구입 신혼부부	생애최초 주택구입자	생애최초 주택구입자(미성년자 제외)
주택가액	수도권 4억원, 비수도권 3억원	수도권 4억원, 비수도권 3억원	12억원 이하
주택면적	전용면적 60㎡ 이하	제한 없음	제한 없음
소득기준	맞벌이 7천만원 이하 외벌이 5천만원 이하	세대합산 7천만원 이하	세대합산 7천만원 이하
감면율	50%	1.5억원 이하 100% 1.5억원 초과 50%	• 1.5억원 이하 100% • 1.5억원 초과 50% • 최대 200만원(공유시도 동일)
사후요건	• 3개월 이내 전입 및 상시거주 • 상속외 3개월 이내 추가 주택 취득 금지 • 3년 내 배우자 외 주택 매각·증여 금지 • 3년 이내 임대등 용도로 사용금지	• 3개월 이내 전입 및 상시거주 • 상속외 3개월 이내 추가 주택 취득 금지 • 3년 내 배우자 외 주택 매각·증여 금지 • 3년 이내 임대등 용도로 사용금지	• 3개월 이내 전입 및 상시거주 • 상속외 3개월 이내 추가 주택 취득 금지 • 3년 내 배우자 외 주택 매각·증여 금지 • 3년 이내 임대등 용도로 사용금지

6-16 부동산 취득세율표(지세법제11조①)]

취득·등기 구분			2010년 이전		2011년 이후	2014년 이후				비 고
			취득세	등록세	취득세	취득세	교육세	농특세	합계	
상속[5]	농지	2년 이상 자경농민	-	0.3%	0.15%[6]	0.15%	0.03%	0	0.18%	•수탁자가 위탁자의 상속인에게 신탁재산 이전 포함 • 주택 85㎡ 이하는 농특세 비과세(이하 같다)
		기타	2%	0.3	2.3	2.3	0.06	0.2	2.56	
	농지 이외 (농지외 토지, 주택, 상가)		2	0.8	2.8	2.8	0.16	0.2	3.16	
무상취득(증여. 사인증여[7], 유증, 명의신탁해지, 합병)	일반납세자		2	1.5	3.5	3.5	0.3	0.2	4.0	•시효취득[8] 포함
	비영리사업자		2	0.8	2.8	2.8	0.16	0.2	3.16	
원시취득			2	0.8	2.8	2.8	0.16	0.2	3.16	신축, 공유수면 매립, 수용
신탁 부동산(수탁자 →수익자 이전)	일반 납세자		2	1	3	삭제				일반적인 승계취득(유상, 무상)의 세율 적용, 나머지 경우에는 비과세(법제9조③)
	비영리사업자		2	0.5	2.5	삭제				
공유물·합유물·총유물의 분할	지분범위 내		2	0.3	2.3	0.3	0.06	0	0.36	지방세법제15조①4호
	지분초과분					4	0.4	0.2	4.6	유상승계취득(농지는 3% 기준)
그밖의 원인(유상취득, 부담부증여 포함)	농지	2년 이상 자경농민	-	1.5	1.5	1.5	0.1	0	1.6	지특법제6조①
		신규영농	2	1	3	3	0.2	0.2	3.4	
	농지 이외 토지, 상가건물		2	2	4	4	0.4	0.2	4.6	
	주택	6억원 이하				1%				6억원, 9억원의 판단은 지분가액이 아닌 규정된 계산식에 따른 전체주택의 취득 당시의 가액을 기준으로 한다.
		9억원 이하				2%				
		9억원 초과				3%				

5) 피상속인이 상속인에게 한 특정유증 및 모든 포괄유증과 신탁재산의 상속을 포함한다.

지방세법 제7조(납세의무자 등) ⑦ 상속(피상속인이 상속인에게 한 유증 및 포괄유증과 신탁재산의 상속을 포함한다. 이하 이 장과 제3장에서 같다)으로 인하여 취득하는 경우에는 상속인 각자가 상속받는 취득물건(지분을 취득하는 경우에는 그 지분에 해당하는 취득물건을 말한다)을 취득한 것으로 본다. 이 경우 상속인의 납부의무에 관하여는 「지방세기본법」 제44조제1항 및 제5항(*)을 준용한다.

6-17 지방세법 제15조 특례세율

<table>
<tr><th>세목</th><th colspan="2">내 용</th><th>감경 세율(%)</th><th>조 문</th></tr>
<tr><td rowspan="8">취
득
세</td><td colspan="2">(1) 환매등기를 병행하는 부동산 매매로서 매도자가 환매한 경우 매도자·매수자의 취득</td><td>4-2=2%</td><td>§15①1</td></tr>
<tr><td rowspan="2">(2)상속으로 인한 취득 중 상속개시시에</td><td>① 1가구1주택 및 부속토지의 취득(고급주택 제외)</td><td>0.8%</td><td>§15①2가</td></tr>
<tr><td>② 자경농민의 농지 취득</td><td>2.3-2=0.3×1/2(지방세특례제한법§6 감면)=0.15%</td><td>§15①2나</td></tr>
<tr><td colspan="2">(3) 합병</td><td>비농지: 3.5-2=1.5%
·농지: 3-2=1%</td><td>§15①3</td></tr>
<tr><td colspan="2">(4) 공유물분할, 부동산실명법상 공유권(구분소유적 공유관계) 해소[9]를 위한 지분이전</td><td>2.3-2=0.3%</td><td>§15①4</td></tr>
<tr><td colspan="2">(5) 건축물이전으로 인한 취득(건축물가액이 종전가액을 초과하는 부분은 제외)</td><td>2.8-2=0.8%</td><td>§15①5</td></tr>
<tr><td colspan="2">(6) 이혼으로 인한 재산분할(협의, 재판분할 포함)</td><td>3.5-2=1.5%</td><td>§15①6</td></tr>
</table>

(*) 연대납세의무 → 민법의 부담부분 있는 연대채무에 준용

6) 지방세법제15조제1항제2호나목 + 지방세특례제한법제6조제1항(2011년 1월 1일 제정)

7) 구 지방세법(2005.12.31.법률 제7843호로 개정되기 전의 것,이하 같다)제131조 제1항 제1호,제2호 규정의 문언 내용과 관련 규정의 개정 연혁,상속인 아닌 자가 사인증여로 인하여 부동산의 소유권을 취득하는 경우를 일반적인 증여로 인하여 부동산의 소유권을 취득하는 경우와 달리 취급할 합리적인 이유를 찾기 어려운 점 등을 종합해 보면,상속인 아닌 자가 사인증여로 인하여 부동산의 소유권을 취득하는 것은 구 지방세법 제131조 제1항 제2호 에서 규정한 '상속 이외의 무상으로 인한 소유권의 취득'에 해당하여 '부동산가액의 1,000분의 15'의 등록세율이 적용된다고 보는 것이 타당하다(대법원 2013두6138, 2013.10.11.).

8) 취득시효를 원인으로 소유권이전등기를 하는 경우에는 지방세법 제11조 제1항 2호의 세율(35/1000)을 적용하나, 자기소유 미등기 부동산에 대한 취득시효에 따른 소유권보존등기의 경우에는 지방세법 제28조 제1항 1호 가목의 세율(8/1000)을 적용한다(지방세법기본통칙 28-12).

9) 수인이 건물을 신축하여 구분소유하기로 약정하고 건축편의상 공유로 건물을 신축하여 공유로 소유권보존등기를 하였다가 당초 약정에 따라 구분소유 지분비율에 따라 분할을 하였다면, 지방세법 제15조제1항제4호에 따른 세율의 특례 적용 대상에 해당한다(지방세운영과-569, 2016.03.03).

6-18 부동산 외 물건의 취득세율(지세법제12조①)

(1) 선 박

취 득 유 형	2010년 이전		2011년 이후	2014년 이후
	취득세	등록세	취득세	취득세
상속으로 인한 취득	20/1000	5/1000	25/1000	25/1000
증여, 유증, 그 밖의 무상취득	20/1000	10/1000	30/1000	30/1000
원시취득	20/1000	0.2/1000	20.2/1000	20.2/1000
수입에 의한 취득 및 주문 건조에 의한 취득	20/1000	0.2/1000	20.2/1000	20.2/1000
신탁법에 따른 신탁재산인 선박을 수탁자로부터 수익자에게 이전하는 경우의 취득	20/1000	10/1000	30/1000	30/1000
그 밖의 원인으로 인한 취득(유상승계취득)	20/1000	10/1000	30/1000	30/1000
20톤 미만인 기선 및 범선	20/1000	0.2/1000	20.2/1000	20.2/1000
100톤 미만의 부선	20/1000	0.2/1000	20.2/1000	20.2/1000
동력수상레저기구	20/1000	0.2/1000	20.2/1000	20.2/1000
그 밖의 선박	20/1000	–	20/1000	20/1000

(2) 차량·기계장비·항공기

<table>
<tr><th colspan="3" rowspan="2">차 량 유 형</th><th colspan="2">2010년 이전</th><th>2011년 이후</th><th>2014년 이후</th></tr>
<tr><th>취득세</th><th>등록세</th><th>취득세</th><th>취득세</th></tr>
<tr><td rowspan="2">비영업용 승용자동차</td><td colspan="2">일반 승용자동차</td><td>20/1000</td><td>50/1000</td><td>70/1000</td><td>70/1000</td></tr>
<tr><td colspan="2">경자동차</td><td>20/1000</td><td>20/1000</td><td>40/1000</td><td>40/1000</td></tr>
<tr><td colspan="3">125cc 이하 이륜자동차</td><td>20/1000</td><td>–</td><td>20/1000</td><td>20/1000</td></tr>
<tr><td rowspan="3">-영업용·비영업용
승용차
-승합차
-화물차
-이륜차
-특수자동차 등</td><td rowspan="2">비영업용</td><td>일반자동차</td><td>20/1000</td><td>30/1000</td><td>50/1000</td><td>50/1000</td></tr>
<tr><td>경자동차</td><td>20/1000</td><td>20/1000</td><td>40/1000</td><td>40/1000</td></tr>
<tr><td colspan="2">영업용</td><td>20/1000</td><td>20/1000</td><td>40/1000</td><td>40/1000</td></tr>
<tr><td colspan="3">자동차세 부과 제외 차량
(궤도, 삭도 등)</td><td>20/1000</td><td>–</td><td>20/1000</td><td>20/1000</td></tr>
<tr><td rowspan="2">기계장비</td><td colspan="2">건설기계</td><td>20/1000</td><td>10/1000</td><td>30/1000</td><td>30/1000</td></tr>
<tr><td colspan="2">미등록 기계장비</td><td>20/1000</td><td>–</td><td>20/1000</td><td>20/1000</td></tr>
<tr><td rowspan="2">항 공 기</td><td colspan="2">일반항공기(최대이륙중량 5,700kg 이상)</td><td>20/1000</td><td>0.1/1000</td><td>20.1/1000</td><td>20.1/1000</td></tr>
<tr><td colspan="2">일반항공기(최대이륙중량 5,700kg 미만)</td><td>20/1000</td><td>0.2/1000</td><td>20.2/1000</td><td>20.2/1000</td></tr>
</table>

※ 선박, 차량이나 기계장비, 항공기의 경우에는 원시취득은 제외하고 실수요자가 최초로 승계취득하는 때부터 그 이후의 유통단계마다 발생한다(취득과 종류변경을 포함). 외국에서 수입하는 경우에는 실수요자 여부를 불문하고 취득세 납세의무가 발생한다.

(3) 기타 권리취득 등

취 득 유 형	2010년 이전		2011년 이후
	취득세	등록세	취득세
입목, 광업권, 어업권	20/1000	–	20/1000
골프회원권·승마회원권·콘도미니엄회원권·요트회원권·종합체육시설이용권	20/1000	–	20/1000

6-19 취득세 신고납부기한

구 분		기산점	기한(기간의 말일)
원칙	유상취득	취득일(잔금지급일)	60일
	증여(사인증여, 이혼 재산분할, 합병)	취득일(증여계약일)	
상속	상속(포괄유증, 상속인에 대한 특정유증)	상속개시일이 속하는 달의 말일(상속재산관리인 지정공고 다음날)	6개월
	상속인 이외의 자에 대한 특정유증	취득일(상속개시일)	60일
	실종선고	실종선고일이 속하는 달의 말일	6개월(외국에 주소를 둔 상속인이 있을 경우 9개월)
취득 이후 중과세 대상이 되는 경우		중과세 대상이 되는 날	30일
비과세, 면제, 경감받은 이후 부과대상 또는 추징대상이 된 경우		사유발생일	30일
취득일 이전 또는 신고납부기한 이전에 등기·등록하는 경우			등기·등록을 하기 전
천재·사변·화재, 재해·도난 등 특수한 경우		신고납부기한 연장이나 징수유예 가능	

6-20 제척기간의 기산일

세 목	과세대상	신고납부기한	제척기간의 기산일
취득세	일반과세	취득 후 60일	60일 경과 다음 날
	중과세	중과세 요건이 된 날부터 30일	30일 경과 다음날
등록면허세	일반과세	등기·등록 전	등기·등록일
	중과세	중과세 요건이 된 날부터 30일	30일 경과 다음날
재산세	일반과세		신고납부의무가 없으므로 납세의무 성립일
	중과세		
취득세, 등록에 관한 등록면허세의 경우 신고납부기한이 연장된 경우에는 변경된 기한의 다음 날			

6-21 제척기간(지기법제38조①)

구 분	제척기간
일반적인 경우	5년
과세표준신고서를 제출하지 않은 경우	7년
납세자의 부정행위가 있는 경우	10년
상속, 증여, 명의신탁, 과점주주의 간주취득	10년

제7장 등록면허세

7-1 각종 부동산등기 등록[14]면허세율

<table>
<tr><th colspan="2">등기·등록 구분</th><th>과세 표준</th><th>2010년 이전</th><th colspan="2">2011년 이후</th></tr>
<tr><td colspan="2">소유권보존</td><td>부동산 가액</td><td>8/1000</td><td>8/1000</td><td>구 취득세 납세의무는 없는 경우만 해당.</td></tr>
<tr><td colspan="2" rowspan="2">소유권이전</td><td rowspan="2">부동산 가액</td><td>유상 20/1000</td><td>유상 20/1000</td><td>구 취득세 납세의무는 없는 경우만 해당.</td></tr>
<tr><td>무상 15/1000</td><td>무상 15/1000</td><td>상속은 8/1000, 구 취득세 납세의무는 없는 경우만 해당.</td></tr>
<tr><td rowspan="5">소유권 외의 물권과 임차권의 설정 및 이전</td><td>지상권</td><td>부동산 가액</td><td>2/1000</td><td>2/1000</td><td>설정, 이전등기 포함</td></tr>
<tr><td>(근) 저당권</td><td>채권금액, 채권 최고액</td><td>2/1000</td><td>2/1000</td><td>설정, 이전등기 포함</td></tr>
<tr><td>지역권</td><td>요역지 가액</td><td>2/1000</td><td>2/1000</td><td></td></tr>
<tr><td>전세권</td><td>전세금액</td><td>2/1000</td><td>2/1000</td><td>설정, 이전등기 포함</td></tr>
<tr><td>임차권</td><td>월차임 금액</td><td>2/1000</td><td>2/1000</td><td>설정, 이전등기 포함</td></tr>
<tr><td>경매 신청[10]</td><td></td><td>채권금액 (신청서상)</td><td>2/1000</td><td>2/1000</td><td>경매개시결정등기</td></tr>
<tr><td>가압류</td><td></td><td>채권금액</td><td>2/1000</td><td>2/1000</td><td></td></tr>
<tr><td>가처분[11]</td><td></td><td>채권금액</td><td>2/1000</td><td>2/1000</td><td></td></tr>
<tr><td>가등기[12]</td><td></td><td>부동산 가액 또는채권 금액 중 큰 것</td><td>2/1000</td><td>2/1000</td><td>담보가등기는 채권금액, 가등기설정·이전 모두 포함.</td></tr>
<tr><td>기타 등기[13]</td><td></td><td></td><td>3000원</td><td>6000원</td><td></td></tr>
</table>

10) 상속재산분할이나 공유물분할을 위한 경매신청은 형식적 경매로서 채권금액이 없으므로 목적부동산의 시가표준액을 기준으로 한다.

11) 채권금액이 없는 경우 목적부동산의 가액(시가표준액)을 기준으로 한다(ex. 사해행위취소소송을 위한 가처분.

12) ① 신탁재산의 소유권이전에 대한 가등기는 신탁재산에 대한 소유권이전등기와 달리 비과세규정이 없으므로 2/1000의 세율이 적용되지만, 신탁가등기에 대하여는 기타 등기의 정액세(6000원)이 적용된다(지방세운영과-3118, 2015.10.05.).

② 근저당권자가 수탁자에게 근저당권을 이전하는 경우, 지방세법 제28조 제1항 제1호 다목에 따라 채권금액의 1천분의 2의 세율을 적용해야 하며, 신탁계약에 따른 신탁등기는 같은 호 마목 그 밖의 등기에 관한 세율(건당 6천원)을 적용해야 할 것으로 판단된다(세제과-2417, 2016.02.18.).

13) 근저당권에 대한 가처분·가압류등기, 근저당권 채무자변경등기를 비롯한 각종 변경등기, 근저당권말소등기, 주택법상 금지사항 부기등기, 지목변경등기, 건축물 표시변경등기, 근저당권부채권에 대한 질권설정의

1) 동일한 채권담보를 위하여 "갑"지역에 있는 부동산과 "을"지역에 있는 부동산에 대하여 저당권을 설정하는 경우 먼저 설정한 지역에서 채권금액 전체에 대하여 과세하고 "을"지역에 있는 담보물을 나중에 등기할 때에는 "을"지역에서 등록면허세를 과세할 수 없다.
2) 동일채권에 대한 담보물을 추가하는 경우에는 추가로 담보하는 매 담보물건별로 과세하여야 한다.(이상 지방세통칙 25-1)

7-2 각종 법인등기 세율

등기·등록 구분		과세표준	2011년 이후	2014년 이후	중과세율
① 영리법인 설립·합병	설립과 납입 (신설합병)	납입 주식금액, 출자가액	4/1000	4/1000(*)	12/1,000
	자본·출자증가 (흡수합병)	자본·출자증가액[15]	4/1000	4/1000(*)	12/1,000
② 비영리법인 설립·합병	설립[16]과 납입	납입 재산가액, 출자가액[17]	2/1000	2/1000(*)	6/1,000
	자본·출자증가	납입액, 출자가액	2/1000	2/1000(*)	6/1,000
③ 재평가적립금[18]	자본·출자증가	증가금액	1/1000	1/1000(*)	3/1,000
④ 본점·주사무소 이전		타관이전	신: 75,000원 구: 23,000원	신:112,500원 구:40,200원	12/1,000[19]
		관내이전	75,000원	112,500원	
⑤ 지점·분사무소 설치		본점 이외 설치	본점:23,000원, 지점별로: 23,000원	본점:40,200원 지점별로: 40,200원	120,600원
		본점 관내	지점수 불문: 23,000원	지점수 불문 : 40,200원	
⑥ 기타 등기[20]			23,000원	40,200원	중과세 제외

부기등기, 전세권부 근저당권설정등기, 신탁가등기

14) 지방세법 제232j(정의) 1. "등록"이란 재산권과 그 밖의 권리의 설정ㆍ변경 또는 소멸에 관한 사항을 공부에 등기하거나 등록하는 것을 말한다. 다만, 제2장에 따른 취득을 원인으로 이루어지는 등기 또는 등록은 제외(*)하되, 다음 각 목의 어느 하나에 해당하는 등기나 등록은 포함한다.
가. 광업권ㆍ어업권 및 양식업권의 취득에 따른 등록
나. 제15조제2항제4호에 따른 외국인 소유의 취득세 과세대상 물건(차량, 기계장비, 항공기 및 선박만 해당한다)의 연부 취득에 따른 등기 또는 등록
다. 「지방세기본법」 제38조에 따른 취득세 부과제척기간이 경과한 물건의 등기 또는 등록
라. 제17조에 해당하는 물건의 등기 또는 등록
(*) 소유권취득을 원인으로 한 등기는 제외하되 취득을 수반하지 않거나 취득세를 납부하지 않는 소유권보존·이전등기는 등록면허세 납세대상이 된다. 예컨대 건축중인 미등기 건축물의 채권보전 목적의 대위보존등기, 부동산등기법 제65조에 따른 판결·수용에 의한 보존등기, 과세 제척기간이나 소멸시효가 지나 취득세 납세의무가 없는 미등기 상속재산에 대한 보존·이전등기, 토지개발사업에 따른 지적공부의 정리로 등기기록을 새로 개설하는 소유권보존등기 등을 말한다.

15) 법인의 경우 과밀억제권역내 전입은 법인의 신설로 보기 때문에 중과업종이 차지하는 비율만큼

(*) ①~③의 경우 산출세액이 112,500원 미만인 때에는 112,500원을 부과하고, 중과세대상일 경우에는 337,500원으로 한다.

의 자본금을 과세표준으로 하여 3배 중과하고 중과제외업종이 차지하는 비율에 대한 본점이전 등록세는 지방세법 제137조제1항제4호의 세율을 적용한다(세제과-5466, 2009.04.24.).

16) 민법 제32조에서 학술, 종교, 자선, 기예, 사교 기타 영리 아닌 사업을 목적으로 하는 사단 또는 재단은 주무관청의 허가를 얻어 이를 법인으로 할 수 있다고 규정하고 있으나, 청구법인의 경우 동 규정에 의한 사단 또는 재단에 해당하지 아니하고, 소득세법 제19조 제1항에서는 변호사의 직무수행으로 인하여 발생한 수익을 "사업서비스업에서 발행하는 소득"으로 보아 과세대상으로 삼고 있으며, 또한 청구법인은 법인의 사원 등에게 이익을 나누어 줌으로써 사실상 영리를 취하고 있는 법인에 해당되므로 법무법인인 청구법인을 비영리법인으로 보기는 어렵다고 하겠다(조심2011지0712(2011.12.20.).

17) ① 납입재산이 있으면 그 재산가액의 2/1000(6/1000), 납입재산이 없으면 112,500원(337,500원). 납입재산이란 기본재산 및 일반재산을 포함한다. 사단법인도 납입재산이 있으면 그 총액을 말한다.

② 비영리법인의 설립등기시 등록세 과세표준이 되는 불입한 출자 총액 또는 재산가액을 적용함에 있어 자산총액에서 부채총액을 차감한 순 자산가액을 적용하는 것이 아니라 법인설립등기당시 법인등기부상에 등재되는 출자총액을 과세표준으로 하여야 하는 것인 바, 법인등기부상의 자산 총액으로 하여 등록세 등을 신고납부 한 것은 정당하다(조심2008지0946, 2009.06.15.).

18) 자산재평가법상 자산재평가일부터 3년 이내 자본전입 하는 경우에는 비과세한다(자산재평가법 제37조①).

19) 대도시 외에 소재한 비영리법인이 대도시 내로 전입하는 경우 전입일을 새로운 법인의 설립일로 보아 법인설립등기의 등록세의 중과세 대상이 되는 것이며, 이때, 등록세 과세표준은 당해 법인등기부에 재산가액으로 표기된 자산총액이다(행정안전부41, 2007.04.17.).

20) 법인 : 대표이사변경등기, 임원변경등기, 대표이사 주소변경등기, 신주인수권부·전환사채등기, 주식매수선택권등기, 상환전환우선주식등기, 상호변경등기, 지배인선임등기, 목적변경등기, 조직변경등기, 회사계속등기 등. 개인 : 상호설정등기(78,700원), 지배인의 선임등기(12,000원). 상호, 목적, 임원 변경을 일괄 신청한 경우 각각 1건으로 하여 세액을 산정한다. 수인의 임원변경 또는 수개의 목적변경을 일괄 신청하는 경우 각각 1건으로 보아 산정한다(각 등기사항란별로 1건으로 산정).

7-3 과밀억제권역내 법인등기 중과세율

구분		세율	참고
설립등기	영리법인	12/1,000	출자금액(자본금)
	비영리법인	6/1,000	출자총액 또는 재산가액
증자변경등기(설립 후 또는 휴면법인 인수 후, 대도시 전입 후 5년 내)	영리법인	12/1,000	등기부상 증자금액 기준
	비영리법인	6/1,000	
본점이전등기	대도시 외→대도시 내 대도시→서울	신:12/1,000 구:40,200원	이전 당시 등기부상 자본금 기준 구본점은 중과세 제외(법제28조④)
		신:337,500원 구:40,200원	구본점은 중과세 제외
	대도시→대도시 대도시→대도시 외 대도시 외→대도시 외	신:112,500원 구:40,200원	지특법제79조② 감면신청 가능(구본점의 경우 감면신청 받아주지 않는 곳도 있음)
지점설치등기	과밀억제권역 내 지점	지:(40,200×3)원 본:40,200원	동일 관할에 수개의 지점 설치시 1건으로 산정
	과밀억제권역 외 지점	지:40,200원 본:40,200원	

※ 중과세를 검토하기에 앞서 대도시중과 제외업종인지 살펴보아야 한다(지세법제28조②, 지세령제44조, 제26조①)

7-4 법인등기 해태와 과태료

구분		내용	비고
부과사유		등기 해태	선임 해태는 해당 ×
부과대상		등기 해태 당시(법원에서 과태료 부과 당시)의 대표이사 개인	등기예규 제1574호 제3조
부과금액	주소변경등기	1개월당 5만원	실무는 1주일 정도의 해태에 대해서는 과태료 통지를 거의 하지 않는다
	기타 등기	10~25만원	
	금액한도	위반행위마다 500만원	
법인 폐업 후 방치		과태료 없음	다만, 직권 말소 대상

제8장 지방교육세, 농어촌특별세

8-1 지방교육세 과세표준 및 세율

구분	2015. 7. 24. 개정	
	과세표준	세 율
1	취득세액	표준세율에서 2%를 뺀 세율을 적용하여 산출한 금액의 20/100(예외 있음)(*)
	등록면허세	20/100
2	레저세액	40/100
3	담배소비세액	4,399/10,000
4	주민세(균등분)	10/100(50만 이상 시의 경우는 25/100)
5	재산세액	20/100
6	자동차세액	30/100

(*) 중과세에 해당하는 경우에는 위 세액의 300/100. 주택 중과세의 경우에는 2%를 적용하여 산출한 세액의 20/100. 취득세 감면시에는 위 산출세액에 취득세 감면율로 감면 후 남은 금액을 교육세액으로 한다.

8-2 주택 유상거래시 지방교육세 세율 적용

구분	6억 이하	6억~9억	9억 초과
세율	1%×50/100×20/100 = 0.1%	2%×50/100×20/100 = 0.2%	3%×50/100×20/100 = 0.3%

※ 농어촌특별세는 국민주택 규모 이하인 경우(서민주택)에 취득세액에 대해서든 그 감면세액에 대해서든 비과세히는데, 도시지역의 경우에는 주거전용면적 85㎡ 이하, 도시지역이 아닌 읍면지역은 주거전용면적이 100㎡ 이하인 경우를 말한다. 국민주택 규모 초과시는 일괄하여 0.2%를 적용한다. 또한 농가주택의 경우에는 고가주택이 아니라면 면적에 관계없이 농가주택의 요건만 갖추면 비과세가 가능하다. 농가주택이란 영농에 종사하는 자가 영농을 위하여 소유하는 주거용 건물과 이에 부수되는 토지로서 농지의 소재지와 동일한 시·군·구(자치구) 또는 그와 연접한 시·군·구의 지역에 소재하는 것을 말한다(농특세령제4조⑤).

8-3 농어촌특별세 과세표준 및 세율

호별	과 세 표 준	세 율
1	조세특례제한법·관세법 및 지방세법 및 지방세특례제한법에 따라 감면을 받는 소득세·법인세·관세·취득세 또는 등록에 대한 등록면허세의 감면세액(제2호의 경우는 제외한다)	20/100
2	조세특례제한법에 따라 감면받은 이자소득·배당소득에 대한 소득세의 감면세액	10/100
4	개별소비세법에 따라 납부하여야 할 개별소비세액 가. 개별소비세법 제1조 제3항 제4호의 경우 나. 가목 외의 경우	30/100 10/100
5	자본시장과 금융투자에 관한 법률 제9조 제13항 제1호에 따라 유가증권시장에서 거래된 증권의 양도가액	15/10,000
6	지방세법 제11조 및 제12조의 표준세율을 100분의2로 적용하여 지방세법, 지방세특례제한법 및 조세특례제한법에 따라 산출한 취득세액	10/100
7	지방세법에 따라 납부하여야 할 레저세액	20/100
8	종합부동산세법에 따라 납부하여야 할 종합부동산세액	20/100

농어촌특별세법시행령 제4조(비과세)

①법 제4조제2호에서 "대통령령으로 정하는 것"이란 다음 각 호의 어느 하나에 해당하는 감면을 말한다. <개정 2019. 2. 12.>

1. 「조세특례제한법」 제66조부터 제70조까지, 제72조제1항(제1호, 제5호 및 제8호의 법인은 제외한다), 제77조[「조세특례제한법」 제69조제1항 본문에 따른 거주자가 직접 경작한 토지(8년 이상 경작할 것의 요건은 적용하지 아니한다)로 한정한다] 및 제102조, 제104조의2, 「지방세특례제한법」 제57조의3제1항제2호(「농업협동조합법」에 따른 조합이 양수한 재산으로 한정한다)·제3호(「수산업협동조합법」에 따른 조합이 양수한 재산으로 한정한다)에 따른 감면
2. 「관세법」 제93조제1호에 따른 감면
3. 「지방세특례제한법」 제6조제1항·제2항 및 제4항, 제7조부터 제9조까지, 제10조제1항, 제11조, 제12조, 제14조제1항부터 제3항까지 및 제14조의2에 따른 감면
4. 「지방세특례제한법」 제4조의 조례에 따른 지방세 감면 중 제1호부터 제3호까지와 유사한 감면으로서 행정안전부장관이 기획재정부장관과 협의하여 고시하는 것

② 법 제4조제6호에서 "대통령령으로 정하는 것"이란 「관세법」 제88조, 제92조, 제93조제4호부터 제7호까지 및 제9호부터 제14호까지, 제94조, 제96조부터 제101조까지의 규정에 따른 감면을 말한다. <개정 2010. 12. 30.>

③ 법 제4조제7호 단서에서 "대통령령으로 정하는 증권시장"이란 「자본시장과 금융투자업에 관한 법률 시행령」 제176조의9제1항에 따른 유가증권시장을 말한다. <신설 2022. 2. 15.>

④ 법 제4조제8호에서 "대통령령으로 정하는 것"이란 「지방세특례제한법」 제4조제4항, 제57조의2제2항·제6항, 제66조제1항·제2항, 제68조제1항·제3항(「대외무역법」에 따른 무역을 하는 자가 수출용으로 취득하는 중고자동차로 한정한다), 제73조제3항, 제74조제4항·제5항, 제92조, 「지방세법」 제9조제3항부터 제5항까지, 제15조제1항제1호부터 제4호까지, 제7호 및 제26조제2항제1호·제2호에 따른 감면을 말한다. <개정 2022. 2. 15.>

⑤법 제4조제9호 및 제11호에서 "대통령령으로 정하는 서민주택"이란 「주택법」 제2조제6호

에 따른 국민주택 규모(「건축법 시행령」 별표 1 제1호다목에 따른 다가구주택의 경우에는 가구당 전용면적을 기준으로 한다) 이하의 주거용 건물과 이에 부수되는 토지(국가, 지방자치단체 또는 「한국토지주택공사법」에 따라 설립된 한국토지주택공사가 해당 주택을 건설하기 위하여 취득하거나 개발·공급하는 토지를 포함한다)로서 주택바닥면적(아파트·연립주택 등 공동주택의 경우에는 1세대가 독립하여 구분·사용할 수 있도록 구획된 부분의 바닥면적을 말한다)에 다음 표의 용도지역별 적용배율을 곱하여 산정한 면적 이내의 토지를 말한다. <개정 2022. 2. 15.>

구 분	용도지역	적용배율
도시지역	1. 전용주거지역	5배
	2. 상업지역·준주거지역	3배
	3. 일반주거지역·공업지역	4배
	4. 녹지지역	7배
	5. 미계획지역	4배
도시지역 외의 용도지역		7배

⑥법 제4조제11호에서 "대통령령으로 정하는 농가주택"이란 영농에 종사하는 자가 영농을 위하여 소유하는 주거용 건물과 이에 부수되는 토지로서 농지의 소재지와 동일한 시·군·구(자치구를 말한다. 이하 이 항에서 같다) 또는 그와 연접한 시·군·구의 지역에 소재하는 것을 말한다. 다만, 「소득세법 시행령」 제156조에 따른 고가주택을 제외한다. <개정 2022. 2. 15.>

⑦법 제4조제12호에서 "대통령령으로 정하는 것"이란 다음 각 호의 감면을 말한다. <개정 2023. 3. 14.>

1. 「조세특례제한법」 제10조, 제10조의2, 제12조, 제12조의2, 제13조, 제14조, 제16조의2, 제18조, 제18조의2, 제18조의3, 제19조제2항, 제29조의6, 제30조, 제30조의3, 제33조, 제63조, 제63조의2, 제64조, 제76조제1항, 제95조의2, 제98조의3, 제98조의5, 제99조의9, 제99조의11, 제104조의8제1항·제3항, 제104조의21, 제104조의24, 제104조의28, 제104조의31, 제118조의2, 제121조의2부터 제121조의4까지, 제121조의13, 제126조의2, 제126조의6 및 제126조의7제9항에 따른 감면

1의2. 「한국철도공사법」에 의하여 설립되는 한국철도공사가 현물출자 받은 국유재산에 대한 취득세 또는 등록에 대한 등록면허세의 감면

1의3. 삭제 <2014. 12. 30.>

1의4. 「방송광고판매대행 등에 관한 법률」 제24조에 따라 설립되는 한국방송광고진흥공사에 대한 「지방세특례제한법」 제57조의2제3항제1호에 따른 감면

1의5. 삭제 <2014. 12. 30.>

1의6. 「농업협동조합법」 제161조의2 또는 제161조의10에 따라 설립되는 농협경제지주회사 또는 농협금융지주회사에 대한 「지방세특례제한법」 제57조의2제5항제3호에 따른 감면

1의7. 법률 제10522호 농업협동조합법 일부개정법률 부칙 제6조에 따라 농협경제지주회사가 농업협동조합중앙회로부터 경제사업을 현물출자로 이관받은 경우에 대한 「지방세특례제한법」 제57조의2제3항제3호에 따른 감면

2. 「한국자산관리공사 설립 등에 관한 법률」에 따른 한국자산관리공사와 「한국농어촌공사 및 농지관리기금법」에 따른 한국농어촌공사가 「혁신도시 조성 및 발전에 관한 특별법」 제43조에 따라 종전부동산을 매입한 경우에 대한 「지방세특례제한법」 제13조제2항제5호 및 제57조의3제2항에 따른 취득세의 면제

3. 「조세특례제한법」 제89조의3에 따른 조합등예탁금의 이자소득의 소득세에 대한 감면 중 다

음 각 목의 어느 하나에 해당하는 사람에 대한 감면
가. 「농어가 목돈마련저축에 관한 법률 시행령」 제2조제1항에 따른 농어민
나. 「산림조합법 시행령」 제2조에 따른 임업인. 다만, 5헥타르 이상의 산림을 소유한 사람은 제외한다.
다. 「한국주택금융공사법 시행령」 제2조제1항제1호 및 제2호에 따른 근로자
4. 「관세법」 제90조제1항제2호부터 제4호까지, 제91조, 제93조제2호 · 제3호 및 제15호에 따른 감면
5. 「지방세법」 제9조제2항, 「지방세특례제한법」 제13조제2항제1호의2, 제15조제2항, 제16조제1항, 제17조, 제17조의2, 제19조, 제20조, 제21조제1항, 제22조제1항 · 제4항 · 제7항 · 제8항, 제22조의2제1항 · 제2항, 제22조의3, 제23조, 제28조제1항, 제29조, 제30조제3항, 제31조제1항부터 제3항까지, 제31조의4, 제33조제1항 · 제2항, 제34조, 제36조, 제37조, 제38조제1항, 제40조, 제40조의3, 제41조제1항 · 제5항 · 제7항, 제42조제2항 · 제3항, 제43조제1항, 제44조제1항, 제44조의2, 제45조제1항, 같은 조 제2항제1호, 제46조, 제50조제1항, 제52조제1항 · 제2항, 제53조, 제54조제5항, 제57조의2제1항(「법인세법」 제44조제2항 각 호의 요건을 충족하거나 같은 조 제3항에 해당하여 양도손익이 없는 것으로 한 합병의 경우로 한정한다), 제57조의2제3항제2호, 같은 조 제9항, 제58조의2, 제60조제4항, 제63조, 제64조제1항, 제66조제3항 · 제4항, 제67조제1항 · 제2항, 제72조제1항, 제73조제1항 · 제2항, 제73조의2, 제74조제1항 · 제3항, 제76조제1항, 제79조, 제80조, 제81조제1항 · 제2항, 제83조제1항 · 제2항, 제85조제1항, 제85조의2, 제88조, 제89조 및 제90조제1항에 따른 감면
6. 「지방세특례제한법」 제4조의 조례에 따른 지방세 감면 중 제1호부터 제5호까지와 유사한 감면으로서 행정안전부장관이 기획재정부장관과 협의하여 고시하는 것
⑧법 또는 이 영에서 농어촌특별세 비과세 대상으로 규정된 「조세특례제한법」의 해당 규정과 같은 취지의 감면을 규정한 법률 제4666호 조세감면규제법개정법률의 해당 규정에 대하여 동법 부칙 제13조 내지 제19조의 규정에 의한 경과조치 또는 특례가 적용되는 경우에 동 경과조치 또는 특례에 대하여서도 농어촌특별세를 부과하지 아니한다. <개정 2022. 2. 15.>

제9장 지방세 중과세 제도

9-1 수도권정비계획법상 권역별 규제

<table>
<tr><th colspan="2">구 분</th><th>과밀억제권역</th><th>성장관리권역</th><th>자연보전권역</th></tr>
<tr><td colspan="2">행정구역</td><td>• 서울특별시
• 인천광역시[강화군, 옹진군, 서구 대곡동·불로동·마전동·금곡동·오류동·왕길동·당하동·원당동, 인천경제자유구역(경제자유지역에서 해제된 지역을 포함) 및 남동국가산업단지는 제외]
• 의정부시
• 구리시
•남양주시(호평동·평내동·금곡동·일패동·이패동·삼패동·가운동·수석동·지금동 및 도농동만 해당함)
• 하남시, 고양시, 수원시, 성남시, 안양시, 부천시, 광명시, 과천시, 의왕시, 군포시
•시흥시[반월특수지역(반월특수지역에서 해제된 지역을 포함)은 제외함]
이상 16개시</td><td>동두천, 안산, 오산, 평택, 파주, 남양주(일부), 용인(일부), 연천군, 포천군, 양주군, 김포시, 화성시, 안성시(일부), 인천(일부), 시흥(일부)
이상 12개시 2개군</td><td>이천, 남양주(일부), 용인(일부), 가평군, 여주군, 광주시, 안성시(일부)
이상 5개시 3개군</td></tr>
<tr><td colspan="2">공장</td><td colspan="3">공장 설립 규제(공장총량제)</td></tr>
<tr><td rowspan="2">대학</td><td>4년제 대학, 교육대</td><td>신설 금지</td><td>신설 금지(50인 이하 소규모대학은 심의 후 허용 가능)</td><td>신설 금지(50인 이하 소규모대학은 심의 후 허용 가능)</td></tr>
<tr><td>전문대, 산업대</td><td>서울 제외한 지역에서는 신설 허용</td><td>신설 허용</td><td>산업대는 금지</td></tr>
<tr><td colspan="2">공공 청사</td><td colspan="3">신축·증축·용도변경 심의 후 허용</td></tr>
<tr><td colspan="2">판매업무시설</td><td>서울에 한하여 과밀부담금 부과</td><td>규제 없음</td><td>금지</td></tr>
<tr><td colspan="2">택지 조성</td><td colspan="2">100만㎡ 이상 심의 후 허용</td><td>• 오염총량제/지구단위구역내
① 도시지역은 10만㎡ 이상, 비도시지역은 10만㎡ 이상 60만㎡ 미만 심의 후 허용
② 수질오염총량제 미시행 3만㎡ 이상 6만㎡미만은 심의 후 허용</td></tr>
</table>

공업용지 조성	30만㎡ 이상 심의 후 허용	3만㎡ 이상 6만㎡미만은 심의 후 허용
관광지 조성	10만㎡ 이상 심의 후 허용	• 3만㎡ 이상 심의 후 허용 • 수질오염총량제 미시행 3만㎡ 이상 6만㎡ 미만은 심의 후 허용

※ 법인이 과밀억제권역 외 지역에서 과밀억제권역으로 전입시는 중과세 규제, 법인(공장)이 과밀억제권역에서 과밀억제권역 외 지역으로 이전하는 경우에는 취득세·법인세 등 세제 혜택이 있다.

9-2 본점사업용 신증축 부동산 취득(법제13조①)과 법인 본점전입에 따른 부동산 취득(법제13조②)의 비교

구 분	구 취득세분 중과세(법제13조①)	구 등록세분 중과세(법제13조②)
용도	본점사업용(임대용이나 사무소 이외 용도는 제외)	업무용·비업무용, 사업용·비사업용 불문
취득 유형	원시취득(신·증축)	원시·승계취득 불문
취득시기	5년 제한규정 없음	법인 설립 이후 5년 내
제외대상	종업원 후생복지시설	종업원 후생복지시설 등 제외규정은 없으나 **대도시중과예외업종**은 있음.
중과세 성립시점	사용승인일	본점으로 사실상 사용한 날 또는 취득일
중과세율	표준세율(%)+4%	(표준세율×3)%−4%

9-3 지방세관계법상 '공장'의 비교

구 분	공장 신·증설 중과세 (취득세, 재산세)	대도시 외 공장 이전에 대한 감면 (취득세, 재산세)	주거지역 내 공장용 건축물 중과세 (재산세)
규정	법제13조①②, 지세칙 제7조	지특법제80조, 지특칙 제8조	법제111조①2호나목, 영제110조, 지세칙 제55조
공장범위	지세칙 별표2에 규정된 업종의 공장으로서 도시형공장은 제외, 건축물 연면적이 500㎡ 이상	지세칙 별표2에 규정된 업종의 공장으로서 건축물 연면적이 200㎡ 이상	지세칙 별표2에 규정된 업종의 공장으로서 건축물 연면적이 500㎡ 이상
부대시설	공장 경계구역 안 식당, 휴게실, 기숙사 등종업원의 후생복지시설과 대피소, 무기고, 탄약고 및 교육시설 제외	공장 경계구역 안 후생복지시설 등 각종 부대시설 포함	공장 경계구역 안 식당, 휴게실, 기숙사 등 종업원의 후생복지시설과 대피소, 무기고, 탄약고 및 교육시설 제외
업종	비도시형	도시형, 비도시형	도시형, 비도시형
지역	대도시	대도시 외	시 지역(읍면지역 제외) 내 조례로 정한 주거지역
과세내용	취득세 3배 중과, 재산세 5배 중과	이전하기 전의 공장용 부동산 가액의 합계액에 대해 취득세 면제(초과액은 과세), 5년간 재산세 면제(이후 3년간 50% 감경)	재산세 2배 중과세(0.5%)

9-4 대도시내 본점 신증축 및 공장신증설 세율표

구 분			2010. 12. 31. 이전		2011. 1. 1. 이후
			등록세	취득세	취득세
본점·주사무소 신증축			8/1,000 24/1,000(제13조②)	60/1,000	68/1,000 84/1,000
도시형업종 공장신증설			8/1,000	20/1,000	28/1,000
비동시형업종 공장신증설	지세법제13조①		8/1,000	60/1,000	68/1.000
	지세법제13조 ②1호	5년 경과[21]	8/1,000(신축)	60/1,000	68/1,000
		5년 미만(경합)[22]	24/1,000(신축)	60/1,000	84/1,000
본점 신.증축과 공장 신.증축이 중복되는 경우			(공장 중과면적×8.4%) + (본점 중과면적×6.8%)		

21) 지방세법제16조⑤에 따라 높은 세율이 적용된다.
22) 지방세법제13조⑥에 따라 표준세율의 100분의 300이 적용된다.

9-5 중과세 유형별 중과세 지역

유형별	본점·주사무소용 신증축(법제13조①전단)	공장 신증설		대도시 내 설립등 부동산·공장 승계취득(법제13조②1호)
		법제13조①후단	법제13조②2호	
지 역	과밀억제권역	과밀억제권역 - 산업단지, 유치지역, 공장지역 제외		과밀억제권역 - 산업단지 제외

9-6 본점 전입 경로에 따른 중과세 적용 여부

전입 경로	지방→대도시	서울외 대도시→서울	**대도시내 산업단지→대도시**	• 서울→서울 • 서울→서울외 대도시 • 서울외 대도시→서울외 대도시	• 지방→대도시내 산업단지 • **대도시→대도시내 산업단지**	**대도시내 산업단지→대도시내 산업단지**
중과세 여부	○	○	○	×	×	×

9-7 지방세법제13조② 및 지방세법제28조의 중과세 유형

구분	1차(따른) 중과대상	2차(사후) 중과대상
Ⓐ	대도시 내 법인 설립(휴면법인의 인수 포함)과 지점·분사무소 설치에 따른 법인등기	법인설립 후 5년내 자본·출자액 증가시 변경등기
Ⓑ	대도시 내로 본점·주사무소 전입에 따른 법인등기	전입 후 5년내 자본·출자액 증가시 변경등기
Ⓒ	- Ⓐ Ⓑ에 따른 부동산등기 - 대도시내로 지점·분사무소의 전입에 따른 부동산 취득	법인 설립·설치·전입 이후 5년내 부동산 취득
Ⓓ		부동산 취득일로부터 5년 내 그 부동산에 본점이전, 지점설치, 지점이전시 추징

9-8 대도시내 법인 설립, 지점설치, 전입 관련 부동산 취득시 세율표

구 분		개정 전		개정 후
		등록세	취득세	취득세
법인설립 (휴면법인 인수), 본점전입, 지점설치·전입	유상승계 5년 경과	20/1,000	20/1,000	40/1,000
	유상승계 5년 미만	60/1,000		80/1,000
	신축(본점 제외, 5년 미만)	24/1,000		44/1,000
	무상승계	45/1,000		65/1,000
	비영리법인	24/1,000		44/1,000
	공유물·합유물 및 총유물 분할(*)	3/1,000		23/1,000

(*) 공유물·합유물 및 총유물의 분할은 공유물에 분산되어 있는 지분을 분할로 인하여 취득하는 특정부분에 집중시켜 소유형태를 변경한 것에 불과하므로 '취득'으로 보기 어려워 중과대상이 되지 않는다. 다만, 공유물분할의 경우에는 자기지분 이내에 대해서는 법 제15조 특례가 적용되어 0.3%, 자기지분을 초과하는 부분에 대해서는 유상취득 세율이 적용된다.[23] 그런데 최근의 심결례는 공유물분할의 경우 새로이 이전받는 지분에 대해서만 취득세율을 적용하는 것이 타당하다고 하면서 자기지분 이내에 대해서는 0.3%의 세율도 적용되지 않는 것으로 보고 있다.[24]

9-9 대도시내 법인의 일반부동산 취득과 중과세율

구 분	과밀억제권역 내 법인 본점 신증축 취득	대도시 내 법인의 설립등에 따른 취득
대상지역	과밀억제권역(산업단지·유치지역·공업지역 제외)	과밀억제권역(산업단지 제외)
중과세 대상	법인의 본점·주사무소 사업용 부동산의 신·증축 부동산	① 법인의 대도시 내 지점 설치, 본점 전입에 따른 대도시의 부동산 ·취득 ② 법인의 대도시 내 설립설치·전입 이후 5년 내 취득하는 대도시 내의 모든 부동산
경합되지 않는 경우의 세율	• 표준세율+중과기준세율의 2배 ① 법인의 설립·설치·전입과 관계없이 기존법인이 본점·주사무소 사업용 부동산의 신축과 증축(건물과 부속토지) ② 법인의 설립·설치·전입 이후 5년 5년이 경과한 후 법인의 본점·주사무소 사업용 부동산의 신축과 증축(건물과 부속토지)	• 표준세율의 3배－중과기준세율의 2배 ① 부동산 취득 후 5년 이내 본점 전입 또는 지점 설치(사업용 부동산, 승계취득 포함) ② 법인의 설립(인수)·설치·전입 이후 5년 이내 취득하는 모든 부동산(사업용·비사업용 불문, 승계취득 포함)
경합되는 경우의 취득세율	• 포준세율의 3배 법인의 설립·설치·전입과 이후 5년 내 본점·주사무소 사업용 부동산의 신축과 증축(건물과 부속토지)	

23) 세정과－11825, 2015.5.19.

24) 조심2015지1095, 2016.4.1.

9-10 대도시내 공장신·증설 취득과 중과세율

구 분	과밀억제권역 내 공장 신·증설 취득	대도시 내 법인의 공장 신·증설 취득
내 용	① 대상 지역 : 과밀억제권역(산업단지·유치지역·공업지역 제외) ② 대상 공장 신설 : 건축물 연면적 500㎡ 이상 증설 : 20% 이상 증설 또는 330㎡ 초과	
중과세 대상	공장용 건축물과 그 부속토지, 차량, 기계장비	공장용 건축물과 그 부속토지
경합되지 않는 경우의 세율	차량, 기계장비 : 표준세율+중과기준세율의 2배	
경합되는 경우의 세율	공장용 건축물과 그 부속토지 : 표준세율의 3배	

9-11 합병과 취득세율

<table>
<tr><th colspan="2" rowspan="2">구 분</th><th colspan="2">취득세율</th><th rowspan="2">농어촌특별세</th></tr>
<tr><th>표준세율</th><th>대도시 중과세율</th></tr>
<tr><td rowspan="2">적격합병</td><td>소비성서비스업을 제외한 사업을 1년 이상 영위한 법인간의 적격합병</td><td>면제(그러나 최저한세 2.25/1,000 적용, 지특법제57조의2, 지특법제177조의2)</td><td>면제(그러나 중과세율 적용한 세액에 최저한세2.25/1,000 적용, 지특법제57조의2, 지특법제177조의2)</td><td>감면분의 20/100</td></tr>
<tr><td>기타의 적격합병 (2016.1.1. 이후 합병시)</td><td>15/1,000(법제15조①3호)(*)</td><td>법제13조①, 제13조②, 법제13조⑥⑦, 법제16조① 적용(그러나 설립 후 5년이 경과한 기존법인간의 합병의 경우에는 일반과세, 기존법인과 신생법인과의 합병의 경우에는 기존법인 자산비율에 대해서는 일반과세)</td><td>비과세(농특세법 제4조10의4호)</td></tr>
<tr><td colspan="2">비적격합병</td><td>35/1,000(법제11조①2호)</td><td>법제13조①, 제13조②, 법제13조⑥ ⑦, 법제16조① 적용</td><td>0.2%</td></tr>
<tr><td rowspan="2">과점주주</td><td>비상장법인</td><td>중과기준세율 2%</td><td>중과기준세율의 3배, 중과기준세율의 5배(사치성재산)</td><td>0.2%</td></tr>
<tr><td>유가증권상장법인, 코스닥 상장법인</td><td>면제(그러나 최저한세 3/1,000적용, 지특법제177조의2)</td><td>면제[그러나 최저한세9/1,000, 15/1,000(사치성재산) 적용, 지특법제177조의2]</td><td>감면분의 20/100</td></tr>
</table>

※ 지방교육세는 표준세율에서 2%를 뺀 세율을 적용하여 산출한 금액의 20/100, 취득세 감면율이 있는 경우에는 위 금액에 감면율로 감면하고 남은 금액, 중과세의 경우에는 어느 경우든 위 지방교육세액의 300/100 으로 한다(지방세법제 151 조①)

※ 합병의 경우에는 무상취득이므로 과세표준은 법인장부가액이 아닌 시가표준액을 적용한다.
(*) 합병 이후 취득세 과세대상에 해당하는 경우이거나 합병등기일 이후 3 년 이내 피합병법인으로부터 승계하는 사업을 폐지하거나, 피합병법인의 주주등이 주식을 처분하는 경우(법세법제 44 조의 3③각호)에는 표준세율로 과세한다.

9-12 합병 유형별 중과세 여부

구 분	흡수합병		신설합병
	기존법인 존속	신생법인(*) 존속	
기존법인 간	중과 ×	해당사항 없음	중과 ×
기존·신생법인 간	중과 ×	중과 ○(신생법인 자산비율)	중과 ○(신생법인 자산비율)

(*) 설립 후 5년이 경과하지 아니한 법인

9-13 고급주택과 고가주택 비교

구분	고급주택(지세령제28조④)	고가주택(소세령 제156조)
적용 법률	◆ 취득 당시의 시가표준액이 6억원을 초과하는 다음의 경우 1. 1구(構)의 건축물의 연면적(주차장면적은 제외한다)이 331㎡를 초과하는 것으로서 그 건축물의 가액이 9천만원을 초과하는 주거용 건축물과 그 부속토지 2. 1구(構)의 건축물의 대지면적이 662㎡를 초과하는 것으로서 그 건축물의 가액이 9천만원을 초과하는 주거용 건축물과 그 부속토지 2의2. 1구(構)의 건축물에 엘리베이터(적재하중 200킬로그램 이하의 소형엘리베이터는 제외한다)가 설치된 주거용 건축물과 그 부속토지(공동주택과 그 부속토지는 제외한다) 4. 1구(口)의 공동주택(여러 가구가 한 건축물에 거주할 수 있도록 건축된 다가구용 주택을 포함하되, 이 경우 한 가구가 독립하여 거주할 수 있도록 구획된 부분을 각각 1구의 건축물로 본다)의 건축물 연면적(공용면적은 제외한다)이 245㎡(복층형은 274㎡로 하되, 한 층의 면적이 245㎡를 초과하는 것은 제외한다)를 초과하는 공동주택과 그 부속토지25) ◆ 시가표준액에 관계 없이 다음의 경우 3. 1구(構)의 건축물에 에스컬레이터 또는 67㎡ 이상의 수영장 중 1개 이상의 시설이 설치된 주거용 건축물과 그 부속토지(공동주택과 그 부속토지는 제외한다)	주택 및 이에 딸린 토지의 양도당시의 실지거래가액의 합계액[1주택 및 이에 딸린 토지의 일부를 양도하거나 일부가 타인 소유인 경우에는 실지거래가액 합계액에 양도하는 부분(타인 소유부분을 포함한다)의 면적이 전체주택면적에서 차지하는 비율을 나누어 계산한 금액을 말한다]이 9억원을 초과
적용 내용	취득시 일반세율의 4배 중과, 과밀억제권역에서 법인이 취득시 6배 중과, 다수의 공유시에도 고급주택으로 간주	3년 이상 보유한 비과세요건을 갖춘 고가주택 양도시 9억원에 대하여는 비과세하고, 9억원 초과 부분에 대하여 양도세 부과하고 장기보유특별공제 적용
세액 계산	적용세율 = 표준세율(부동산취득시) + 20/1,000(중과기준세율) × 400/100	양도차익=총 양도차익×[(양도가액−9억원)/양도가액] 장기보유특별공제액= 총 장기보유특별공제액×[(양도가액−9억원)/양도가액]

9-14 고급주택 등 사치성재산의 취득세율

취득·등록 구분		2010 년까지		2011 년 이후
		등록세	취득세	취득세
회원제 골프장	임야등 토지의 취득	20/1,000	20/1,000	40/1.000
	지목변경	정액세 (6,000 원)	100/1,000	20/1,000×5=100/1,000
	클럽하우스등 건축물 신축	8/1,000	80/1,000	28/1,000+(20/1,000×4)=108/1,000
고급오락장	기존 고급오락장 승계취득	20/1,000	100/1,000	40/1,000+(20/1,000×4)=120/1,000
	기존 일반건물 승계취득 후 고급오락장 시설	20/1,000	100/1,000-40/1,000=60/1,000	[40/1,000+(20/1,000×4)]-40/1,000=80/1,000
	토지 승계취득 (고급오락장 신축개설)	20/1,000	100/1,000	120/1,000
	건물 신축	8/1,000	100/1,000	108/1,000
	지목변경	정액세 (6,000 원)	100/1,000	20/1,000×5=100/1,000
	개수(면적증가×)		100/1,000	100/1,000
고급주택	기존고급주택 취득	20/1,000	100/1,000	40/1,000(*)+(20/1,000×4)=120/1,000
	일반주택 취득 후 고급주택 변경	20/1,000	100/1,000-40/1,000=60/1,000	[40/1,000(**)+(20/1,000×4)]-40/1,000=80/1,000
	토지 승계취득 (고급주택 신축)	20/1,000	100/1,000	120/1,000
	고급주택 신축	8/1,000	100/1,000	108/1,000
	지목변경	정액세 (6,000 원)	100/1,000	20/1,000×5=100/1,000
	개수(면적증가×)		100/1,000	100/1,000

※ 만약 위 모든 사치성재산에 대하여 지방세법 제13조 제2항이 동시에 적용되는 경우에는 [(표준세율×3)+(20/1,000×2)]를 적용한다.

(*)(**) 기존주택이 고급주택이든 일반주택이든 현행 지방세법에서는 주택의 유상취득세율이 영구인하되었는바, 승계취득하는 주택의 취득가액에 따라 2%, 3%가 적용될 것이다. 만약 위 표대로 중과세되었다면 초과분에 대하여는 환급되어야 할 것이다.

25) 주거용 전용면적에 포함되는 범위가 문제되는데, 건축법상 발코니 및 노대가 접한 가장 긴 외벽으로부터 1.5미터를 초과하는 부분이 주거용으로 개조된 경우에는 전용면적에 포함되므로 증축 개조 부분을 포함하여 245㎡(복층형 274㎡)를 초과하는 경우에는 고급주택으로 중과세 추징이 될 수 있으므로 유의하여야 한다(지방세법기본통칙 13-28).

9-15 과세물건별 중과세율

중과세 물건			중과세 적용세율
과밀억제권역 내 법인의 본점사업용 신·증축 (부속토지 포함)	법제15조② 물건		20/1,000×3=6/1,000
	기타 물건(a)		표준세율+(20/1,000×2)
과밀억제권역 내 공장의 신·증설	법제15조①, 제15조② 물건,		(표준세율−20/1,000)×3
	기타 물건(b)	부동산	표준세율×3
		차량 등	표준세율+(20/1,000×2)
과밀억제권역 내 법인의 설립 등	법제15조① 물건		(표준세율−20/1,000)×3
	기타 물건(c)		(표준세율×3)−(20/1,000×2)
사치성 재산	법제15조② 물건		2/1,000×5=10/1,000
	기타 물건(d)		표준세율+(20/1,000×4)
(a),(b),(c) 동시 적용시			표준세율×3
(c),(d) 동시 적용시			(표준세율×3)+(20/1,000×2)

9-16 중과세경합시 중과세율

구 분	일 반	경 합	
		지방세법§13①과 §13② 동시 적용	지방세법§13②과 사치성재산 중과 동시 적용
적용세율	(표준세율×3)−(중과기준세율×2)	표준세율×3	(표준세율×3)+(20/1,000×2)
신축건물	(28/1,000×3)−(20/1,000×2) =44/1,000	28/1,000×3 =84/1,000	(28/1,000×3)+(20/1,000×2) =124/1,000
승계토지	(40/1,000×3)−(20/1,000×2) =80/1,000	40/1,000×3 =120/1,000	(40/1,000×3)+(20/1,000×2) =160/1,000

9-17 법인 명의의 부동산 취득시 취득세율(%)

구 분			취득세	교육세	농특세	감면분 농특세	합계	참 고
상가건물, 토지	표준	토지, 상가(승계)	4	0.4	0.2		4.6	법제11조①7호 나목
		신축건물	2.8	0.16	0.2		3.16	법제11조①3호

<table>
<tr><td rowspan="7"></td><td rowspan="7">대도시중과</td><td rowspan="5">단일중과</td><td rowspan="2">토지, 상가(승계)</td><td>8</td><td>0.4</td><td>0.2</td><td></td><td>8.6</td><td>법제13조①</td></tr>
<tr><td>8</td><td>1.2</td><td>0.2</td><td></td><td>9.4</td><td>법제13조②</td></tr>
<tr><td>본점신증축 건물(5 년 경과)</td><td>6.8</td><td>0.16</td><td>0.2</td><td></td><td>7.16(*)</td><td>법제13조①(5년 경과 후 공장 신증설도 포함)</td></tr>
<tr><td>원시취득(5 년 이내)</td><td>4.4</td><td>0.48</td><td>0.2</td><td></td><td>5.08</td><td>법제13조②</td></tr>
<tr><td>공장(5 년 내승계)</td><td>8</td><td>1.2</td><td>0.2</td><td></td><td>9.4</td><td></td></tr>
<tr><td rowspan="2">경합중과</td><td>토지, 상가(승계)</td><td>12</td><td>1.2</td><td>0.2</td><td></td><td>13.4</td><td rowspan="2">• 법제13조①+② 경합(법제13조⑥: 3배중과세)
• 본점신축+본점전입, 본점신축+법인설립
• 5년 내 공장신증설도 포함</td></tr>
<tr><td>본점신축건물(5 년 미만)</td><td>8.4</td><td>0.48</td><td>0.2</td><td></td><td>9.08</td></tr>
<tr><td rowspan="3">일반주택</td><td>표준</td><td colspan="2">신축주택</td><td>2.8</td><td>0.16</td><td>0.2</td><td></td><td>3.16</td><td>대도시 법인 해당사항 없음.</td></tr>
<tr><td>대도시</td><td colspan="2">신축주택</td><td>6.8</td><td>0.48</td><td>(0.2)</td><td></td><td>7.28(7.48)</td><td>법제13조②, 대도시중과제외업종 제외</td></tr>
<tr><td>불문</td><td colspan="2">유상거래 주택</td><td>12</td><td>1.2</td><td>0.2</td><td></td><td>13.4</td><td>법제13조의2①1호, 법제13조⑤고급주택인 경우에는 20% 적용(법제13조의2③)</td></tr>
<tr><td>주택(60 ㎡ 이하 공동주택)</td><td colspan="3">사원에게 분양 또는 임대에 사용할 목적</td><td>표준세율</td><td></td><td></td><td></td><td></td><td>• 사업자등록증상 건설업 또는 부동산매매업을 영위하는 법인(지특법제33조, 지특령제15조①), 5세대 이상 신축시.
• 임대사업법인(건설·매입임대사업 포함)의 임대목적 신축 또는 임대목적 최초 수분양(주택거래신고지역 제외)(지특법제31조)
※ 100% 면제이므로 중과세 적용 없음.</td></tr>
<tr><td rowspan="4">일반사치성재산</td><td rowspan="4">중과</td><td rowspan="2">단일중과</td><td>토지 상가(승계)</td><td>12</td><td>0.4</td><td>0.2</td><td></td><td>12.6</td><td rowspan="2">법제13조⑤</td></tr>
<tr><td>신축건물</td><td>10.8</td><td>0.16</td><td>0.2</td><td></td><td>11.16(*)</td></tr>
<tr><td rowspan="2">경합중과</td><td>토지상가(승계)</td><td>16</td><td>1.2</td><td>0.2</td><td></td><td>17.4</td><td rowspan="2">법제13조②+사치성재산(법제13조⑦: 3배중과세+4%)</td></tr>
<tr><td>신축건물</td><td>12.4</td><td>0.48</td><td>0.2</td><td></td><td>13.08</td></tr>
</table>

(*) 설립 등 이후 5 년 경과 후 신증축의 경우만 해당하고, 설립 등 이후 5 년 이내라면 법제 13 조②과 경합된다.

9-18 과밀억제권역내 법인등기 중과세율

구 분		세 율	참 고
설립등기	영리법인	12/1,000	출자금액(자본금)
	비영리법인	6/1,000	출자총액 또는 재산가액
증자변경등기	영리법인	12/1,000	등기부상 증자금액 기준
	비영리법인	6/1,000	
본점이전등기	대도시 외→대도시 내 대도시→서울	12/1,000	이전 당시 등기부상 자본금 기준
	대도시→대도시 대도시→대도시 외 대도시 외→대도시 외	112,500 (신본점) 40,200 (구본점)	구본점은 중과세 제외(법제28조④)
지점설치등기		69,000원	+ 본점등록세 23,000원
휴면법인 인수 후	지점설치등기	69,000원	과점주주 비율 불문
	5년내 증자변경등기	12/1,000	과점주주의 점유율만큼만 중과세(증자액×12/1,000×과점비율), 나머지는 일반과세 [증자액×4/1,000×(1−과점비율)](영§27②)

제10장 과점주주와 명의신탁

10-1 과점주주와 관련한 세금문제

구 분	내 용	비 고
제2차납세의무	법인의 체납세금에 대해 지분율만큼 제2차 납세의무	국세는 유가증권 상장·비상장법인 불문(국기법제39조), 지방세는 유가증권 비상장법인만 해당(지기법제46조).
과점주주의 간주취득세(지세법제7조⑤, 지기법제46조)	① 유가증권 상장법인이 아닐 것, ② 해당 법인의 주식을 유무상 취득할 것(명의신탁이나 명의신탁해지는 제외), ③ 특수관계인을 포함하여 주식지분율이 50%를 초과하는 자(회사설립시는 제외), ④ 주식 취득 당시 법인이 이미 보유하고 있는 취득세 과세대상 물건이 존재할 것	• 합병(*), 유상증자, 주식양수시에는 과점주주의 간주취득세를 반드시 검토할 것 • 2016년부터는 위탁법인의 재산이 신탁회사의 명의로 등기·등록 되어 있더라도 위탁법인의 재산으로 보므로 위탁법인의 과점주주도 간주취득세 부과대상임(지세법제7조⑤) • 법인의 대도시 내 설립 등과 관련하여 대도시 내 일반주동산을 취득할 때 그 법인의 과점주주에게는 중과세가 적용되지 않는다.
휴면법인의 인수와 중과세(지세령제27조①②)	휴면법인 인수 후 5년 이내 대도시 내 부동산을 취득하는 경우 휴면법인의 부동산 취득 당시의 과점주주 비율만큼 중과세(나머지 비율은 일반과세)	• 휴면법인의 인수란 최초로 휴면법인의 과점주주가 되는 때임. • 과점주주의 간주취득세는 인수시점에서는 설립의 경우와 같이 보므로 과세대상이 되지 않고 인수 이후에 증가비율만이 간주취득세에 해당함.
과점주주의 간주취득세 면제(지특법제57조의2⑤)	관련법령에 따라 부실금융기관으로부터 주식 또는 지분을 취득하는 경우, 지주회사(금융지주회사를 포함)가 되거나 지주회사가 자회사의 주식을 취득하는 경우, 한국자산관리공사가 인수한 채권을 출자전환함에 따라 주식 또는 지분을 취득하는 경우, 조특법상 주식의 포괄적 교환·이전으로 완전자회사의 주식을 취득하는 경우, 코스닥증권시장에 상장한 법인의 주식을 취득한 경우의 과점주주	

주식 명의신탁(상증세법제 45조의2)	과점주주 면탈하기 위해 명의신탁한 경우 명의신탁이 입증되면 간주취득세(가산세) 추징.	• 주식명의신탁은 증여의제 되므로 증여세도 성립. 배당이 있었다면 종합소득세도 발생.
4대보험	징수 부족액에 대하여 제2차 납세의무	

(*) ① A법인이 C법인의 주식을 소유하고 있는 B법인을 흡수합병함으로써 C법인의 주식을 취득하여 C법인의 과점주주가 되는 경우 지방세법 제7조 제1항에 따라 과점주주로서 취득세 납세의무가 있다 할 것임(서울세제-7220, 2014.05.28.)

② 흡수합병한 법인의 과점주주가 종전 과점주주의 지분과 변동이 없거나 감소하였다면 취득세 납세의무가 없다고 할 것이나 흡수합병한 법인의 과점주주 지분 등이 증가된 경우라면 법인합병에 따른 과점주주에 대한 별도의 감면규정이 없는 이상 지분 등의 증가분에 대해서 취득세 납세의무가 발생한다고 할 것임(서울세제-6031, 2014.05.02.)

10-2 과점주주의 간주취득세 산정

$$\text{과세표준} = \frac{\text{과세대상자산의 총가액} \times \text{과점주주가 취득한 주식·출자의 수}}{\text{그 법인의 주식·출자의 수}}$$

(법제10조④전단)

세율 : 중과기준세율 2%

10-3 주식 명의신탁의 단계별 과세문제

구 분	내 용
최초 명의신탁 시점	• 명의수탁자에게 증여세 과세(증여의제) : 제척기간의 문제('95년 이후 15년) • 평가시점 : 과거 명의신탁 시점 • 명의신탁자는 증여자로서 연대납세의무
명의신탁 이후 증자	• 유상신주를 명의수탁자로 명의개서하면 새로운 명의신탁으로 보아 증여세 과세(증여의제) • 명의신탁 과세시점 : 명의개서일 • 평가시점 : 명의개서일이므로 회사가 성장하여 주가가 급등한 경우에는 증여세 폭탄을 맞게 되어 결국 명의환원을 할 수 없는 사태가 발생.
명의신탁 이후 배당	• 명의수탁자에게 배당된 금액에 대한 종합소득 귀속 변동신고 - 명의신탁자는 수정신고 - 명의수탁자는 경정청구
명의신탁 해지 시점	• 명의신탁자로 환원하는 것은 증여가 아니므로 증여세 비과세

※ 무상주에 대한 명의신탁재산의 증여의제 적용 여부 : 주식발행초과금 등과 같은 자본잉여금의 자본전입으로 배정된 주식은 실질적인 주식분할에 불과하여 기존의 명의수탁 주식과 별도로 명의신탁 받은 것으로 볼 수 없다(대법원 2006두20600).

10-4 명의신탁과 취득세

<table>
<tr><th>구 분</th><th colspan="2">유효인 명의신탁</th><th colspan="3">무효인 명의신탁</th></tr>
<tr><td rowspan="2">2자간 등기명의신탁</td><td>명의신탁</td><td>수탁자: 무상 취득세</td><td colspan="2">매매등 소유권이전</td><td>수탁자: 유·무상 취득세</td></tr>
<tr><td>명의신탁해지</td><td>신탁자: 무상 취득세</td><td colspan="2">소유권환원(원인무효 말소)</td><td>신탁자: ×</td></tr>
<tr><td rowspan="3">3자간 등기명의신탁</td><td>명의신탁</td><td>신탁자(수탁자): 무상 취득세</td><td colspan="2">매매등 소유권이전</td><td>신탁자(수탁자): 유·무상 취득세</td></tr>
<tr><td rowspan="2">명의신탁해지</td><td rowspan="2">신탁자: 무상 취득세</td><td colspan="2">말소→매도인→신탁자</td><td>매도인·신탁자: ×</td></tr>
<tr><td colspan="2">수탁자→신탁자</td><td>신탁자: ×</td></tr>
<tr><td rowspan="3">계약 명의신탁</td><td rowspan="2">명의신탁</td><td rowspan="2">신탁자(수탁자): 무상 취득세</td><td rowspan="2">매매등 소유권 이전</td><td>매도인 선의</td><td>수탁자: ○
신탁자: ×</td></tr>
<tr><td>매도인 악의</td><td>수탁자: ○
신탁자: ×</td></tr>
<tr><td>명의신탁해지</td><td>신탁자: 무상 취득세</td><td colspan="2">수탁자→신탁자</td><td>신탁자: ○</td></tr>
</table>

제11장 재개발·재건축사업, 주택조합과 취득세

11-1 주택재개발(도시개발)사업 단계별 과세대상·조합원지위의 변천

구주택 보유(부동산)	구주택 멸실(권리)			신축 주택(부동산)	
	취득 시	양도 시	증여 시	취득 시	양도 시
일반 부동산으로 과세	입주권 취득시기 판정에 유의(토지취득세)	입주권 비과세와 과세 구분(입주권양도세)	프리미엄 과세에 유의	조합원 및 분양자의 취득시기와 취득가액에 유의	비과세 방법과 과세 시 계산요령 숙지

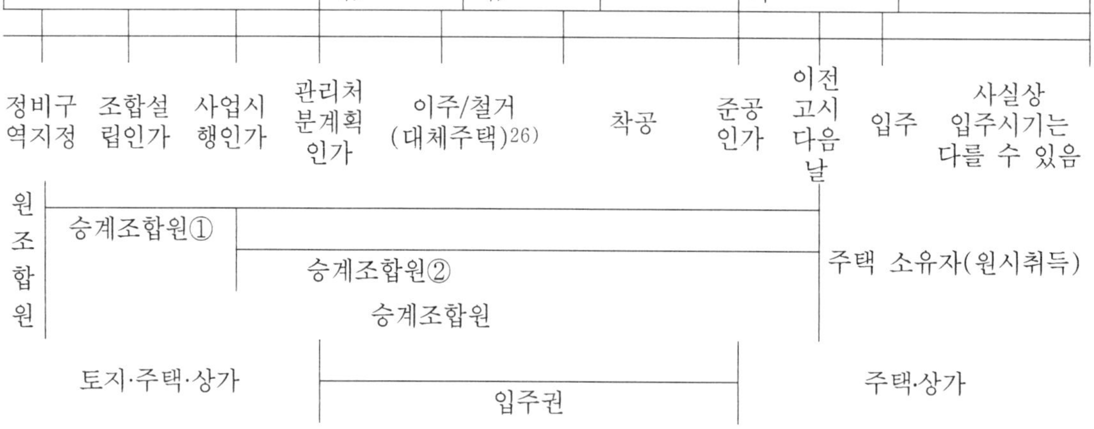

---

26) 소득세법시행령 제156조의2(주택과 조합원입주권을 소유한 경우 1세대1주택의 특례) ⑤국내에 1주택을 소유한 1세대가 그 주택에 대한 주택재개발사업 또는 주택재건축사업의 시행기간 동안 거주하기 위하여 다른 주택(이하 이 항에서 "대체주택"이라 한다)을 취득한 경우로서 다음 각 호의 요건을 모두 갖추어 대체주택을 양도하는 때에는 이를 1세대1주택으로 보아 제154조제1항을 적용한다. 이 경우 제154조제1항의 보유기간 및 거주기간의 제한을 받지 아니한다. <개정 2014.2.21.>

1. 주택재개발사업 또는 주택재건축사업의 사업시행인가일 이후 대체주택을 취득하여 1년 이상 거주할 것
2. 주택재개발사업 또는 주택재건축사업의 관리처분계획에 따라 취득하는 주택이 완성된 후 2년 이내에 그 주택으로 세대전원이 이사(기획재정부령으로 정하는 취학, 근무상의 형편, 질병의 요양, 그 밖에 부득이한 사유로 세대원 중 일부가 이사하지 못하는 경우를 포함한다)하여 1년 이상 계속하여 거주할 것. 다만, 주택이 완성된 후 2년 이내에 취학 또는 근무상의 형편으로 1년 이상 계속하여 국외에 거주할 필요가 있어 세대전원이 출국하는 경우에는 출국사유가 해소(출국한 후 3년 이내에 해소되는 경우만 해당한다)되어 입국한 후 1년 이상 계속하여 거주하여야 한다.
3. 주택재개발사업 또는 주택재건축사업의 관리처분계획에 따라 취득하는 주택이 완성되기 전 또는 완성된 후 2년 이내에 대체주택을 양도할 것

→ 대체주택으로 오피스텔을 구입하여 주거용으로 사용해도 위 요건 충족시 양도세 비과세 혜택 받는다.

11-2 재개발·재건축 사업의 단계에 따른 개별법의 규율방식

<table>
<tr><th>단계별 / 개별법</th><th>관리처분계획 인가일</th><th>→ 사실상 철거일 (구 단전·단수일)</th><th>→ 멸실등기접수일</th><th>→ 사용승인일</th></tr>
<tr><td>소득세법 (양도소득세)</td><td>(구)주택</td><td colspan="2">입주권(≒주택)</td><td>(신)주택</td></tr>
<tr><td>지방세법 (취득세)</td><td colspan="2">(구)주택</td><td>토지(나대지)</td><td>(신)주택</td></tr>
<tr><td>주택법 (아파트청약시)</td><td colspan="3">(구)주택 / 토지(나대지)</td><td>(신)주택</td></tr>
</table>

※소세법 제89조②, 소세령제162조①4호. 조심2013지1028(2014.02.24.), 지방세운영과 유권해석, 지세령제20조. 국토교통부 보도자료 2017.9.11. 주택청약 및 주택공급 제도 FAQ.

11-3 재개발·재건축 조합원입주권과 일반분양권의 세법상 취급

<table>
<tr><th colspan="2" rowspan="2">구 분</th><th colspan="2">조합원입주권(*)</th><th rowspan="2">분양권</th></tr>
<tr><th>관리처분계획 인가 전(원조합원)</th><th>관리처분계획 인가 후(승계조합원)</th></tr>
<tr><td colspan="2">취득세</td><td>주택
(실거래가×1.1~3.5%)</td><td>토지
(실거래가×4.6%)</td><td>없음. 다만, 준공 후 신축주택 등기시 부과
(분양가+−프리미엄 1.1~3.5%)</td></tr>
<tr><td colspan="2">재산세</td><td>주택</td><td>토지</td><td>없음</td></tr>
<tr><td rowspan="10">양도 소득세</td><td>주택수</td><td>산입</td><td>산입</td><td>불산입</td></tr>
<tr><td>비과세요건</td><td colspan="2">11-3-1 참조</td><td>없음</td></tr>
<tr><td>권리전환일</td><td>관리처분계획 인가일</td><td>관리처분계획 인가일</td><td>분양계약체결일(계약금지급익)</td></tr>
<tr><td>취득일</td><td>종전주택 취득일</td><td>신축주택 (임시)사용승인일</td><td>분양잔금정산일과 신축주택 (임시)사용승인일 중 늦은 날</td></tr>
<tr><td rowspan="2">보유기간</td><td>종전주택 및 신축주택 보유기간 합산</td><td>신축주택 (임시)사용승인일 이후부터 기산</td><td rowspan="2">분양잔금정산일과 신축주택 (임시)사용승인일 중 늦은 날 이후부터 기산</td></tr>
<tr><td>이주 및 공사기간 포함</td><td>이주 및 공사기간 미포함</td></tr>
<tr><td>장기보유 특별공제</td><td>적용(원조합원의 입주권)</td><td>적용 배제</td><td>없음</td></tr>
<tr><td>조정지역 중과</td><td>주택에는 일반세율에 10, 20% 가산 적용, 입주권에는 적용×</td><td>적용×</td><td>50%로 단일 중과</td></tr>
<tr><td>과세표준 및 세율</td><td>(양도가액−취득가액)×일반세율(6~42%)(1년 미만은 40%)</td><td>[(권리가액+프리미엄)−취득가액]×일반세율(1년 미만은 40%)</td><td>• 조정지역 :
양도차익×50%
• 비조정지역
1년 미만:양도차익×50%
2년 미만: 40%
2년 이상: 6~42%</td></tr>
</table>

(*) 도시환경정비사업은 노후·불량 주택의 주거환경을 개선하기 위한 사업이 아니므로 입주권은 주택이 아닌 권리로 본다. 따라서 입주권 매매시 양도세가 적용되지만, 1세대1주택 비과세 특례는 적용되지 않는다.

11-3-1 재개발·재건축 조합원입주권과 관련항 양도세 비과세 요건

비과세 유형별	요 건
가. 재개발·재건축 조합원입주권 양도(소세법제89조①)	① 관리처분계획 인가일 현재 종전주택 2년 이상 보유(조정대상지역은 보유기간 중 2년 이상 거주) & ② 조합원입주권 양도일 현재 다른 주택이 없을 것 & ③ 가액이 9억원을 초과하지 않는 부분
나. 조합원입주권 보유 중 주택 취득	① 관리처분계획 인가일 현재 종전주택 2년 이상 보유(조정대상지역은 보유기간 중 2년 이상 거주) & ② 양도일 현재 1조합원입주권 외에 1주택을 소유한 경우로서 1주택을 취득한 날부터 3년 이내 조합원입주권을 양도할 것(3년 이내 양도하지 못하는 경우로서 대통령령으로 정하는 사유(*)가 있는 경우는 포함) & ③ 가액이 9억원을 초과하지 않는 부분
다. 1주택(종전주택)+조합원입주권 승계취득→ 종전주택을 3년 이내 양도시(소세법제156조의2③)	① 종전주택(재개발재건축 예정 주택)을 취득한 날부터 1년 이상 지난 후 조합원입주권 취득 & ② 조합원입주권을 취득한 날부터 3년 이내 종전주택을 양도할 것 & ③ 종전주택은 2년 이상 보유할 것(조정대상지역은 보유기간 중 2년 이상 거주)
라. 1주택(종전주택)+조합원입주권 승계취득→ 종전주택을 3년 경과 후 양도시(소세법제156조의2④)	① 종전주택(재개발재건축 예정 주택)을 취득한 날부터 1년 이상 지난 후 조합원입주권 취득 & ② 재개발·재건축 주택이 완공된 후 2년 이내 그 주택으로 세대 전원이 이사해서 1년 이상 거주 & ③ 재개발·재건축 주택이 완공되기 전 또는 완공된 후 2년 이내에 종전주택을 양도
마. 재개발·재건축 사업기간 동안 거주할 대체주택을 취득 후 그 대체주택 양도시(소세법제156조의2⑤)	① 사업시행인가일 이후 대체주택을 취득하여 1년 이상 거주할 것 & ② 재개발·재건축 주택이 완공된 후 2년 이내 그 주택으로 세대 전원이 이사하여 1년 이상 거주 & ③ 재개발재건축이 완공되기 전 또는 완공된 후 2년 이내 대체주택을 양도
바. 상속받은 입주권(상속 개시 당시 피상속인이 무주택자로서 조합원입주권만 있는 경우에 한함)+일반주택 양도시	• 상속받은 조합원입주권 요건 ① 피상속인이 상속개시 당시 주택을 소유하지 않을 것 ② 상속받은 조합원입주권이 2개 이상인 경우에는 순위에 따른 1개의 입주권만 해당(피상속인이 소유한 기간이 가장 긴 1조합원입주권→피상속인이 거주한 기간이 가장 긴 1조합원입주권→상속인이 선택하는 1조합원입주권) ③ 상속개시 당시 상속인과 피상속인이 동일 세대가 아닐 것(다만, 1주택을 보유하고 1세대를 구성하는 자가 직계존속을 봉양하기 우해 세대 합가에 따라 1주택을 보유하게 된 경우로서 합치기 이전부터 보유하고 있었던 주택이 조합원입주권으로 전환된 경우에는 제외) • 일반주택 요건 ① 상속 개시 당시 보유한 주택 또는 상속개시 당시 보유한 조합원입

	주권으로 취득한 신축주택일 것 ② 다만, 상속개시일부터 소급하여 2년 이내 피상속인으로부터 증여받은 주택 또는 조합원입주권으로 취득한 신축주택이 아닐 것 ③ 보유기간 2년 이상일 것
사. 상속주택(또는 상속받은 조합원입주권)+상속 외의 조합원입주권+일반주택	• 상속주택 또는 상속받은 조합원입주권은 없는 것으로 보고 일반주택을 양도하는 경우 1세대가 조합원입주권(승계취득)과 일반주택을 소유하는 것으로 보아 다, 라, 마를 적용한다. 다만, 일반주택은 다만, 상속개시일부터 소급하여 2년 이내 피상속인으로부터 증여받은 주택 또는 조합원입주권으로 취득한 신축주택 • 피상속인이 상속개시 당시 2 이상의 주택을 소유한 경우에는 순위에 따른 1개의 주택만 해당(피상속인이 소유한 기간이 가장 긴 1주택→피상속인이 거주한 기간이 가장 긴 1주택→피상속인이 상속개시 당시 거주한 1주택→기준시가가 가장 높은 1주택(같은 경우에는 선택하는 1주택) • 상속받은 조합원입주권이 2개 이상인 경우에는 순위에 따른 1개의 입주권만 해당(피상속인이 소유한 기간이 가장 긴 1조합원입주권→피상속인이 거주한 기간이 가장 긴 1조합원입주권→상속인이 선택하는 1조합원입주권)
아. 1주택 또는 1조합원입주권 또는 1주택과 1조합원입주권을 소유한 1세대가 혼인, 60세 이상 동거봉양으로 1주택 또는 1조합원입주권 또는 1주택과 1조합원입주권을 소유한 다른 세대와 혼인·합가한 경우	합가일(혼인일)부터 5년 이내 먼저 양도하는 주택(최초 양도 주택)이 다음에 해당할 것 ① 합가일(혼인일) 이전 1세대1주택인 경우의 소유하던 주택 ② 합가일(혼인일) 이전 1세대가 1주택 1조합원입주권인 경우의 주택(사업시행인가일 이후 취득하고 1년 이상 거주한 주택) ③ 승계취득한 조합원입주권인 경우 최초 양도 주택이 합가 전 조합원입주권을 취득하기 전부터 소유하던 것일 것 ④ 합가일(혼인일) 이전 1세대가 1조합원입주권인 경우의 소유하던 주택(합가일 이후에 1조합원입주권에 의해 취득하는 주택일 것)
자. 지정문화재에 해당하는 주택+일반주택+조합원입주권을 소유한 1세대가 일반주택 양도시	지정문화재 주택은 없는 것으로 보고 다, 라, 마를 적용
차. 농어촌주택 중 이농주택+일반주택+조합원입주권을 소유한 1세대가 일반주택 양도시	이농주택은 없는 것으로 보고 다, 라, 마를 적용

(*) 다른 주택을 취득한 날부터 3년이 되는 날 현재 ① 한국자산관리공사에 매각을 의뢰한 경우, ② 법원에 경매를 신청한 경우, ③ 공매가 진행중인 경우, ④ 도시 및 주거환경정비법 등에 따른 현금으로 정산을 받아야 할 소유자가 지급을 청구하는 소송절차를 진행중인 경우

11-4 재개발·재건축사업의 단계별 과세 구분

<table>
<tr><th>사업단계</th><th>과세대상</th><th>양도세</th><th>취득세</th><th>비 고</th></tr>
<tr><td>정비구역지정</td><td rowspan="4">주택</td><td rowspan="4">1세대1주택 비과세 요건 검토</td><td rowspan="4">1.1~3.5%</td><td rowspan="4"></td></tr>
<tr><td>추진위 설립</td></tr>
<tr><td>조합설립인가</td></tr>
<tr><td>사업시행인가</td></tr>
<tr><td>관리처분계획 인가</td><td rowspan="3">조합원 입주권</td><td rowspan="3">• 기존주택 취득 후 입주권 양도시 양도차익
① 청산금을 납부한 경우 : 양도가액-(권리가액+납부한 청산금)-관리처분계획 인가 후 필요경비+(권리가액-기존건물과 부속토지의 취득가액)-관리처분계획 인가 전 필요경비
② 청산금을 지급받은 경우 : 양도가액-(권리가액+납부한 청산금)-관리처분계획 인가 후 필요경비+(권리가액-기존건물과 부속토지의 취득가액)-관리처분계획 인가 전 필요경비×(권리가액-지급받은 청산금)/권리가액
• 입주권 취득 후 입주권 양도
1년 미만 보유 양도시 40% 세율</td><td rowspan="3">4.6%(토지로 보아 세율 적용)</td><td rowspan="3">• 권리가액은 관리처분계획에서 정해진 가액
• 2018.1.1.부터는 주택이 사실상 철거·멸실된 날(알 수 없는 경우에는 공부상 철거·멸실된 날)을 기준으로 토지 취득세율 적용(*)</td></tr>
<tr><td>이주</td></tr>
<tr><td>공사</td></tr>
<tr><td>준공</td><td>주택</td><td>• 기존주택 취득 후 신축주택 양도시 양도차익
① 청산금을 납부한 경우 : 관리처분계획 인가 후 양도차익×납부한 청산금+(권리가액+납부한 청산금)+(관리처분계획 인가 후 양도차익×권리가액+(권리가액+납부한 청산금)+관리처분계획 인가 전 양도차익
② 청산금을 납부한 경우 : 양도가액-(권리가액+납부한 청산금)-관리처분계획 인가 후 필요경비+(권리가액-기존건물과 부속토지의 취득가액)-관리처분계획 인가 전 필요경비×(권리가액-지급받은 청산금)/권리가액
• 입주권 취득 후 신축주택 양도
비과세 보유기간 산정에 주의(관리처분계획 인가~신축주택 완공까지는 보유기간에 산입×), 장기보유특별공제 보유기간의 경우는 청산금 납부분 양도차익에 대해서는 관리처분계획인가일부터 신축주택 양도일까지, 기존건물분 양도차익에 대해서는 기존건물의 취득일부터 신축주택의 양도일까지.</td><td>1.1%~3,5%</td><td></td></tr>
</table>

(*) 2018.1.1. 이전에는 주택으로 외형을 갖추고 있다 하더라도 이주 및 단전·단수가 되면 주택에 해당되지 않는다는 조세심판원 결정(조심2013지1028)에 따라 단전·단수일을 기준으로 하였다.

11-5 주택재개발(도시개발)사업의 조합원별 취득세 과세내용

구 분		과세대상	취득일	취득 원인
원조합원	전용면적 85㎡ 이하	청산금 유무 관계없이 전체 면제	소유권이전 고시일의 다음 날과 사실상 사용일 중 빠른 날	원시 취득
	85㎡ 초과	청산금만 과세		
승계 조합원	정비구역지정고시일 이후~사업시행인가일 이전 취득(①)	전용면적 관계없이 청산금만 과세		
	사업시행인가일 이후~환지 이전 취득(②)	전용면적 관계없이 관리처분계획(환지계획)에 따른 취득부동산의 과세표준에서 승계취득 당시의 과세표준을 공제한 금액		

11-6 각종 정비사업의 부동산 취득시기

구 분	귀속자	건축물	토 지
재개발 사업	조합원	소유권이전고시일의 다음 날과 사실상 사용일 중 빠른 날	소유권이전고시일의 다음 날
	조합 (비조합원분)	소유권이전고시일의 다음 날과 사실상 사용일 중 빠른 날	소유권이전고시일의 다음 날
도시개발 사업	조합원	환지처분 공고일의 다음 날과 사실상의 사용일 중 빠른 날	종전토지의 잔금지급일 또는 환지예정지의 잔금지급일
	조합 (비조합원분)	환지처분 공고일의 다음 날과 사실상의 사용일 중 빠른 날	분양잔금지급일과 사실상 사용일 중 빠른 날
재건축 사업	조합원	사용승인일과 사실상 사용일 중 빠른 날	소유권이전고시일의 다음 날(지분증가분)
	조합 (비조합원분)	사용승인일과 사실상 사용일 중 빠른 날	소유권이전고시일의 다음 날
지역 주택조합	조합원	사용승인일과 사실상 사용일 중 빠른 날	토지에 대한 사실상 잔금지급일
	조합 (비조합원분)	사용승인일과 사실상 사용일 중 빠른 날	분양잔금지급일과 사실상 사용일 중 빠른 날

11-7 정비사업조합의 취득세 면제 여부

구 분	대지 조성	체비지·보류지	관리처분 주거용
재개발조합	면제	면제	75% 경감
재건축조합	과세	과세	과세
도시환경정비조합	과세	면제	과세
주거환경정비조합	과세(주택은 75% 경감)	과세	75% 경감

11-8 재개발·재건축아파트 취득세율

구분					취득세	농특세	교육세	합계	과세표준
입주권27)	재개발 재건축		면적 불문		4%	0.2%	9.4%	4.6%	건물 멸실 후 토지분(+프리미엄)
신축주택	재개발	원 조합원 28)	85㎡ 이하29)		–	–	–	–	100% 면제
			85㎡ 초과		2.8%	0.2%	0.16%	3.16%	조합원분양가+옵션－권리가액－선납할인액
		승계 조합원 30)	85㎡ 이하		2.8%	–	0.16%	2.96%	승계취득가액=조합원분양가+옵션－권리가액(*)－프리미엄
			85㎡ 초과		2.8%	0.2%	0.16%	3.16%	상동
		일반분양자31)	40㎡ 이하		–	–	–	–	100% 면제(1세대1주택, 1억원 미만)
			40㎡ 초과						분양가(프리미엄 포함)32)의 1~3%(주택유상거래 세율), 85㎡ 이하는 농특세 면제
	재건축	원 조합원	85㎡ 이하		2.8%	–	0.16%	2.96%	조합원별 안분건축비, 토지는 지분증가분
			85㎡ 초과		2.8%	0.2%	0.16%	3.16%	상동
		승계 조합원	85㎡ 이하		2.8%	–	0.16%	2.96%	세대당 공사비
			85㎡ 초과		2.8%	0.2%	0.16%	3.16%	상동
		일반 분양자	40㎡ 이하(서민주택)		–	–	–	–	지특법제33조②[100% 면제(1세대1주택, 1억원 미만)]
			6억 이하	85㎡ 이하	1%	–	0.1%	1.1%	분양가(프리미엄 포함)의 1~3%(주택유상거래 세율), 85㎡ 이하는 농특세 면제
				85㎡ 초과	1%	0.2%	0.1%	1.3%	
			9억 이하	85㎡ 이하	2%	–	0.2%	2.2%	
				85㎡ 초과	2%	0.2%	0.2%	2.4%	
			9억 초과	85㎡ 이하	3%	–	0.3%	3.3%	
				85㎡ 초과	3%	0.2%	0.3%	3.5%	

27) 입주권은 도시 및 주거환경정비법 제48조의 관리처분계획의 인가로 취득한 입주자로 선정된 지위를 말하고 그에 부수되는 토지를 포함한 개념이다. 이 입주권은 자기의 힘과 노력으로 건축물을 건설하여 원시취득 하는 주체로서 조합원에게 인정되는 권리로서 재개발의 경우에는 관리처분계획인가일 이후, 재건축의 경우에는 2005.5.30. 이전은 사업시행인가일 이후, 2005.5.31. 이후는 관리처분계획인가일 이후부터 사용인가일까지의 권리이다. 현재는 재개발·재건축사업 모두 관리처분계획인가일 이후부터 사용인가일(조합원)까지의 권리이다. 원조합원과 승계조합원의 구분시점과 혼동하면 안된다.

이와 달리 분양권은 일반분양자가 분양신청에 당첨되어 갖는 채권적 권리로서 당첨시부터 잔금지급일까지 갖게 되는 건축물에 대한 이전등기청구권을 말한다. 다시 말해 일반분양자가 사업시행자로부터 분양계약을 통해 건설 예정의 건축물을 승계취득할 수 있는 권리이다.

28) 정비구역지정일(2008. 3. 12. 이전이라면 사업시행인가일) 이전 부동산 소유자.

원조합원은 자기 소유의 토지를 정비사업에 제공하기 때문에 토지분 취득세는 당초부터 있을

(*) 사업시행인가일 이전에는 권리가액, 사업시행인가일 이후에는 취득가액으로서 감정가+프리미엄 또는 일반매매가액을 말한다.

11-9 조합원별 취득세 면제 및 과세 여부

<table>
<tr><th colspan="2" rowspan="3">구 분</th><th colspan="5">환 지</th></tr>
<tr><th colspan="2">종전부동산 권리가액</th><th colspan="3">증환지(청산금불입액)</th></tr>
<tr><th>상가</th><th>주택</th><th>85㎡ 이하</th><th>85㎡ 초과</th><th>상가</th></tr>
<tr><td rowspan="5">원조합원</td><td>도시개발</td><td colspan="2">면 제</td><td colspan="3">과 세</td></tr>
<tr><td>재개발</td><td colspan="2">면 제</td><td>면 제</td><td>과 세</td><td>면 제</td></tr>
<tr><td>재건축</td><td colspan="2">면 제</td><td colspan="3">과 세</td></tr>
<tr><td>주거환경</td><td>과 세</td><td colspan="3">개량방식 주택은 면제
85㎡ 이하 주택 면제</td><td>과 세</td></tr>
<tr><td>도시환경</td><td>면 제</td><td>면 제</td><td colspan="3">과 세</td></tr>
<tr><td rowspan="4">승계조합원</td><td>재개발</td><td colspan="2">면 제</td><td colspan="3">과 세</td></tr>
<tr><td>재건축</td><td colspan="5">과 세</td></tr>
<tr><td>주거환경</td><td colspan="5">과 세</td></tr>
<tr><td>도시환경</td><td colspan="2">면 제</td><td colspan="3">과 세</td></tr>
<tr><td colspan="2">일반분양자</td><td colspan="5">과세, 단, 전용면적 40㎡ 이하, 1억원 미만의 1가구1주택자의 주택은 면제</td></tr>
</table>

수 없고, 다만 주택 완성시 청산금에 대한 취득세만 부담한다.

29) 85㎡ 이하 신축 아파트에 대해 재개발의 경우 원조합원의 경우에만 취득세 면제를 인정한다. 정비구역지정일 이후에 상속으로 종전 토지를 취득한 자는 취득세를 면제받는 원조합원에 해당되지 않는다는 데 유의하여야 한다(감심-2008-106, 2008.04.10., 조심2012지0583, 2012.11.07.). 그러나 주택재개발사업 정비구역내의 부동산을 지정고시일 이후에 협의이혼하고 재산분할 형식으로 취득한 경우에는 원조합원으로 보아 취득세 감면을 적용하였다(조심2011지0940, 2012.06.27.).

30) 정비구역지정일(2008. 3. 12. 이전이라면 사업시행인가일) 이후 부동산 소유자.

승계조합원의 경우 관리처분계획인가일 이전에 매입을 하게 되면 주택에 대한 취득세를 내면 되지만, 관리처분계획인가일 이후에 매입을 하게 되면 취득세를 두 번 내야 한다. 조합원 지분을 매입할 때 1차로 토지에 대한 취득세를 부담하고, 2차로 주택 분담잔금을 납부한 후 2개월 이내에 취득세를 추가로 부담해야 한다. 2차로 부담하는 취득세는 조합원지분을 취득할 때의 취득가액을 제외한 금액에 대해서만 부담하면 된다. 구체적으로는 다음과 같다.

① 조합원지분 취득시 : [권리가액+프리미엄]×4.6%

② 잔금 납부 후

• 85㎡ 이하 : [조합원분양가-당초 조합원지분 취득가액(=권리가액+프리미엄)+옵션비용-선납할인금액]×2.96%

• 85㎡ 초과 : [조합원분양가-당초 조합원지분 취득가액+옵션비용-선납할인금액]×3.19%

31) 조합으로부터 아파트 분양권을 취득한 조합원 외의 제3자이다. 따라서 사업 시행 중에는 분양권이므로 토지 취득으로 보아 과세하는 입주권과 달리 취득세 등을 납부할 의무가 없으며, 건물이 완공되는 시점에 취득세를 한꺼번에 내게 된다(유상 승계취득). 일반분양자의 취득세 등은 주택 유상거래세율을 적용해 분양가격을 기준으로 1~3%로 과세한다.

32) 프리미엄이 있는 경우에는 실제 계약서와 대금지급 사실을 객관적으로 입증해야 한다.

11-10 재건축 참여방식에 따른 세금

<table>
<tr><th colspan="3">구 분</th><th>원조합원</th><th>승계조합원</th><th>일반분양자</th></tr>
<tr><td rowspan="5">취득세</td><td colspan="2">건물지분 취득시기</td><td>완공일(원시취득)</td><td>좌동</td><td>잔금지급일(승계 취득이 원칙)</td></tr>
<tr><td rowspan="2">대지지분 취득시기</td><td>원지분</td><td>당초 토지취득일</td><td>승계취득일</td><td rowspan="2">잔금지급일(승계 취득이 원칙)</td></tr>
<tr><td>증가분</td><td>소유권이전고시일 다음 날</td><td>소유권이전고시일 다음 날</td></tr>
<tr><td colspan="2">취득가액</td><td>총공사원가를 지분별로 나눈 금액</td><td>좌동</td><td>분양가액</td></tr>
<tr><td colspan="2">취득세 비과세(85㎡ 이하)</td><td>×(재개발은 ○)</td><td>좌동</td><td>○(40㎡ 이하)</td></tr>
<tr><td rowspan="6">양도세</td><td colspan="2">취득일</td><td>완공일(토지는 당초 취득일, 증가된 부수토지는 완공일)</td><td>좌동</td><td>잔금지급일(완공 전 잔금 지급 완료됐을 때는 완공일)</td></tr>
<tr><td colspan="2">취득가액</td><td>종전 부동산 취득가+추가 건축비</td><td>좌동</td><td>분양가액+프리미엄</td></tr>
<tr><td rowspan="4">보유기간 판정</td><td>1년 미만 실거래가 신고 판단</td><td>구 주택 보유기간+공사기간+신 주택 보유기간</td><td>완공일 이후 보유기간</td><td>잔금지급일 이후 보유기간</td></tr>
<tr><td>비과세 요건 2년 보유</td><td>상동</td><td>상동</td><td>상동</td></tr>
<tr><td>장기보유 특별공제 (3년 이상)</td><td>상동</td><td>상동</td><td>상동</td></tr>
<tr><td>세율 적용 시</td><td>상동</td><td>상동</td><td>상동</td></tr>
</table>

11-11 재건축 부담금 부과율(재건축 초과이익 환수에 관한 법률제12조)

조합원 1인당 평균이익(*)	조합원 1인당 부과율
3,000만원 이하	면제
5,000만원 이하	3,000만원을 초과하는 금액의 10%
7,000만원 이하	200만원 × 조합원수 + 5천만원을 초과하는 금액의 100분의 20
9,000만원 이하	600만원 × 조합원수 + 7천만원을 초과하는 금액의 100분의 30
1억1,000만원 이하	1천200만원 × 조합원수 + 9천만원을 초과하는 금액의 100분의 40
1억1,000만원 초과	2천만원 × 조합원수 + 1억1천만원을 초과하는 금액의 100분의 50

(*) 재건축 초과이익÷조합원수

제12장 부동산신탁과 조세

12-1 부동산신탁과 관련한 세무 종합

구 분		세 목	과세대상	납세의무자	수탁자 과세 여부 관련조문	비과세 가부
취득단계	국세	상속세	상속재산(부동산+수익권)	위탁자(상속인)	국세기본법 제14조, 상증세법 제33조	
취득단계	국세	증여세	증여재산(부동산+수익권)	수익자(수증인)	국세기본법 제14조, 상증세법 제33조	
취득단계	국세	양도소득세	과세대상×(형식적 소유권이전)		국세기본법 제14조, 상증세법 제33조	신탁에 의한 소유권 이전등기
취득단계	지방세	취득세	부동산 취득(○) 수익권(×)	공부상 소유자	지방세법 제9조③	비과세
취득단계	지방세	간주취득세	지목변경	수탁자(소유자)	대법원 2010두2395	불가
취득단계	지방세	농어촌특별세	취득세의 10/100	취득세 납세의무자		
취득단계	지방세	지방교육세	취득세	취득세 납세의무자		
취득단계	지방세	등록면허세	신탁등기			
보유단계	국세	소득세	임대수입	수익자	소득세법 제2조의2⑥	
보유단계	국세	법인세	임대수입	수익자	법인세법 제5조①	
보유단계	국세	부가가치세	재화·용역의 공급	수익자→수탁자, 위탁자	대법원 2012두22485(*)부가가치세법제10조⑧	
보유단계	국세	종합부동산세	토지건축물(당해세)	수탁자	지방세법 제107조①3호, 대법원 92누8163	
보유단계	국세	농어촌특별세	종부세의 20/100	수탁자		
보유단계	지방세	재산세	토지건축물(당해세)	수탁자(신탁재산 한도)	지방세법 제107조①3호, 제119조의2	
보유단계	지방세	지역자원시설세	당해세	수탁자(소유자)	대법원 2004두8767	
보유단계	준조세	부담금(**)				

<table>
<tr><td rowspan="4">처
분
단
계</td><td rowspan="2">국세</td><td>양도소득세</td><td>신탁부동산(○)
수익권(과세대상 ×)</td><td>유상양도의 경우 위탁자</td><td>재일 46014-1923, 1997.8.13.</td><td>신탁해지에 의한 이전등기</td></tr>
<tr><td>부가가치세</td><td>재화·용역의 공급(공매처분)</td><td>수익자→수탁자</td><td>대법원
2012두22485</td><td></td></tr>
<tr><td rowspan="2">지방세</td><td>취득세 등</td><td>신탁재산 귀속, 처분</td><td>유상양도의 경우 귀속자 또는 수익자</td><td></td><td>신탁해지에 의한 이전등기</td></tr>
<tr><td>등록면허세</td><td>신탁말소</td><td>수탁자</td><td></td><td></td></tr>
</table>

(*) **부가가치세법 제10조(재화공급의 특례)** ⑧ 신탁재산을 수탁자의 명의로 매매할 때에는 「신탁법」 제2조에 따른 위탁자(이하 "위탁자"라 한다)가 직접 재화를 공급하는 것으로 본다. 다만, 위탁자의 채무이행을 담보할 목적으로 대통령령으로 정하는 신탁계약을 체결한 경우로서 수탁자가 그 채무이행을 위하여 신탁재산을 처분하는 경우에는 수탁자가 재화를 공급하는 것으로 본다. <신설 2017. 12. 19.>

→ 위 전합 판례 이후 부가가치세법이 개정되어 수탁자가 신탁계약상의 담보채무를 이행하기 위하여 신탁재산을 처분하는 경우가 아닌 한, 위탁자가 부가가치세 납세의무자라고 명문으로 규정하였다.

(**) 환경개선부담금, 교통유발부담금, 기반시설부담금, 도로점용료, 농지보전(전용)부담금, 대체산림자원조성비, 상하수도원인자부담금 등으로서 수탁자가 부담한다.

개발이익환수에 관한 법률상 개발부담금과 관련하여 납부의무자는 토지소유자인 사업시행자가 부동산신탁회사에 토지를 신탁하고 부동산신탁회사가 수탁자로서 사업시행자의 지위를 승계하여 토지 개발사업을 시행한 경우, 개발이익은 개발토지의 소유자이자 사업시행자인 수탁에게 실질적으로 귀속된다고 보아야 하므로 개발부담금의 납부의무자는 수탁자이다(대법원 2013두14696).

제13장 지방세 비과세·감면제도

13-1 지방세 비과세제도

세목	내 용	대상세목 및 비과세율(%)	관련 조문 (조·항·호)
취득세	(1) 국가·지방자치단체 등(외국정부 포함)의 취득	취득세(100)	법§9①
	(2) 국가 등에 대한 귀속 또는 기부채납 부동산과 사회기반시설의 취득	취득세(100)	법§9②사회기반시설에 대한 민간투자법 §21호
	(3) 신탁으로 인한 신탁재산 취득('신탁법'에 따른 신탁등기 병행시)	취득세(100)	법§9③
	(4) 징발재산정리에 관한 특별조치법 등에 따른 동원대상지역 내의 토지의 수용·사용에 관한 환매권의 행사로 매수하는 부동산	취득세(100)	법§9④
	(5) 임시흥행장 등 임시건축물의 취득	취득세(100)	법§9⑤
	(6) 「주택법」 제2조제3호에 따른 공동주택의 개수(「건축법」 제2조제1항제9호에 따른 대수선은 제외)로 인한 취득 중 대통령령[33]으로 정하는 가액 이하의 주택과 관련된 개수로 인한 취득	취득세(100)	법§9⑥
	(7) 상속개시 이전에 천재지변·화재·교통사고·폐차·차령초과(車齡超過) 등으로 사용할 수 없는 대통령령으로 정하는 차량[34]	취득세(100)	법§9⑦
등록면허세	(7) 국가, 지방자치단체 등의 등록·면허	등록면허세(100)	법§26①
	(8) 회사의 정리 등 법원 촉탁 등록(다만, 법인의 자본금 또는 출자금의 납입, 증자 및 출자전환에 따른 등기 또는 등록은 제외)	등록면허세(100)	법§26②1호
	(9) 행정구역의 변경 등 등록	등록면허세(100)	법§26②2호
	(10) 지목이 묘지인 토지 등	등록면허세(100)	법§26②3호
	(11) 면허의 단순한 표시변경 등 등록면허세의 과세가 적합하지 아니한 것으로서 대통령령[35]으로 정하는 면허	등록면허세(100)	법§26②4호
지방소득세	국가, 지방자치단체 등	지방소득세 종업원분(100)	법§88 1호
	주한외국정부기관 등	지방소득세 종업원분(100)	법§88 2호
	해당 사업소 종업원수 50명 이하	지방소득세 종업원분(100)	법§101

재산세	국가, 지방자치단체 등 소유 재산	재산세(100)	법§109①
	외국정부 및 주한국제기구 소유 재산	재산세(100)	법§109①
	국가, 지방자치단체 등이 1년 이상 공용 또는 공공용으로 사용하는 재산	재산세(100)	법§109②
	도로·하천·제방·구거 등	재산세(100)	법§109③-1
	산림보호구역 등 토지	재산세(100)	법§109③-2
	임시사용 건축물로 1년 미만의 것	재산세(100)	법§109③-3
	비상재해구조용, 무료도선용 등 선박	재산세(100)	법§109③-4
	철거명령 받은 건축물	재산세(100)	법§109③-5

33) 지방세법 시행령 제12조의2(공동주택 개수에 대한 취득세의 면제 범위) 법 제9조제6항에서 "대통령령으로 정하는 가액 이하의 주택"이란 개수로 인한 취득 당시 법 제4조에 따른 주택의 시가표준액이 9억원 이하인 주택을 말한다.

34) 상속개시 이전에 천재지변, 교통사고, 화재 등으로 자동차가 사실상 소멸·멸실 되었으나, 상속개시일 현재 자동차등록원부상 말소등록이 이루어지지 않은 경우 상속 취득세를 과세하였으나 2016.12.27. 개정으로 신설하였다.

35) 지방세법 시행령 제40조(비과세) ② 법 제26조제2항제4호에서 "대통령령으로 정하는 면허"란 다음 각 호의 어느 하나에 해당하는 면허를 말한다. <개정 2010.12.30, 2016.1.6>

1. 변경하는 내용이 다음 각 목의 경우에 해당하지 아니하는 변경면허
  가. 면허를 받은 자가 변경되는 경우(사업주체의 변경 없이 단순히 대표자의 명의를 변경하는 경우는 제외한다)
  나. 해당 면허에 대한 제39조에 따른 면허의 종별 구분이 상위의 종으로 변경되는 경우
  다. 법 제35조제2항에 따라 면허가 갱신되는 것으로 보는 경우
2. 「의료법」 및 「수의사법」에 따라 의료업 및 동물진료업을 개설한 자의 다음 각 목의 어느 하나에 해당하는 면허
  가. 「농어촌 등 보건의료를 위한 특별조치법」에 따라 종사명령을 이행하기 위하여 휴업하는 기간 중의 해당 면허와 종사명령기간 중에 개설하는 병원·의원(조산원을 포함한다)의 면허
  나. 「수의사법」에 따라 공수의로 위촉된 수의사의 동물진료업의 면허
3. 「총포·도검·화약류 등의 안전관리에 관한 법률」 제47조제2항에 따라 총포 또는 총포의 부품이 보관된 경우 그 총포의 소지 면허. 다만, 같은 과세기간 중에 반환받은 기간이 있는 경우는 제외한다.
4. 매년 1월 1일 현재 「부가가치세법」에 따른 폐업신고를 하고 폐업 중인 해당 업종의 면허
5. 매년 1월 1일 현재 1년 이상 사실상 휴업 중인 사실이 증명되는 해당 업종의 면허
6. 마을주민의 복지증진 등을 도모하기 위하여 마을주민만으로 구성된 조직의 주민공동체 재산 운영을 위하여 필요한 면허

제14장 지방세특례제한법상 지방세 감면제도

14-1 자경농민의 농지 등에 대한 감면(지특법제6조①②)

가. 감면대상자 : 자경농민[(① 농업을 주업으로 하는 사람, ② 농어업경영체 육성 및 지원에 관한 법률 제10조에 따른 후계농업경영인, ③ 농업계열학교 또는 학과의 이수자 및 재학생(2015년 이전)]

(1) 주업요건(농업을 주업으로 하는 사람)

2년 이상 자경농민(*)이란 본인 또는 배우자(**)(동일한 세대별 주민등록표에 기재되어 있는 경우로 한정) 중 1명 이상이 취득일 현재 다음 각 호의 요건을 모두 갖추고 있는 사람을 말한다(지특령제3조①).

1. 농지(「지방세법 시행령」 제21조에 따른 농지를 말한다. 이하 같다)를 소유하거나 임차하여 경작하는 방법으로 직접 2년 이상 계속하여 농업에 종사할 것
2. 제1호에 따른 농지의 소재지인 특별자치시·특별자치도·시·군·구(자치구를 말한다. 이하 "시·군·구"라 한다) 또는 그와 잇닿아 있는 시·군·구에 거주하거나 해당 농지의 소재지로부터 20킬로미터(***) 이내의 지역에 거주할 것
3. 직전 연도 농업 외의 종합소득금액(소득세법 제4조 제1항 제1호에 따른 종합소득에서 농업, 임업에서 발생하는 소득, 소득세법 제45조 제2항 각 호의 어느 하나에 해당하는 사업에서 발생하는 부동산임대소득 또는 같은 법 시행령 제9조에 따른 농가부업소득을 제외한 금액을 말한다)이 농업소득의 보전에 관한 법률 제6조제3항제1호 및 같은 법 시행령 제6조제1항 본문에 따른 금액(****) 미만일 것

(2) 경작요건

1. 농지 및 임야의 소재지가 「국토의 계획 및 이용에 관한 법률」에 따른 도시지역(개발제한구역과 녹지지역은 제외한다. 이하 이 항에서 "도시지역"이라 한다) 외의 지역일 것
2. 농지 및 임야를 취득하는 사람의 주소지가 농지 및 임야의 소재지인 시·군·구 또는 그 지역과 잇닿아 있는 시·군·구 지역이거나 농지 및 임야의 소재지로부터 20킬로미터 이내(*****)의 지역일 것
3. 본인 또는 배우자가 소유하고 있는 농지 및 임야(도시지역 안의 농지 및 임야를 포함한다)와 본인 또는 배우자가 새로 취득하는 농지 및 임야를 모두 합한 면적이 논, 밭, 과수원은 3만제곱미터(「농지법」에 따라 지정된 농업진흥지역 안의 논, 밭, 과수원은 20만제곱미터로 한다), 목장용지는 25만제곱미터, 임야는 30만제곱미터 이내일 것. 이 경우 초과부분이 있을 때에는 그 초과부분만을 경감대상에서 제외한다.

(*) 농업을 주업으로 하는 사람은 반드시 전업농을 의미하는 것은 아니다(지방세운영-1751, 2008.10.10.). 농지원부의 발급 또는 등재 여부와는 상관없다(조심 2008지199, 2008.11.3.).

(**) 본인 또는 배우자 이외에 직계비속이나 직계존속은 동일 세대별 주민등록표에 기재되어 있더라도 자경농민으로 인정되지 않는다. 2015년까지는 배우자와 직계비속으로 규정되어 있었다.

(***) 전국 어디의 농지를 막론하고 그 농지로부터 20km 이내를 말한다. '거리'라는 문언 그대로 직선거리로 20km 이내인지의 여부에 의하여 가려야 할 것이고, 이를 이른바 통작거리라고

하여 경작을 위하여 실제 접근이 가능한 육로나 해로를 기준으로 하여야 한다고 해석하여야 할 근거가 없다(대법원 96누17097, 1997. 2. 28.)
(****) 조특법상 양도소득세 감면의 경우에는 자경농민의 거주지 요건으로 농지소재지로부터 거리는 30㎞로 되어 있으니 주의하여야 한다.
(*****) 직전 연도의 농업 외의 종합소득금액이 3700만원(양도세도 동일). 세무서에서 발행하는 소득금액증명원, 근로소득원천징수영수증으로 증명한다. 이것이 불가능할 경우에는 사실증명서로 대체할 수 있다.

나. 감면대상부동산 : 농지 등

(1) 직접 경작·농지조성 목적의 취득 농지(지목이 논, 밭, 과수원 및 목장용지), 농지를 조성하기 위하여 취득하는 임야(*) 등(제6조①)

공부상 지목이 농지이면서 실제 사용현황이농작물의 경작 또는 다년생 식물의 재배에 이용되어야 한다. 일시적 휴경상태라면 농지로 인정한다. 실제의 토지 현황이 농작물을 경작하고 있더라도 공부상 지목이 하천부지라면 농지법의 규정에 의한 농지에 포함된다 하더라도 농지로 볼 수 없다(지방세운영과-113, 2008.6.11.). 임야를 취득하여 취득일로부터 2년 이내에 목장용지로 조성하는 경우에는 임야 취득시와 지목변경시의 취득세가 각각 경감된다(세정-22670-787, 1988.1.25.).

(2) 농업용 시설로서 양잠 또는 버섯재배용 건축물, 고정식 온실, 축사, 축산폐수 및 분뇨처리시설, 창고(저온창고, 상온창고, 농기계보관용 창고만 해당), 농산물 선별처리시설(제6조②)

(*) 공부상 지목이 임야인 사실상 농지를 취득하여 관계법령에 따라 산지전용허가 등을 득하고 지목을 변경하는 경우라면 '농지를 조성하기 위하여 취득하는 임야'에 해당한다 할 것이므로 취득세 경감대상에 해당하는 것으로 본다(지방세특례제도과-769, 2015.03.19.).

다. 특례내용 : ① 취득세(50), ② 취득세(50), 농특세 비과세

라. 추징사유(지특법제6조①)

1. 정당한 사유 없이 그 취득일부터 2년이 경과할 때까지 농지를 직접 경작하지 아니하거나 농지조성을 시작하지 아니하는 경우
2. 정당한 사유 없이 경작한 기간이 2년 미만인 상태에서 매각·증여하거나 다른 용도로 사용하는 경우

따라서 농지를 임대하는 경우에는 직접 경작이 아니므로 추징대상이고 임대 시점부터 추징대상에 해당한다(조심2010지0510, 2011.2.14.). 또한 자경농민이 취득세를 감면받은 뒤 2년 이내에 법인전환 하는 경우에는 추징사유애 해당한다. 또한 자경농민이 농지 취득 후 2년 이내에 주소지를 농지 소재지로부터 20km 이상 떨어진 지역으로 이전하였다면 추징대상에 해당한다.

마. 감면신청

자경농민임을 확인하는 서류로서 농업경영체등록확인서(농산물품질관리원)를 제출해야 하지만, 없을 경우에는 ① 이장, 통장이 발급하는농지실경작확인서, ② 농산물거래내역서, ③ 가축사육업등록증, ④ 농지원부, ⑤ 농약 및 퇴비거래내역서를 첨부하여 감면신청한다.

14-2 농업법인·어업법인에 대한 감면(지특법제11조①②, 제12조①)

가. 감면대상자 : 농업법인(영농조합법인과 농업회사법인), 어업법인(영어조합법인과 어업회사법인)

나. 감면대상 : ① 영농에 사용하기 위하여 설립등기일부터 2년 이내(청년농업법인의 경우에는 4년 이내) 취득하는 농지, 임야, 각종 시설, ② 농업법인(어업법인)의 설립등기, ③ 농업법인(어업법인)의 영농(영어)·유통·가공에 직접 사용하기 위하여 취득하는 부동산, ④ 농업법인(어업법인)의 영농·유통·가공 용도에 직접 사용하는 부동산

다. 특례내용 : ① 취득세(75), ② 등록면허세(100), ③ 취득세(50), ④ 재산세(50), ①② 감면분 농특세 비과세

- 최소납부세액 적용(지특법제177조의2)
- 중복감면의 배제(지특법제180조) → ①과 ③이 동시 적용될 경우에 그 중 감면율이 높은 것 하나만 적용해야 하므로, 법인 설립 후 2년까지는 제11조 제2항만을 적용하여 취득세를 면제하고, 법인 설립 후 23년이 경과한 경우에는 제11조 2항만 적용된다.
- 부동산이 지방세법 제13조 제5항의 사치성재산이라면 감면에서 제외한다(지특법제177조).
- 사치성재산이면 감면 배제

라. 추징사유 :

1. 정당한 사유 없이 그 취득일부터 1년이 경과할 때까지 해당 용도로 직접 사용하지 아니하는 경우(*)
2. 해당 용도로 직접 사용한 기간이 3년 미만인 상태에서 매각·증여하거나 다른 용도로 사용하는 경우
3. 해당 용도로 직접 사용한 기간이 5년 미만인 상태에서 「농어업경영체 육성 및 지원에 관한 법률」 제20조의3에 따라 해산명령을 받은 경우

(*) ① 현물출자자자의 계약 취소로 소유권이전등기가 말소되어 영농에 직접 사용하지 못한 경우에는 추징을 배제할 수 있는 정당한 사유가 있다(대법원 2013두27036, 2014.4.10.).
② 임야 16,264㎡ 중 100㎡에 대하여는 표고버섯을 재배하고 있는 사실이 확인(처분청 출장복명서 등)되는바 이 부분에 상당하는 취득세 등은 감액되어야 하고, 잔여 토지에 대하여는 영농에 직접 사용하고 있는 사실이 확인되지 아니하므로 100㎡의 토지를 제외한 토지에 대하여는 기 감면한 취득세 등을 추징하는 것은 타당함.

마. 감면신청 :

① 농업법인임을 확인하는 서류 : 농어업경영체등록확인서, 법인등기부등본, 법인설립인가증 등
② 영농(영어)·유통·가공 목적으로 취득하는 부동산임을 증명하는 서류
③ 법인설립일부터 2년 내임을 증명하는 서류 : 법인등기부등본 또는 사업자등록증

14-2-1 영농조합법인·농업회사법인, 출자 농업인에 대한 세제 지원

<table>
<tr><th>구 분</th><th colspan="2">세 목</th><th>세제 지원</th></tr>
<tr><td rowspan="5">농업법인</td><td rowspan="2">국 세</td><td>법인세
(조특법제66조, 조특령제63조, 조특법제68조))</td><td>농업소득(식량작물재배업소득) 전액에 대한 법인세 면제, 그 외의 소득 중 일정한 범위의 금액에 대한 법인세 면제(반드시 농업경영체 등록을 하여야!)</td></tr>
<tr><td>부가가치세</td><td>① 농어업 경영 및 농어업 작업의 대행용역에 대한 부가가치세 면제(조특법제106조, 조특령제106조)
② 농업용 석유류에 대한 부가가치세 감면(조특법제106조의2)
③ 농업용 기자재에 대한 부가가치세 환급(조특법제105조의2)
④ 농업용 기자재에 대한 부가가치세 영세율 적용(조특법제105조)</td></tr>
<tr><td rowspan="3">지방세
(지특법제11조, 제12조)</td><td>취득세</td><td>① 영농에 사용하기 위하여 설립등기일부터 2년 이내 취득하는 부동산에 대한 취득세 면제(최소납부세액 적용하므로 15%는 납부해야!)
② 영농(영어)·유통·가공에 직접 사용하기 위하여 취득하는 부동산(50% 감면)
③ 사후 추징사유 있음.</td></tr>
<tr><td>등록면허세</td><td>법인설립등기 등록면허세 면제</td></tr>
<tr><td>재산세</td><td>① 과세기준일 현재 해당 용도에 직접 사용하는 부동산(50% 감면)
② 추징사유 있음.</td></tr>
<tr><td rowspan="2">출자
농업인</td><td rowspan="2">국 세
(조특법제66조, 제68조)</td><td>양도소득세</td><td>① 농업인이 농지나 초지를 농업법인에 현물출자시 발생하는 양도소득세 전액 면제(반드시 농업경영체 등록을 하여야!, 과세기간별 1어원, 5개년 동안 3억원 한도, 현물출자 전 자경기간과 출자 후 양도시까지 기간을 합한 기간이 8년 미만인 경우로서 출자지분을 출자일부터 3년 내 양도시 사후 추징)
② 농업인이 농업법인에 농작물재배업·축산업 및 임업에 직접 사용되는 부동산을 현물출자하는 경우 이월과세 적용(반드시 농업경영체 등록을 하여야!, 현물출자 전 자경기간과 출자 후 양도시까지 기간을 합한 기간이 8년 미만인 경우로서 출자지분을 출자일부터 3년 내 50% 이상 양도시 사후 추징, 이월과세 한도도 위 양도세 면제 한도와 동일)</td></tr>
<tr><td>배당소득세</td><td>① 식량작물재배업소득에서 발생한 배당소득 전액에 대해 영농조합법인은 면제, 농업회사법인에 대해서는 전액 면제(농어업경영체등록확인서 제출)
② 식량작물재배업소득 외의 소득에서 발생한 배당소득 중 과세연도별 1,200만원에 대해서는 면제, 초과금액에 대해서는 5% 분리과세.</td></tr>
</table>

14-3 농업협동조합 등의 농어업관련사업 등에 대한 감면(지특법제14조①~⑤)

<table>
<tr><td>가. 감면대상자 : ① 농업협동조합중앙회, 수산업협동조합중앙회, 산림조합중앙회, 산림조합중앙회, 엽연초생산협동조합중앙회, ② 지역농협(조합공동사업법인을 포함), ③ 지역산림조합(산림계 및 조합공동사업법인을 포함), ④ 지역엽연초생산협동조합, ⑤ 유통자회사</td></tr>
<tr><td>나. 감면대상 : ① 농업협동조합중앙회 등이 구매·판매사업 등에 직접 사용하기 위해 취득하는 부동산, 그 사업에 직접 사용하는 부동산(§14①), ② 농협중앙회 등이 회원교육·지도·지원사업 및 공동이용시설용 부동산(§14② - 일몰), ③ 농업협동조합 등(조합공동사업법인, 어촌계 포함)의 고유업무에 직접 사용(*)하기 위해 취득하는 부동산(§14③)

(*) 임대용 부동산은 제외한다.</td></tr>
<tr><td>다. 특례내용 : ① 취득세(25)·재산세(25), ② 취득세(25) - 일몰, ③ 취득세(100)·재산세(100), ①③ 감면분 농특세 비과세
~
• 최소납부세액 배제(지특법제177조의2)</td></tr>
<tr><td>라. 추징사유 :
지특법제178조 일반 추징규정 적용.</td></tr>
<tr><td>마. 감면신청 :</td></tr>
</table>

14-4 어린이집 및 유치원에 대한 감면(지특법제19조)

<table>
<tr><td>가. 감면대상자 : 영아보육법에 따른 영유아어린이집 또는 유아교육법에 따른 유치원을 설치운영하는 사람</td></tr>
<tr><td>나. 감면대상 : 영유아보육법에 따른 어린이집 및 유치원을 설치·운영하기 위하여 취득하는 부동산</td></tr>
<tr><td>다. 특례내용 : ① 취득세(50), ② 재산세(100), ① 농어촌특별세 비과세

• 최소납부세액 적용(지특법제177조의2)
• 사치성재산이면 감면배제
• 사회복지법인이 설치·운영하는 어린이집에 대해서는 제19조 및 제22조가 동시에 적용되는바, 제180조에 따라 감면율이 높은 것 하나민을 적용하므로 최소납부세액 제도가 배제되는 제22조만 적용하는 것이 타당하다(지방세특례제도과-1708, 2015.06.30.).</td></tr>
<tr><td>라. 추징사유 : 지방세특례제한법 제178조의 일반적 추징규정 적용</td></tr>
<tr><td>마. 감면신청 : 영유아보육시설의 설치운영을 입증하는 서류 첨부</td></tr>
</table>

14-5 노인복지시설에 대한 감면(지특법제20조)

가. 감면대상자 : 노인복지법에 따른 노인복지시설을 설치·운영하려는 사람. 따라서 노인복지법상 노인복지시설의 수분양자는 감면대상자가 아니다.

나. 감면대상 : ① 대통령령으로 정하는 무료노인복지시설(*)을 위한 취득 부동산, ② 제1호 외의 노인복지시설에 사용하기 위하여 취득하는 부동산

(*) 지방세특례제한법 시행령 제8조의4(무료 노인복지시설의 범위) 법 제20조제1호에서 "대통령령으로 정하는 무료 노인복지시설"이란 「노인복지법」 제31조에 따른 노인여가복지시설·노인보호전문기관·노인일자리지원기관·노인주거복지시설·노인의료복지시설(**) 또는 재가노인복지시설로서 다음 각 호의 어느 하나에 해당하는 시설을 말한다. <개정 2016.12.30>

1. 입소자의 입소비용(이용비용을 포함한다)을 국가 또는 지방자치단체가 전액 부담하는 시설
2. 노인복지시설 이용자 중 「노인장기요양보험법」에 따른 재가급여 또는 시설급여를 지급받는 사람과 「국민기초생활 보장법」 제7조제1항제1호부터 제3호까지의 규정에 따른 급여를 지급받는 사람이 연평균 입소 인원의 100분의 80 이상인 시설로서 행정자치부령으로 정하는 기준에 적합한 시설

(**) 종전에는 노인전문병원이 노인의료복지시설에 포함되었으나 노인복지법이 제34조가 개정되어 노인전문병원이 삭제됨으로써 종전의 노인전문병원은 의료법상 요양병원으로 분류되어 '의료법인'에 대한 감면을 적용받는다.

다. 특례내용 : ① 취득세(50)·재산세(50), ② 취득세(25), 재산세(25)

- 최소납부세액 배제(지특법제177조의2)
- 사치성재산이면 감면배제

라. 추징사유 : 지방세특례제한법 제178조의 일반적 추징규정 적용

마. 감면신청 : 노인복지시설의 설치운영을 입증하는 서류 첨부

14-6 사회복지법인 등에 대한 감면(지특법제22조)

가. 감면대상자 : 사회복지사업법에 따라 설립된 사회복지법인과 양로원, 보육원, 모자원, 한센병자 치료보호시설 등 대통령령으로 정하는 사회복지사업을 목적으로 하는 단체 및 한국한센복지협회('사회복지법인등')

나. 감면대상 : ① 사회복지사업법 등에 따라 설립된 사회복지법인 등이 사회복지사업을 목적으로 해당 사업에 직접 사용하기 위한 취득 부동산, ② 사회복지법인 등이 현재 해당사업에 직접 사용하는 부동산(유료제외), ③ 사회복지법인등 및 그 사업에 직접 사용하기 위한 면허, ④ 사회복지사업법에 따른 사회복지법인의 설립등기 및 합병등기, ⑤ 사회복지법인이 의료기관을 경영하기 위하여 취득하거나 사용하는 부동산

다. 특례내용 : ① 취득세(100), ② 재산세(100 또는 25), ③ 등록면허세(100), ④ 등록면허세(100), ⑤ 취득세(50)·재산세(50), ① 농어촌특별세 비과세

- 최소납부세액 적용(지특법제177조의2)
- 사치성재산이면 감면배제
- 시회복지사업이 노인복지법, 영유아보육법의 감면규정과 경합하는 경우에는 중복 감면이 배제되어 가장 감면율이 높은 규정 하나만 적용된다(지특법제180조).

라. 추징사유 : ①의 경우 다음의 어느 하나에 해당하면 추징한다.

1. 해당 부동산을 취득한 날부터 5년 이내에 수익사업에 사용하는 경우
2. 정당한 사유 없이 그 취득일부터 3년이 경과할 때까지 해당 용도로 직접 사용하지 아니하는 경우
3. 해당 용도로 직접 사용한 기간이 2년 미만인 상태에서 매각·증여하거나 다른 용도로 사용하는 경우

그 밖의 경우에는 지방세특례제한법 제178조의 일반적 추징규정 적용.

마. 감면신청 : 당해 부동산이 사회복지사업 용도임을 입증하는 서류 첨부

14-7 출산 및 양육 지원을 위한 감면(지특법제22조의2)

가. 감면대상자 : 18세 미만의 자녀 3명 이상(*)을 양육하는 자. 다만, 배우자가 감면을 받은 경우 또는 배우자 외의 자(**)와 공동등록을 하는 경우에는 그러하지 아니하다.

(*) 가족관계등록부 기록을 기준으로 하고, 양자 및 배우자의 자녀를 포함하되, 입양된 자녀는 친생부모의 자녀 수에는 포함하지 아니한다.

<table>
<tr><td>

(**) 쟁점자동차에 대하여 다자녀양육자인 부부 중 1명 명의로 등록하였다가 부부공동명의로 등록하였다고 하여 이를 취득세 추징 대상으로 보아 부과한 이 건 처분은 잘못이 있다(조심 2016지0594, 2016.08.24.).

</td></tr>
<tr><td>

나. 감면대상 : ① 양육을 목적으로 취득하는 자동차(*) 중 먼저 감면 신청하는 1대(대체취득도 포함), ② 제1항에 따라 취득세를 감면받은 자동차(*)를 말소등록하거나 이전등록하고 다시 취득(대체취득)하는 것

(*) 1. 승차정원이 7명 이상 10명 이하인 승용자동차
2. 1. 외의 승용자동차
3. 승차정원이 15명 이하인 승합자동차
4. 최대적재량이 1톤 이하인 화물자동차
5. 배기량 250cc 이하 이륜자동차

</td></tr>
<tr><td>

다. 특례내용 : ① 취득세(140만원 한도 내 100%, 140만원 초과시 140만원 면제), ②취득세(140만원 한도 내 면제, 140만원 초과시 140만원 면제), ①② 농어촌특별세 비과세

①, ②에 따라 감면을 받은 자동차가 다음 각 호의 어느 하나에 해당되는 경우에는 장부상 등록 여부에도 불구하고 자동차를 소유하지 아니한 것으로 보아 제1항 및 제2항에 따른 취득세 감면 규정을 적용한다. <개정 2016.12.27.>
1. 「자동차관리법」에 따른 자동차매매업자가 중고자동차 매매의 알선을 요청한 사실을 증명하는 자동차(매도되지 아니하고 그 소유자에게 반환되는 중고자동차는 제외한다)
2. 천재지변, 화재, 교통사고 등으로 소멸, 멸실 또는 파손되어 해당 자동차를 회수할 수 없거나 사용할 수 없는 것으로 특별자치시장·특별자치도지사·시장·군수 또는 구청장(구청장의 경우에는 자치구의 구청장을 말하며, 이하 "시장·군수"라 한다)이 인정하는 자동차
3. 「자동차관리법」에 따른 자동차해체재활용업자가 폐차되었음을 증명하는 자동차
4. 「관세법」에 따라 세관장에게 수출신고를 하고 수출된 자동차

• 최소납부세액 적용(지특법제177조의2)
• 장애인 자동차 감면규정과 경합하는 경우에는 중복 감면이 배제되어 가장 감면율이 높은 규정 하나만 적용된다(지특법제180조).

</td></tr>
<tr><td>

라. 추징사유 : 자동차 등록일부터 1년 이내에 사망, 혼인, 해외이민, 운전면허 취소, 그 밖에 이와 유사한 사유 없이 해당 자동차의 소유권을 이전하는 경우. 다만, 제1항 본문에 따라 취득세를 감면받은 다자녀 양육자가 해당 자동차의 소유권을 해당 다자녀 양육자의 배우자에게 이전하는 경우에는 감면된 취득세를 추징하지 아니한다.

</td></tr>
<tr><td>

마. 감면신청 : 가족관계등록부 등 첨부

</td></tr>
</table>

14-8 사회적 기업에 대한 감면(지특법제22조의4)

가. 감면대상자 : 사회적기업 육성법 제2조 제1호에 따른 사회적기업(상법상 회사인 경우에는 중소기업기본법 제2조 제1항에 따른 중소기업으로 한정한다)
나. 감면대상 : ① 고유업무 직접 사용 목적의 취득 부동산, ② 과세기준일 현재 그 고유업무에 직접 사용하는 부동산
다. 특례내용 : ① 취득세(50), ② 재산세(25) • 사치성재산이면 감면배제
라. 추징사유 : ①에 대하여 1. 그 취득일부터 3년 이내에 사회적기업 육성법 제18조에 따라 사회적기업의 인증이 취소되는 경우 2. 정당한 사유 없이 그 취득일부터 1년이 경과할 때까지 해당 용도로 직접 사용하지 아니하는 경우 3. 해당 용도로 직접 사용한 기간이 2년 미만인 상태에서 매각·증여하거나 다른 용도로 사용하는 경우
마. 감면신청

14-9 국가유공자 등에 대한 감면(지특법제29조)

가. 감면대상자 : ① 대부금으로 주택등을 취득하는 국가유공자, ② 국가유공자단체, ③ 국가유공자 자활용사촌에 거주하는 중상이자외 그 유족 또는 중상이자와 그 유족으로 구성된 단체

나. 감면대상 : ① 전용면적 85제곱미터 이하인 주택(대부금을 초과하는 부분을 포함한다), 제1호 외의 부동산(대부금을 초과하는 부분은 제외한다)

①,②가 보철용·생업활동용으로 사용하기 위하여 취득하는 다음 각 호의 어느 하나에 해당하는 자동차로서 취득세 또는 자동차세 중 어느 하나의 세목에 대하여 먼저 감면 신청하는 1대

1. 다음 각 목의 어느 하나에 해당하는 승용자동차
   가. 배기량 2천시시 이하인 승용자동차
   나. 승차 정원 7명 이상 10명 이하인 대통령령으로 정하는 승용자동차
   다. 「자동차관리법」에 따라 자동차의 구분기준이 화물자동차에서 2006년 1월 1일부터 승용자동차에 해당하게 되는 자동차(2005년 12월 31일 이전부터 승용자동차로 분류되어 온 것은 제외한다)
2. 승차 정원 15명 이하인 승합자동차
3. 최대적재량 1톤 이하인 화물자동차
4. 배기량 250시시 이하인 이륜자동차

지방세특례제한법시행령 제12조의2(국가유공자 등의 범위 등) ④ 국가유공자등이 대체취득(법 제29조제4항에 따라 취득세와 자동차세를 면제받은 자동차를 말소등록하거나 이전등록하고 다른 자동차를 다시 취득하는 것을 말하며, 다른 자동차를 취득하여 등록한 날부터 60일 이내(*)에 종전의 자동차를 말소등록하거나 이전등록하는 경우를 포함한다)하는 경우 해당 자동차에 대해서는 법 제29조제4항에 따라 취득세와 자동차세를 면제한다.

(*) 다른 차량을 등록한 날부터 60일 이내에 종전 차량을 이전등록하거나 말소등록하지 아니하는 경우에는 기 면제받은 취득세 등은 추징된다(서울세제-9568, 2016.07.08.).

다. 특례내용 : 취득세(100)·자동차세(100)

- 장애인용 자동차에 대한 감면을 받은 경우는 제외한다.
- 최소납부세액 배제(지특법제177조의2)

라. 추징사유 :

마. 감면신청 : 장애인 등임을 입증하는 서류

14-10 임대주택 등에 대한 감면(지특법제31조)

가. 감면대상자 : 공공주택 특별법에 따른 공공주택사업자 및 민간임대주택에 관한 특별법에 따른 임대사업자(임대용 부동산 취득일부터 60일 이내에 해당 임대용 부동산을 임대목적물로 하여 임대사업자로 등록한 경우)(이하 '임대사업자')

- 민간임대주택에 관한 특별법상 임대사업자의 범위 : 공공주택 특별법 제4조제1항에 따른 공공주택사업자(*)가 아닌 자로서 주택을 임대하는 사업을 할 목적으로 제5조에 따라 등록한 자를 말하며, 기업형임대사업자와 일반형임대사업자로 구분한다(민간임대주택에 관한 특별법 제2조7호).
- 임대사업자 등록요건 : 기업형임대사업자[100호(세대) 이상, 건설임대주택은 300호(세대) 이상]가 아닌 이상, 일반형임대사업자는 1호 또는 1세대 이상이면 충족된다(민간임대주택에 관한 특별법 제2조 8,9호, 제5조, 시행령 제3조, 제4조⑥).
- 그러나 지방세특례제한법상 '임대사업자'는 지방세특례제한법시행령 제13조 제2항의 1. 주택건설사업자, 2. 「주택법」 제4조제1항제6호에 따른 고용자, 3. 민간임대주택에 관한 특별법 제2조 제7호의 임대사업자 또는 「공공주택 특별법」 제4조에 따른 공공주택사업자를 모두 포괄하는 개념이다(지특법제31조①③, 지특령제13조②).

(*) 1. 국가 또는 지방자치단체
2. 「한국토지주택공사법」에 따른 한국토지주택공사
3. 「지방공기업법」 제49조에 따라 주택사업을 목적으로 설립된 지방공사
4. 「공공기관의 운영에 관한 법률」 제5조에 따른 공공기관 중 대통령령으로 정하는 기관
5. 제1호부터 제4호까지의 규정 중 어느 하나에 해당하는 자가 총지분의 100분의 50을 초과하여 출자·설립한 법인
6. 주택도시기금 또는 제1호부터 제4호까지의 규정 중 어느 하나에 해당하는 자가 총지분의 전부를 출자(공동으로 출자한 경우를 포함한다)하여 「부동산투자회사법」에 따라 설립한 부동산투자회사

(*) 임대사업 등에 대한 감면을 적용받기 위해서는 「민간임대주택에 관한 특별법」에 따른 임대사업자는 같은 법 제5조에 따라 임대사업자 등록을 하여야 하나, 공공주택 특별법에 따른 공공주택사업자는 임대사업자 등록에 관한 별도의 규정이 없을 뿐만 아니라, 규정 내용상 임대사업자 지위를 포함하고 있다고 해석하는 것이 합리적이라고 판단되므로, 공공주택사업자의 경우에는 임대사업자 등록을 하지 않아도 감면대상에 해당된다(서울세제-17514, 2016.12.08.).

나. 감면대상 :

① 임대할 목적으로 공동주택(*)(해당 공동주택의 부대시설 및 임대수익금 전액을 임대주택관리비로 충당하는 임대용 복리시설을 포함)을 건축하는 경우 그 공동주택과 임대사업자가 임대할 목적으로 건축주로부터 공동주택 또는 「민간임대주택에 관한 특별법」 제2조제1호에 따른 준주택 중 오피스텔(그 부속토지를 포함)을 최초로 분양받은 경우, 1. 전용면적 60제곱미터 이하인 공동주택 또는 오피스텔, 2. 8년 이상의 장기임대 목적으로 전용면적 60제곱미터 초과 85제곱미터 이하인 임대주택("장기임대주택")을 20호(戶) 이상 취득하거나, 20호 이상의 장기임대주택을 보유한 임대사업자가 추가로 장기임대주택을 취득하는 경우(추가로 취득한 결과로 20

<table>
<tr><td>
호 이상을 보유하게 되었을 때에는 그 20호부터 초과분까지를 포함), ② 대통령령으로 정하는 임대사업자 등이 국내에 2세대 이상의 임대용 공동주택을 건축·매입하거나 오피스텔을 매입하여 과세기준일 현재 임대 목적에 직접 사용하는 경우, 1. 전용면적 40제곱미터 이하인 「공공주택 특별법」 제50조의2제1항에 따라 30년 이상 임대 목적의 공동주택, 2. 전용면적 60제곱미터 이하인 임대목적의 공동주택 또는 오피스텔, ③ 「한국토지주택공사법」에 따라 설립된 한국토지주택공사가 「공공주택 특별법」 제43조제1항에 따라 매입하여 공급하는 것(**)으로서 「건축법 시행령」 별표 1 제1호나목의 다중주택 및 그 부속토지와 같은 호 다목의 다가구주택 및 그 부속토지(지특령제13조③)

• 건축법시행령 별표1
2. 공동주택[공동주택의 형태를 갖춘 가정어린이집·공동생활가정·지역아동센터·노인복지시설(노인복지주택은 제외한다) 및 「주택법 시행령」 제3조제1항에 따른 원룸형 주택을 포함한다]. 다만, 가목이나 나목에서 층수를 산정할 때 1층 전부를 필로티 구조로 하여 주차장으로 사용하는 경우에는 필로티 부분을 층수에서 제외하고, 다목에서 층수를 산정할 때 1층의 전부 또는 일부를 필로티 구조로 하여 주차장으로 사용하고 나머지 부분을 주택 외의 용도로 쓰는 경우에는 해당 층을 주택의 층수에서 제외하며, 가목부터 라목까지의 규정에서 층수를 산정할 때 지하층을 주택의 층수에서 제외한다.
가. 아파트: 주택으로 쓰는 층수가 5개 층 이상인 주택
나. 연립주택: 주택으로 쓰는 1개 동의 바닥면적(2개 이상의 동을 지하주차장으로 연결하는 경우에는 각각의 동으로 본다) 합계가 660제곱미터를 초과하고, 층수가 4개 층 이하인 주택
다. 다세대주택: 주택으로 쓰는 1개 동의 바닥면적 합계가 660제곱미터 이하이고, 층수가 4개 층 이하인 주택(2개 이상의 동을 지하주차장으로 연결하는 경우에는 각각의 동으로 본다)
라. 기숙사: 학교 또는 공장 등의 학생 또는 종업원 등을 위하여 쓰는 것으로서 1개 동의공동취사시설 이용 세대수가 전체의 50퍼센트 이상인 것(「교육기본법」 제27조제2항에 따른 학생복지주택을 포함한다)
• ①의 경우 토지를 취득한 날부터 정당한 사유 없이 2년 이내에 공동주택을 착공하지 아니한 경우는 제외한다.
• ③의 경우는 공동주택뿐만 아니라 단독주택도 해당한다.
(**) 기존주택의 매입으로서 1.「건축법 시행령」 별표 1 제1호가목부터 다목까지에 따른 단독주택, 다중주택 및 다가구주택, 2.「건축법 시행령」 별표 1 제2호에 따른 공동주택(「주택법」 제2조제6호에 따른 국민주택규모 이하인 것만 해당한다)을 말한다(공공주택특별법시행령제37조①) → 기존 보금자리주택건설등에 관한 특별법이 폐지되고 새로 공공주택특별법으로 통합되었다.
</td></tr>
<tr><td>
다. 특례내용 : ①-1 취득세(100), ①-2 취득세(50), ②-1 재산세(100), ②-2 재산세(50), ③ 취득세(50)·재산세(50), ① 농어촌특별세 비과세

• 최소납부세액 적용(지특법제177조의2)
</td></tr>
</table>

• 사치성재산이면 감면배제
라. 추징사유 : ①의 경우 「민간임대주택에 관한 특별법」 제43조제1항 또는 「공공주택특별법」 제50조의2제1항에 따른 임대의무기간에 대통령령으로 정한_경우(*)가 아닌 사유로 임대 외의 용도로 사용하거나 매각·증여(**)하는 경우, ③의 경우 1. 정당한 사유 없이 그 매입일부터 1년이 경과할 때까지 해당 용도로 직접 사용하지 아니하는 경우, 2. 해당 용도로 직접 사용한 기간이 2년 미만인 상태에서 매각·증여하거나 다른 용도로 사용하는 경우에는 추징한다. (*) 민간임대주택의 경우에는 임대사업자가 부도, 파산, 그 밖의 대통령령으로 정하는 경제적 사정 등으로 임대를 계속할 수 없는 경우, 공공임대주택의 경우에는 공공주택사업자가 경제적 사정 등으로 공공임대주택에 대한 임대를 계속할 수 없는 경우로서 공공주택사업자가 국토교통부장관의 허가를 받아 임차인에게 분양전환하는 경우 및 임대 개시 후 해당 주택의 임대의무기간의 2분의 1이 지난 분양전환공공임대주택에 대하여 공공주택사업자와 임차인이 해당 임대주택의 분양전환에 합의하여 공공주택사업자가 임차인에게 법 제50조의3에 따라 분양전환하는 경우 (**) 임대사업자가 임대주택에 대하여 감면 받은 후 그 임대주택의 지분을 배우자에게 증여했다면 이는「지방세특례제한법 시행령」 제13조제1항에서 정한 사유가 아닌 이상 매각·증여한 부분에 대한 취득세를 한정하여 추징하는 것으로 규정하고 있지 않으므로 감면된 취득세 전체를 추징하는 것이 타당하다(지방세특례제도과-1710, 2015.06.30.).
마. 감면신청 :

※ 1. 주택임대사업자 등록방법(민간임대주택에 관한 특별법제5조)

① 등록지 : 거주지 시·군·구청 주택과

② 필요서류 : 매매계약서 또는 분양계약서 원본, 주태임대사업자등록신청서(주택과 비치)

③ 기간 : 취득일부터 60일 이내(준공공임대주택은 90일)

2. 주택임대사업자 신고

① 신고지 : 거주지 세무서

② 준비물 : 주택임대사업자등록증, 신분증, 주민등록초본, 사업자등록신청서(세무서 비치)

14-11 한국토지주택공사의 소규모공동주택에 대한 감면(지특법제32조)

가. 감면대상자 : 한국토지주택공사(LH공사)
나. 감면대상 : 임대를 목적으로 취득하는 대통령령(*)으로 정하는 소규모 공동주택용 부동산 (*) 1구(1세대가 독립하여 구분 사용할 수 있도록 구획된 부분을 말한다. 이하 같다)당 건축면적(전용면적을 말한다)이 60제곱미터 이하인 공동주택(해당 공동주택의 입주자가 공동으로 사용하는 부대시설 및 공공용으로 사용하는 토지와 영구임대주택단지 안의 복리시설 중 임대수익금 전액을 임대주택 관리비로 충당하는 시설을 포함한다) 및 그 부속토지(관계 법령에 따라 국가 또는 지방자치단체에 무상으로 귀속될 공공시설용지를 포함한다)(지특령제14조①) → 다가구주택을 포함한다(대법원 2008두12672, 2008.10.23.).
다. 특례내용 : 취득세(25)·재산세(25),세(25), ① 농어촌특별세 비과세 • 사치성재산이면 감면배제 • 제31조 임대주택 감면과 경합시 중복적용 배제(지특법제180조)
라. 추징사유 : 토지를 취득한 후 대통령령(*)으로 정하는 기간에 소규모 공동주택의 건축을 착공하지 아니하거나 소규모 공동주택이 아닌 용도에 사용하는 경우 (*) 소규모 공동주택용 토지를 취득한 날(토지를 일시에 취득하지 아니하는 경우에는 최종 취득일을 말하며, 최종 취득일 이전에 사업계획을 승인받은 경우에는 그 사업계획승인일을 말한다)부터 4년을 말한다(지특령제14조②).
마. 감면신청 : 임대 또는 분양 목적에 직접 사용하는 부동산임을 증명하는 서류

14-12 주택공급 확대를 위한 감면(지특법제33조)

가. 감면대상자 : 상시 거주할 목적으로 서민주택을 취득(*)하는 1가구1주택자(**)
(*) 상속·증여로 인한 취득 및 원시취득은 제외
(**) 지특령제15조③

나. 감면대상 : 상시 거주할 목적으로 취득하는 서민주택(*)
(*) 연면적 또는 전용면적이 40제곱미터 이하인 주거용 건축물 및 그 부속토지 로서 취득가액이 1억원 미만인 것

다. 특례내용 : 취득세(100)
- 최소납부세액 배제(지특법제177조의2)
- 사치성재산이면 감면배제
- 제31조 임대주택 감면과 경합시 중복적용 배제(지특법제180조)

라. 추징사유 : 1. 정당한 사유 없이 그 취득일부터 3개월이 지날 때까지 해당 주택에 상시 거주를 시작하지 아니한 경우
2. 해당 주택에 상시 거주를 시작한 날부터 2년이 되기 전에 상시 거주하지 아니하게 된 경우
3. 해당 주택에 상시 거주한 기간이 2년 미만인 상태에서 해당 주택을 매각·증여하거나 다른 용도(임대를 포함한다)로 사용하는 경우

마. 감면신청 : 서민주택, 1가구1주택자임을 증명하는 서류

14-13 주택담보노후연금보증 대상 주택에 대한 감면(지특법제35조)

가. 감면대상자 : 한국주택금융공사 및 기타 연금지급 금융회사(한국주택금융공사법)

나. 감면대상 : 연금보증의 보증기준에 해당되는 담보로 제공되는 주택(오피스텔 포함)

다. 특례내용 : 담보등기의 등록면허세(75), 재산세(시가표준액 5억원 이하시 25, 5억원 초과시 5억원에 해당하는 재산세의 25)

라. 추징사유 :

마. 감면신청 :

14-14 무주택자 주택공급사업 지원을 위한 감면(지특법제36조)

가. 감면대상자 : 사단법인 한국사랑의집짓기운동연합회(지특령제17조)

나. 감면대상 : ① 무주택자에게 분양할 목적으로 취득하는 주택건축용 부동산, ② 과세기준일 현재 그 업무에 직접 사용하는 부동산

다. 특례내용 : ① 취득세(100), ② 재산세(100)
라. 추징사유 :
마. 감면신청 :

14-15 생애최초 주택 구입에 대한 감면(지특법제36조의3)

가. 감면대상자 : 무주택자(*)(본인 및 배우자, 미성년자 제외) (*) 1. 상속으로 주택의 공유지분을 소유(주택 부속토지의 공유지분만을 소유하는 경우를 포함한다)하였다가 그 지분을 모두 처분한 경우 2. 「국토의 계획 및 이용에 관한 법률」 제6조에 따른 도시지역(취득일 현재 도시지역을 말한다)이 아닌 지역에 건축되어 있거나 면의 행정구역(수도권은 제외한다)에 건축되어 있는 주택으로서 다음 각 목의 어느 하나에 해당하는 주택을 소유한 자가 그 주택 소재지역에 거주하다가 다른 지역(해당 주택 소재지역인 특별시·광역시·특별자치시·특별자치도 및 시·군 이외의 지역을 말한다)으로 이주한 경우. 이 경우 그 주택을 감면대상 주택 취득일 전에 처분했거나 감면대상 주택 취득일부터 3개월 이내에 처분한 경우로 한정한다. 가. 사용 승인 후 20년 이상 경과된 단독주택 나. 85제곱미터 이하인 단독주택 다. 상속으로 취득한 주택 3. 전용면적 20제곱미터 이하인 주택을 소유하고 있거나 처분한 경우. 다만, 전용면적 20제곱미터 이하인 주택을 둘 이상 소유했거나 소유하고 있는 경우는 제외한다. 4. 취득일 현재 「지방세법」 제4조제2항에 따라 산출한 시가표준액이 100만원 이하인 주택을 소유하고 있거나 처분한 경우
나. 감면대상 : 취득당시가액이 12억원 이하인 유상거래(부담부증여는 제외)로 취득하는 주택
다. 특례내용 : 취득세(산출세액이 200만원 이하시 100, 산출세액이 200만원 초과시 200만원, 공동으로 취득하는 경우도 총 감면액은 200만원 이하)
라. 추징사유 : 1. 대통령령으로 정하는 정당한 사유 없이 주택을 취득한 날부터 3개월 이내에 상시 거주(취득일 이후 「주민등록법」에 따른 전입신고를 하고 계속하여 거주하거나 취득일 전에 같은 법에 따른 전입신고를 하고 취득일부터 계속하여 거주하는 것을 말한다. 이하 이 조에서 같다)를 시작하지 아니하는 경우 2. 주택을 취득한 날부터 3개월 이내에 추가로 주택을 취득(주택의 부속토지만을 취득하는 경우를 포함한다)하는 경우. 다만, 상속으로 인한 추가 취득은 제외한다. 3. 해당 주택에 상시 거주한 기간이 3년 미만인 상태에서 해당 주택을 매각·증여(배우자에게 지분을 매각·증여하는 경우는 제외한다)하거나 다른 용도(임대를 포함한다)로 사용하는 경우
마. 감면신청 :

14-16 국립대병원 등에 대한 감면(지특법제37조)

가. 감면대상자 : 국립대병원
나. 감면대상 : 고유업무에 직접 사용하기 위하여 취득하는 부동산
다. 특례내용 : 취득세(50, 감염전문병원의 경우 60)
라. 추징사유 :
마. 감면신청 :

14-17 의료법인 등에 대한 감면(지특법제38조)

가. 감면대상자 : ① 의료법 제48조에 따라 설립된 의료법인, ② 종교단체(민법에 따라 설립된 재단법인으로 한정)가 운영하는 병원
나. 감면대상 : 위의 각 법인이 의료업에 직접 사용하기 위하여 취득하는 부동산
다. 특례내용 : ① 취득세(30, 감염전문병원의 경우 40), 재산세(50, 감염전문병원의 경우 60) ② 취득세(30, 감염전문병원의 경우 40), 재산세(50, 감염전문병원의 경우 60) • 최소납부세액 배제(지특법제177조의2) • 사치성재산이면 감면배제
라. 추징사유 : 지방세특례제한법 제178조의 일반적 추징규정 적용

14-18 지방의료원에 대한 감면(지특법제38조의2)

가. 감면대상자 : 「지방의료원의 설립 및 운영에 관한 법률」에 따라 설립된 지방의료원
나. 감면대상 : 의료업에 직접 사용하기 위하여 취득하는 부동산
다. 특례내용 : 취득세 및 재산세의 75(감염병전문병원의 경우에는 85) • 최소납부세액 배제(지특법제177조의2) • 사치성재산이면 감면배제
라. 추징사유 : 지방세특례제한법 제178조의 일반적 추징규정 적용

14-19 국민건간보험사업 지원을 위한 감면(지특법제39조)

가. 감면대상자 : ① 국민건강보험공단, ② 건강보험심사평가원
나. 감면대상 : 고유업무에 직접 사용하기 위하여 취득하는 부동산
다. 특례내용 : ① 취득세(1호 100, 2호 50), 재산세(50) ② 취득세(1호 100, 2호 50), 재산세(1호 50, 2호 25) • 최소납부세액 배제(지특법제177조의2) • 사치성재산이면 감면배제
라. 추징사유 : 지방세특례제한법 제178조의 일반적 추징규정 적용

14-20 대한적십자사에 대한 감면(지특법제40조의3)

가. 감면대상자 : 대한적십자사
나. 감면대상 : 고유업무에 직접 사용하기 위하여 취득하는 부동산
다. 특례내용 : 취득세(50, 감염전문병원의 경우 60), 재산세(50, 감염전문병원의 경우 60) • 최소납부세액 배제(지특법제177조의2) • 사치성재산이면 감면배제
라. 추징사유 : 지방세특례제한법 제178조의 일반적 추징규정 적용

14-21 학교 및 외국교육기관에 대한 감면(지특법제41조)

가. 감면대상자 : ① 초·중등교육법 및 고등교육법에 따른 학교, 경제자유구역 및 제주국제자유도시의 외국교육기관 설립·운영에 관한 특별법 또는 기업도시개발 특별법에 따른 외국교육기관을 경영하는 자(학교 등), ② 사립학교법에 따른 학교법인과 국가가 국립대학법인으로 설립하는 국립학교, ③ 고등교육법 제4조에 따라 설립된 의과대학(한의과대학, 치과대학 및 수의과대학을 포함)의 부속병원
나. 감면대상 : ① 해당사업에 직접 사용하기 위하여 취득하는 부동산(기숙사(*) 제외), ② 그 설립등기·합병등기, 국립대학법인에 대한 국유재산이나 공유재산의 양도에 따른 변경등기, ③ 의료업에 직접 사용하기 위하여 취득하는 부동산 (*) 민간투자사업 방식으로 설립·운영되는 지특법 제42조제1항의 기숙사를 말한다(지특령제18조의2). → 따라서 학교가 직접 설치·운영하는 직영기숙사는 여기에 해당된다.
다. 특례내용 : ① 취득세·재산세(100), ② 등록면허세(100), ③ 취득세·재산세(50), ① 농어촌특별세 비과세

• 최소납부세액 배제(지특법제177조의2) • 사치성재산이면 감면배제
라. 추징사유 : ①의 경우 1. 해당 부동산을 취득한 날부터 5년 이내에 수익사업에 사용하는 경우, 2. 정당한 사유 없이 그 취득일부터 3년이 경과할 때까지 해당 용도로 직접 사용하지 아니하는 경우, 3. 해당 용도로 직접 사용한 기간이 2년 미만인 상태에서 매각·증여하거나 다른 용도로 사용하는 경우의 어느 하나에 해당하면 추징한다.
마. 감면신청 :

14-22 기숙사 등에 대한 감면(지특법제42조)

가. 감면대상자 : ① 초·중등교육법 및 고등교육법에 따른 학교, 경제자유구역 및 제주국제자유도시의 외국교육기관 설립·운영에 관한 특별법 또는 기업도시개발 특별법에 따른 외국교육기관을 경영하는 자, ② 교육기본법 제11조에 따른 학교를 설치·경영하는 자, ③ 산업교육진흥 및 산학연협력촉진에 관한 법률 제25조에 따라 설립·운영하는 산학협력단
나. 감면대상 : ① 대통령령으로 정하는 기숙사(한국사학진흥재단법 제19조 제4호 및 제4호의2에 따른 기숙사(*)로 한정)로 사용하기 위하여 취득하는 부동산, ② 학생들의 실험·실습용으로 사용하기 위하여 취득하는 차량·기계장비·항공기·입목 및 선박, ③ 산학협력단이 그 고유업무에 직접 사용하기 위하여 취득하는 부동산
다. 특례내용 : ① 취득세·재산세(100), ② 취득세(100), 재산세(항공기·선박 100), ③ 취득세·재산세(75), ② 농어촌특별세 비과세 • 최소납부세액 적용(지특법제177조의2) • 사치성재산이면 감면배제
라. 추징사유 : ①의 경우 1. 정당한 사유 없이 그 취득일부터 3년이 경과할 때까지 해당 용도로 직접 사용하지 아니하는 경우, 2. 해당 용도로 직접 사용한 기간이 2년 미만인 상태에서 매각·증여하거나 다른 용도로 사용하는 경우 ②의 경우 1. 정당한 사유 없이 그 취득일부터 1년이 경과할 때까지 해당 용도로 직접 사용하지 아니하는 경우, 2. 해당 용도로 직접 사용한 기간이 2년 미만인 상태에서 매각·증여하거나 다른 용도로 사용하는 경우의 어느 하나에 해당하면 추징한다.
마. 감면신청 : 행복기숙사 용도임을 증명하는 서류

14-23 박물관 등에 대한 감면(지특법제44조의2)

가. 감면대상자 : ① 등록된 박물관 또는 미술관, ② 등록된 전문도서관 또는 과학관
나. 감면대상 : ① 박물관 또는 미술관에 사용하기 위하여 취득하는 부동, ② 도서관 또는 과학관에 사용하기 위하여 취득하는 부동산
다. 특례내용 : ① 취득세·재산세(100), ② 취득세·재산세(100) • 최소납부세액 적용(지특법제177조의2) • 사치성재산이면 감면배제
라. 추징사유 :
마. 감면신청 :

14-24 학술연구단체 및 장학법인에 대한 감면(지특법제45조)

가. 감면대상자 : ① 대통령령(*)으로 정하는 학술연구단체·장학단체·과학기술진흥단체, ② 공익법인의 설립·운영에 관한 법률에 따라 설립된 장학법인 (*) 1. 정부로부터 허가 또는 인가를 받거나 「민법」 외의 법률에 따라 설립되거나 그 적용을 받는 학술연구단체·장학단체·과학기술진흥단체, 2. 행정자치부장관이 교육부장관 또는 미래창조과학부장관과 협의하여 고시하는 단체(지특령제22조)
나. 감면대상 : ① 그 고유업무에 직접 사용하기 위하여 취득하는 부동산, ② 장학금을 지급할 목적으로 취득하는 임대용 부동산
다. 특례내용 : ① 취득세·재산세(100), ② 취득세·재산세(80), ① 농어촌특별세 비과세 • 최소납부세액 적용(지특법제177조의2) • 사치성재산이면 감면배제
라. 추징사유 : ①의 경우에는 지방세특례제한법 제178조의 일반적 추징규정 적용. ②의 경우에는 1. 정당한 사유 없이 그 취득일부터 3년이 경과할 때까지 해당 용도로 사용하지 아니하는 경우, 2. 해당 용도로 직접 사용한 기간이 2년 미만인 상태에서 매각·증여하거나 다른 용도로 사용하는 경우
마. 감면신청 :

14-25 연구개발 지원을 위한 감면(지특법제46조)

가. 감면대상자 : ① 대통령령(*)으로 정하는 기업부설연구소를 설치·운영하는 중견기업, ② 과밀억제권역 외에 설치하는 기업부설연구소를 설치·운영하는 상호출자제한기업집단등, ③ 기업부설연구소를 설치·운영하는 중소기업기본법 제2조 제1항에 따른 중소기업 (*) 토지 또는 건축물을 취득한 후 1년(건축법에 따른 신축·증축 또는 대수선을 하는 경우에는 2년) 이내에 기초연구진흥 및 기술개발지원에 관한 법률 제14조의2 제1항에 따라 인정받은 기업부설연구소를 말한다. 다만, 독점규제 및 공정거래에 관한 법률 제14조 제1항에 따른 상호출자제한기업집단등이 수도권정비계획법 제6조 제1항 제1호에 따른 과밀억제권역 내에 설치하는 기업부설연구소는 제외한다. <개정 2011.6.24, 2013.3.23, 2014.12.31, 2016.9.22., 2016.12.30.>(지특령제23조①) → 2014년까지는 4년이었다.
나. 감면대상 : ① 기업부설연구소에 직접 사용하기 위하여 취득하는 부동산(부속토지는 건축물 바닥면적의 7배 이내, 이하 같다), ② 기업부설연구소에 직접 사용하기 위하여 취득하는 부동산, ③ 기업부설연구소에 직접 사용하기 위하여 취득하는 부동산
다. 특례내용 : ① 취득세·재산세(35), ② 취득세·재산세(35), ③ 취득세(60)·재산세(50), ①②③ 농어촌특별세 비과세 • 사치성재산이면 감면배제
라. 추징사유 : 연구소 설치 후 4년 이내에 정당한 사유 없이 연구소를 폐쇄하거나 다른 용도로 사용하는 경우
마. 감면신청 :

14-26 한국환경공단에 대한 감면(지특법제47조)

가. 감면대상자 : 한국환경공단
나. 감면대상 : 그 사업에 직접 사용하기 위하여 취득하는 부동산
다. 특례내용 : 취득세·재산세(25) • 사치성재산이면 감면배제
라. 추징사유 :
마. 감면신청 :

14-27 국립공원관리사업에 대한 감면(지특법제48조)

가. 감면대상자 : 국립공원공단
나. 감면대상 : 공원시설의 설치 · 유지 · 관리 등의 공원관리사업에 직접 사용하기 위하여 취득하는 부동산
다. 특례내용 : 취득세·재산세(25) • 사치성재산이면 감면배제
라. 추징사유 :
마. 감면신청 :

14-28 해양오염방제 등에 대한 감면(지특법제49조)

가. 감면대상자 : 해양환경공단
나. 감면대상 : 해당 사업에 직접 사용하기 위하여 취득하는 부동산
다. 특례내용 : 취득세·재산세(25) • 사치성재산이면 감면배제
라. 추징사유 :
마. 감면신청 :

14-29 종교 및 제사단체에 대한 면제(지특법제50조)

<table>
<tr><td>가. 감면대상자 : 종교단체 또는 향교(*)
(*) 종교단체에 개인은 해당하지 않는다. 규약이나 법인등기부상 목적을 확인하여야 하고, 단체 여부는 대표자의 자격증명이나 정관으로 확인한다. '향교'는 개정되기 전에는 '제사를 목적으로 하는 단체'로 규정되어 있었다.</td></tr>
<tr><td>나. 감면대상 : ① 종교행위 또는 제사를 목적으로 하는 사업에 직접 사용하기 위하여 취득·보유하는 부동산, ② 사찰림(寺刹林)과 전통사찰의 보존 및 지원에 관한 법률 에 따른 전통사찰이 소유하고 있는 제2조 제3호에 따른 경내지(境內地)</td></tr>
<tr><td>다. 특례내용 : ① 취득세(100)·재산세(100), ② 재산세(100), ① 농어촌특별세 비과세
• 수익사업에 사용하는 경우와 해당 재산이 유료로 사용되는 경우의 그 재산 및 해당 재산의 일부가 그 목적에 직접 사용되지 아니하는 경우의 그 일부 재산에 대해서는 재산세를 면제하지 아니한다.
• 최소납부세액 배제(지특법제177조의2)
• 사치성재산이면 감면배제</td></tr>
<tr><td>라. 추징사유 : ①의 경우 1. 해당 부동산을 취득한 날부터 5년 이내에 수익사업에 사용하는 경우, 2. 정당한 사유 없이 그 취득일부터 3년이 경과할 때까지 해당 용도로 직접 사용하지 아니하는 경우, 3. 해당 용도로 직접 사용한 기간이 2년 미만인 상태에서 매각·증여(*)하거나 다른 용도로 사용하는 경우 중 어느 하나에 해당하면 취득세를 추징한다.
나머지 경우에는 지방세특례제한법 제178조의 일반적 추징규정을 적용한다.
(*) 법원의 사해행위취소 확정판결로 소유권이전등기가 말소된 경우에는 매각하는 것으로 볼 수 없다(행정안전부 지방세운영과-2674).
• 종교단체가 종교용으로 취득한 부동산을 종교용도에 계속 사용하더라도 사용 2년 이내에 법인격을 달리한 재단에 증여할 경우에는 추징대상에 해당한다(대법원 2016두34707, 2016.06.10.).</td></tr>
<tr><td>마. 감면신청 :</td></tr>
</table>

14-30 문화예술사업, 국민신탁법인, 관광단지, 문화재 등에 대한 감면(지특법제51조, 52조, 53조, 54조)

<table>
<tr><td>가. 감면대상자 : 해당 사업자</td></tr>
<tr><td>나. 감면대상 : 해당 사업에 직접 사용하기 위하여 취득하는 부동산</td></tr>
<tr><td>다. 특례내용 : 취득세·재산세 100 또는 25
• 사치성재산이면 감면배제</td></tr>
<tr><td>라. 추징사유 :</td></tr>
<tr><td>마. 감면신청 :</td></tr>
</table>

14-31 합병에 대한 취득세 감면(지특법제57조의2①)

가. 감면대상자 : 합병일 현재 1년 이상 계속하여 사업을 영위한 모든 법인간의 합병으로 인한 해당 법인

나. 감면대상 : 법인세법 제44조 제2항 또는 제3항(*)에 해당하는 합병으로서 대통령령으로 정하는 합병(**)에 따라 양수하는 재산

(*) 적격합병의 요건

1. 합병등기일 현재 1년 이상 사업을 계속하던 내국법인 간의 합병일 것. 다만, 다른 법인과 합병하는 것을 유일한 목적으로 하는 법인으로서 대통령령으로 정하는 법인의 경우는 제외한다.
2. 피합병법인의 주주등이 합병으로 인하여 받은 합병대가의 총합계액 중 합병법인의 주식등의 가액이 100분의 80 이상이거나 합병법인의 모회사의 주식등의 가액이 100분의 80 이상인 경우로서 그 주식등이 대통령령으로 정하는 바에 따라 배정되고, 대통령령으로 정하는 피합병법인의 주주등이 합병등기일이 속하는 사업연도의 종료일까지 그 주식등을 보유할 것
3. 합병법인이 합병등기일이 속하는 사업연도의 종료일까지 피합병법인으로부터 승계받은 사업을 계속할 것

(**) 합병일 현재 「조세특례제한법 시행령」 제29조제3항에 따른 소비성서비스업(소비성서비스업과 다른 사업을 겸영하고 있는 경우로서 합병일이 속하는 사업연도의 직전 사업연도의 소비성서비스업의 사업별 수입금액이 가장 큰 경우를 포함)을 제외한 사업(***)을 1년 이상 계속하여 영위한 법인 간(****)의 합병을 말한다. 이 경우 소비성서비스업을 1년 이상 영위한 법인이 합병으로 인하여 소멸하고 합병법인이 소비성서비스업을 영위하지 아니하는 경우에는 해당 합병을 포함한다(지특령제28조의2①).]

조세특례제한법시행령 제29조(법인전환에 대한 양도소득세의 이월과세) ③ 법 제32조제1항에서 "대통령령으로 정하는 소비성서비스업"이란 다음 각 호의 어느 하나에 해당하는 사업(이하 "소비성서비스업"이라 한다)을 말한다. <신설 2010.2.18>

1. 호텔업 및 여관업(「관광진흥법」에 따른 관광숙박업은 제외한다)
2. 주점업(일반유흥주점업, 무도유흥주점업 및 「식품위생법 시행령」 제21조에 따른 단란주점 영업만 해당하되, 「관광진흥법」에 따른 외국인전용유흥음식점업 및 관광유흥음식점업은 제외한다)
3. 그 밖에 오락·유흥 등을 목적으로 하는 사업으로서 기획재정부령으로 정하는 사업

(***) 합병과 관련한 취득세·등록면허세 경감대상이 되는 업종에 대해서는 행정자치부 고시 제2016-18호로 고시되어 있다(합병장려업종).

(****) 이 규정에 따라 등록세를 감면받고자 할 경우에는 법인이 합병일로부터 소급하여 1년 이상 휴업 등 사업을 중단한 바 없이 법인등기부상의 목적사업을 영위한 사실을 증명하는 서류를 갖추어 관할시장·군수·구청장에게 감면신청 한다(세정담당관-8429, 2009.05.08.).

다. 특례내용 :

조문	재산 구분	감면율
지특법제57조의2 ① 본문 전단, 법제15조①3호 본문	일반 재산	50%
지특법제57조의2 ① 본문 후단 제1호, 법제15조①3호 단서, 법제13조①	대도시 중과대상	본래의 중과세율-(중과기준세율×3)
지특법제57조의2 ① 본문 후단 제2호, 법제15조①3호 단서, 법제13조⑤	사치성재산	본래의 중과세율-(중과기준세율×5)

※ 밑줄 친 부분은 과세한다. 다시 말해, 2011년 이전의 구 취득세분은 과세하고 구 등록세분은 면제한다.

법인합병 감면제도 연혁

구 분	2010년 이전	2011~2014년	2015년 이후
지방세법	구 취득세 비과세 (중과세대상은 제외)	통합취득세 특례 • 구 취득세 면제 (중과세대상은 제외)	통합취득세 특례 • 구 취득세 면제 (중과세대상은 제외)
조세특례제한법	구 등록세 면제 (중과세대상도 면제)	통합취득세 면제 • 구 취득세 면제 (중과세대상은제외) • 구 등록세 면제(중과세대상도 면제)	-
지방세특례제한법	-	-	통합취득세 면제 • 구 취득세 면제 (중과세대상은 제외) • 구 등록세 면제 (중과세대상도 면제)

- 최소납부세액 적용(지특법제177조의2)
- 사치성재산이면 감면배제

라. 추징사유 : 의미상 지방세특례제한법 제178조의 일반적 추징규정과는 관련이 없다.

마. 감면신청 : 합병계약서, 법인등기부등본, 사업자등록증, 결산서(대차대조표), 주주명부 등 첨부

14-32 농수협·신협을·새마을금고·금융기관 등에 대한 감면(지특법제57조의2②)

가. 감면대상자 : ① 농업협동조합, 산업협동조합 및 산림조합, ② 새마을금고, ③ 신용협동조합, ④ 금융위원회의 인가를 받은 금융회사, ⑤ 한국산업은행, ⑥ 행정자치부장관이 산업통상자원부장관과 협의하여 고시한 업종

나. 감면대상 : ① 법인의 합병으로 양수받은 재산, ② 합병으로 양수받아 3년 이내에 등기하는 재산(근저당권 등)

다. 특례내용 : ① 취득세(100), ② 등록면허세(75), ③ 취득세(50)·재산세(50)

- 사치성재산이면 감면배제

라. 추징사유 : 1. 합병법인이 피합병법인으로부터 승계받은 사업을 폐지하는 경우, 2. 대통령령으로 정하는 피합병법인의 주주등이 합병법인으로부터 받은 주식등을 처분하는 경우

마. 감면신청 : 합병계약서, 법인등기부등본, 사업자등록증, 결산서(대차대조표), 저당권설정목록 등 첨부

14-33 법인분할 취득 재산에 대한 감면(지특법제57조의2③2호)

가. 감면대상자 : 회사가 분할에 의하여 1개 또는 수 개의 회사를 설립하거나 분할에 의하여 존속되는 회사와 분할합병하는 경우(인적분할)와 분할되는 회사가 분할 또는 분할합병으로 인하여 설립되는 회사의 주식의 총수를 취득(물적 분할)하는 법인. 그러나 대도시 내의 내국법인이 분할하는 경우에는 중과세가 문제되므로 감면을 적용받으려면 분할등기일 현재 5년 이상 계속하여 사업을 경영한 법인(*)이어야 한다(영제45조②).

(*) "5년 이상 사업을 계속하였음"의 의미는 분할등기일 현재 분할법인으로부터 분할되는 독립된 사업부문으로 구분하여 말하는 것이 아니라, 당해 분할법인의 총사업 기간을 의미하므로 위 사실관계와 같이 A법인에서 분할되는 부동산임대사업부문이 5년 이상 사업을 영위하지 않았지만, A법인의 총 사업기간이 5년을 경과하였다면, "분할등기일 현재 5년 이상 계속하여 사업을 영위한 내국법인"의 요건을 충족하였으므로 등록세 감면대상이다(지방세운영과-4733, 2010.10.07.).

나. 감면대상 : 취득세 과세대상이 되는 모든 재산. 인적분할과 물적분할은 취득의 성격이 다르므로 과세표준과 세율을 달리해야 하는 데 주의해야 한다. 인적분할은 무상취득으로서 과세표준이 시가표준액이 되고, 물적분할은 분할의 대가로 주식등을 교부하므로 유상취득으로 보아 법인장부상 취득가액이 과세표준이 된다. 부동산의 경우 세율도 인적분할은 35/1,000, 물적분할은 40/1,000로 달리 적용된다. 인적분할과 물적분할 요건은 법인세법 제46조 제2항, 제47조 제1항에 따른다.

• 인적분할 요건(법세법제46조②)
1. 분할등기일 현재 5년 이상 사업을 계속하던 내국법인이 다음 각 목의 요건을 모두 갖추어 분할하는 경우일 것(분할합병의 경우에는 소멸한 분할합병의 상대방법인 및 분할합병의 상대방법인이 분할등기일 현재 1년 이상 사업을 계속하던 내국법인일 것)
가. 분리하여 사업이 가능한 독립된 사업부문을 분할하는 것일 것
나. 분할하는 사업부문의 자산 및 부채가 포괄적으로 승계될 것. 다만, 공동으로 사용하던 자산, 채무자의 변경이 불가능한 부채 등 분할하기 어려운 자산과 부채 등으로서 대통령령으로 정하는 것은 제외한다.
다. 분할법인등만의 출자에 의하여 분할하는 것일 것
2. 분할법인등의 주주가 분할신설법인등으로부터 받은 분할대가의 전액이 주식인 경우(분할합병의 경우에는 분할대가의 100분의 80 이상이 분할신설법인등의 주식인 경우 또는 분할대가의 100분의 80 이상이 분할합병의 상대방 법인의 발행주식총수 또는 출자총액을 소유하고 있는 내국법인의 주식인 경우를 말한다)로서 그 주식이 분할법인등의 주주가 소유하던 주식의 비율에 따라 배정(분할합병의 경우에는 대통령령으로 정하는 바에 따라 배정한 것을 말한다)되고 대통령령으로 정하는 분할법인등의 주주가 분할등기일이 속하는 사업연도의 종료일까지 그 주식을 보유할 것
3. 분할신설법인등이 분할등기일이 속하는 사업연도의 종료일까지 분할법인등으로부터 승계받은 사업을 계속할 것

• 물적분할 요건(법세법제47조①)
분할법인이 물적분할에 의하여 분할신설법인의 주식등을 취득한 경우로서 제46조제2항 각 호의 요건(같은 항 제2호의 경우 전액이 주식등이어야 함)을 갖춘 경우

다. 특례내용 : 취득세(75)
• 최소납부세액 배제(지특법제177조의2)
• 사치성재산이면 감면배제

라. 추징사유 : ① 인적분할의 경우(법세법제46의3③)에는 1. 분할신설법인등이 분할법인등으로부터 승계받은 사업을 폐지하는 경우, 2. 대통령령으로 정하는 분할법인등의 주주가 분할신설법인등으로부터 받은 주식을 처분하는 경우
② 물적분할의 경우(법세법제47조③)에는 1. 분할신설법인이 분할법인으로부터 승계받은 사업을 폐지하는 경우, 2. 분할법인이 분할신설법인의 발행주식총수 또는 출자총액의 100분의 50 미만으로 주식등을 보유하게 되는 경우
③ 추징의 예외사유(법세령제82조의4⑥, 법세령제84조⑨)

마. 감면신청 : 분할계획서, 분할재산명세서, 가격평가서, 법인등기부등본 등 첨부

14-34 법인세법에 따른 현물출자 취득 재산에 대한 감면(지특법제57조의2③3호)

가. 감면대상자 : 법인세법 제47조의2 제1항(*)에 따라 출자법인의 재산을 현물출자로 취득하는 피출자법인 (*) 요건(법인간 현물출자) 1. 출자법인이 현물출자일 현재 5년 이상 사업을 계속한 법인일 것 2. 피출자법인이 그 현물출자일이 속하는 사업연도의 종료일까지 출자법인으로부터 승계받은 사업을 계속할 것 3. 다른 내국인 또는 외국인과 공동으로 출자하는 경우 공동으로 출자한 자가 출자법인의 제52조제1항에 따른 특수관계인이 아닐 것 4. 출자법인 및 제3호에 따라 출자법인과 공동으로 출자한 자(이하 이 조에서 "출자법인등"이라 한다)가 현물출자일 다음 날 현재 피출자법인의 발행주식총수 또는 출자총액의 100분의 80 이상의 주식등을 보유하고, 현물출자일이 속하는 사업연도의 종료일까지 그 주식등을 보유할 것 5. 출자법인이 분리하여 사업이 가능한 독립된 사업부문을 현물출자를 통하여 피출자법인에 승계할 것
나. 감면대상 : 취득세 과세대상이 되는 모든 재산. 과세표준은 해당 자산의 시가를 기준으로 한다(법세령제72조②3호).
다. 특례내용 : 취득세(25) • 최소납부세액 배제(지특법제177조의2) • 사치성재산이면 감면배제
라. 추징사유 : ① 취득일부터 3년 이내에 1. 피출자법인이 출자법인으로부터 승계받은 사업을 폐지하는 경우, 2. 출자법인등이 피출자법인의 발행주식총수 또는 출자총액의 100분의 50 미만으로 주식등을 보유하게 되는 경우(법세법제47조의2③), ② 추징제외 사유(법세령제84조의2⑪)
마. 감면신청 : 현물출자 과세특례 내역 및 양도차익 명세서 등 첨부

14-35 중소기업간 통합에 따른 취득 재산에 대한 감면(지특법제57조의2③5호)

가. 감면대상자 : 조세특례제한법 제31조(*)에 따른 중소기업 간의 통합에 따라 설립되거나 존속하는 법인

(*) 조세특례제한법 시행령 제28조(중소기업 간의 통합에 대한 양도소득세의 이월과세 등) ① 법 제31조제1항에서 "대통령령으로 정하는 업종을 경영하는 중소기업 간의 통합"이란 제29조제3항에 따른 소비성서비스업(소비성서비스업과 다른 사업을 겸영하고 있는 경우에는 부동산양도일이 속하는 사업연도의 직전사업연도의 소비성서비스업의 사업별수입금액이 가장 큰 경우에 한한다)을 제외한 사업을 영위하는 중소기업자(「중소기업기본법」 에 의한 중소기업자를 말한다. 이하 이 조에서 같다)가 당해 기업의 사업장별로 그 사업에 관한 주된 자산을 모두 승계하여 사업의 동일성이 유지되는 것으로서 다음 각호의 요건을 갖춘 것을 말한다. 이 경우 설립 후 1년이 경과되지 아니한 법인(**)이 출자자인 개인(「국세기본법」 제39조제2항의 규정에 의한 과점주주에 한한다)의 사업을 승계하는 것은 이를 통합으로 보지 아니한다. <개정 2001.12.31, 2002.12.30, 2003.12.30, 2005.2.19, 2006.2.9, 2010.2.18, 2013.2.15>

1. 통합으로 인하여 소멸되는 사업장의 중소기업자가 통합후 존속하는 법인 또는 통합으로 인하여 설립되는 법인(이하 이 조에서 "통합법인"이라 한다)의 주주 또는 출자자일 것
2. 통합으로 인하여 소멸하는 사업장의 중소기업자가 당해 통합으로 인하여 취득하는 주식 또는 지분의 가액이 통합으로 인하여 소멸하는 사업장의 순자산가액(통합일 현재의 시가로 평가한 자산의 합계액에서 충당금을 포함한 부채의 합계액을 공제한 금액을 말한다. 이하 같다)이상일 것

(**) 위 규정에서 "설립"이란 "법인설립등기일"을 의미하는 것이며, 법인설립 후 1년이 경과하였더라도 조세의 회피 및 의무를 면탈하는 등 불법적인 행위를 위한 고의적인 휴업기간이 있는 경우에는 그 휴업기간을 제외하고 위 규정을 적용하여야 할 것이나, 위 규정의 법인설립 기간을 단순히 사업운영에 따른 매출실적 유무로 한정하여 해석할 수 없다 할 것이고, "설립"의 의미를 "법인설립등기일"이외에 다른 의미로 해석할 여지가 없다 할 것이다. 청구법인은 법인설립 후 세무관청에 휴업신청을 한 사실이 없고, 조세의무를 면탈 또는 회피하기 위하여 사실상 휴업한 사실이 없는 이상, 단순히 법인설립 후 1년 기간 동안 매출액이 발생하지 아니하였다 하여 이를 휴업기간으로 보기에는 무리가 있다 할 것이다(조심2012지0708, 2013.04.10.).

나. 감면대상 : 통합법인이 취득하는 사업용 고정자산(조특령제28조②)

조세특례제한법 시행령 제28조(중소기업 간의 통합에 대한 양도소득세의 이월과세 등) ② 법 제31조제1항에서 "대통령령으로 정하는 사업용고정자산"이란 당해 사업에 직접 사용하는 유형자산 및 무형자산(1981년 1월 1일 이후에 취득한 부동산으로서 기획재정부령이 정하는 법인의 업무와 관련이 없는 부동산(*)의 판정기준에 해당되는 자산을 제외한다)을 말한다. <개정 2001.12.31., 2008.2.29., 2010.2.18.>

(*) 1. 법인의 업무에 직접 사용하지 아니하는 부동산. 다만, 기획재정부령이 정하는 기간(이하 이 조에서 "유예기간"이라 한다)이 경과하기 전까지의 기간 중에 있는 부동산을 제외한다.
2. 유예기간 중에 당해 법인의 업무에 직접 사용하지 아니하고 양도하는 부동산. 다만, 기획재정부령이 정하는 부동산매매업을 주업으로 영위하는 법인의 경우를 제외한다.

<table>
<tr><td>3. 서화 및 골동품. 다만, 장식・환경미화 등의 목적으로 사무실・복도 등 여러 사람이 볼 수 있는 공간에 상시 비치하는 것을 제외한다.
4. 업무에 직접 사용하지 아니하는 자동차・선박 및 항공기. 다만, 저당권의 실행 기타 채권을 변제받기 위하여 취득한 선박으로서 3년이 경과되지 아니한 선박 등 기획재정부령이 정하는 부득이한 사유가 있는 자동차・선박 및 항공기를 제외한다.
5. 기타 가목 및 나목의 자산과 유사한 자산으로서 당해 법인의 업무에 직접 사용하지 아니하는 자산(이상 법세령제49조①)</td></tr>
<tr><td>다. 특례내용 : 취득세(25), → 증권거래세도 면제되고 농특세만 과세된다. 피출자법인의 등록면허세는 면제되지 않는다.
• 최소납부세액 배제(지특법제177조의2)
• 사치성재산이면 감면배제</td></tr>
<tr><td>라. 추징사유 : ① 사업용 재산을 취득한 날부터 5년 이내에 1. 통합법인이 소멸되는 중소기업으로부터 승계받은 사업을 폐지(*)하는 경우, 2. 제1항을 적용받은 내국인이 통합으로 취득한 통합법인의 주식 또는 출자지분의 100분의 50 이상을 처분하는 경우(조특법제31조⑦)
(*) 조세특례제한법시행령 제28조 ⑨ 통합법인이 통합으로 인하여 소멸되는 사업장의 중소기업자로부터 승계받은 제2항의 사업용고정자산을 2분의 1 이상 처분하거나 사업에 사용하지 않는 경우 법 제31조제7항제1호에 따른 사업의 폐지로 본다. 다만, 다음 각 호의 어느 하나에 해당하는 경우에는 그러하지 아니한다. <신설 2013.2.15.>
1. 통합법인이 파산하여 승계받은 자산을 처분한 경우
2. 통합법인이 「법인세법」 제44조제2항에 따른 합병, 같은 법 제46조제2항에 따른 분할, 같은 법 제47조제1항에 따른 물적분할, 같은 법 제47조의2제1항에 따른 현물출자의 방법으로 자산을 처분한 경우
3. 통합법인이 법 제37조에 따른 자산의 포괄적 양도에 따라 자산을 장부가액으로 양도한 경우
4. 통합법인이 「채무자 회생 및 파산에 관한 법률」에 따른 회생절차에 따라 법원의 허가를 받아 승계받은 자산을 처분한 경우</td></tr>
<tr><td>마. 감면신청 : 양도소득세 이월과세내역 및 통합법인의 자산취득명세서 등 첨부</td></tr>
</table>

14-36 특별법상 법인의 상법상 회사로 조직변경시 취득 재산에 대한 감면(지특법제57조의2③7호)

가. 감면대상자 : 공공기관의 운영에 관한 법률 제2조제1항에 따른 공공기관(국가 및 지방자치단체는 제외) 중에서 특별법의 개정 또는 폐지로 인해 상법상 회사로 조직변경한 기관
나. 감면대상 : 조직변경에 따라 취득하는 사업용 재산
다. 특례내용 : 취득세(100) • 조직변경에 따른 법인설립시 대도시 중과세에 해당하는 경우에는 적용기준일은 조직변경 이전의 최초 회사의 설립일이 된다. • 최소납부세액 배제(지특법제177조의2) • 사치성재산이면 감면배제
라. 추징사유 :
마. 감면신청 : 법인등기부등본, 조직변경인가서, 자산명세서 등 첨부

14-37 법인전환에 따른 현물출자 및 사업양수도 취득 사업용 고정자산에 대한 감면(지특법제57조의2④)

가. 감면대상자 : 개인기업이 법인으로 전환(*)하는 경우 토지 또는 건축물 등의 고정자산을 현물출자 또는 사업양수도 방식으로 인수하는 전환된 법인

(*) 조세특례제한법시행령 제29조(법인전환에 대한 양도소득세의 이월과세) ② 법 제32조제1항에서 "대통령령으로 정하는 사업 양도·양수의 방법"이란 해당 사업을 영위하던 자가 발기인이 되어 제5항에 따른 금액 이상을 출자하여 법인을 설립하고, 그 법인설립일부터 3개월 이내에 해당 법인에게 사업에 관한 모든 권리와 의무를 포괄적으로 양도하는 것을 말한다. <개정 2006.2.9, 2009.6.19, 2010.12.30>

③ 법 제32조제1항에서 "대통령령으로 정하는 소비성서비스업"이란 다음 각 호의 어느 하나에 해당하는 사업(이하 "소비성서비스업"이라 한다)을 말한다. <신설 2010.2.18>

1. 호텔업 및 여관업(관광진흥법에 따른 관광숙박업은 제외한다)
2. 주점업(일반유흥주점업, 무도유흥주점업 및 식품위생법 시행령」 제21조에 따른 단란주점 영업만 해당하되, 관광진흥법에 따른 외국인전용유흥음식점업 및 관광유흥음식점업은 제외한다)
3. 그 밖에 오락·유흥 등을 목적으로 하는 사업으로서 기획재정부령으로 정하는 사업

⑤ 법 제32조제2항에서 "대통령령으로 정하는 금액"이란 사업용고정자산을 현물출자하거나 사업양수도하여 법인으로 전환하는 사업장의 순자산가액으로서 제28조제1항제2호(**)의 규정을 준용하여 계산한 금액을 말한다. <개정 2002.12.30, 2010.2.18.>

(**) 통합으로 인하여 소멸하는 사업장의 중소기업자가 당해 통합으로 인하여 취득하는 주식 또는 지분의 가액이 통합으로 인하여 소멸하는 사업장의 순자산가액(통합일 현재의 시가로 평가한 자산의 합계액에서 충당금을 포함한 부채의 합계액을 공제한 금액을 말한다. 이하 같다)이상일 것 → 대상자산의 취득가액은 당해 자산 취득 당시의 실지거래가액으로 한다. 취득 당시의 실지거래가액이 불분명한 때에는 감정평가업자가 감정한 가액이 있는 경우 그 가액, 그것이 없다면 「상속세 및 증여세법」 제38조·동법 제39조 및 동법 제61조 내지 제64조의 규정을 준용하여 평가한 가액으로 한다(조특칙제15조①②).

나. 감면대상 : 현물출자 및 사업양수도에 따른 사업용 고정자산

다. 특례내용 : 취득세(75), 법인전환시 등록면허세는 감면대상 아니다.

- 최소납부세액 배제(지특법제177조의2)
- 사치성재산이면 감면배제

라. 추징사유 : 취득일부터 2년 이내에 대통령령으로 정하는 정당한 사유(*) 없이 해당 사업을 폐업하거나 해당 재산을 처분(임대를 포함한다)하는 경우

(*) 1. 해당 사업용 재산이 공익사업을 위한 토지 등의 취득 및 보상에 관한 법률 또는 그 밖의 법률에 따라 수용된 경우

2. 법령에 따른 폐업·이전명령 등에 따라 해당 사업을 폐지하거나 사업용 재산을 처분하는 경(이상 지특령제28조의2③)

마. 감면신청 : 법인등기부등본, 사업자등록증, 결산대차대조표 등 첨부

14-37-1 개인사업자 법인전환 유형간 비교

구 분		일반 사업양수도 일반 현물출자	세감면 사업양수도	세감면 현물출자	중소기업 통합
양도소득세		과세	이월과세	이월과세	이월과세
지방소득세		과세	이월과세	이월과세	이월과세
부동산 이전	취득세 (교육세)	과세	면제	면제	면제
부동산 이전	농특세	과세	과세	과세	과세
부동산 이전	국민주택 채권	부담	부담	면제	부담
차량 이전	취득세 (교육세)	과세	면제	면제	면제
차량 이전	농특세	과세	과세	과세	과세
법인 설립등기	등록면허세 (교육세)	과세	과세	과세	과세
부가가치세		과세 제외 (포괄승계)	과세 제외	과세 제외	과세 제외
이월세액 공제		비적용	적용	적용	적용
개인기업의 감면 승계 가부		승계 불가	승계	승계	승계
법인 설립 요건	개인기업주 (소멸법인)	불요	발기인(주주)	발기인(주주)	발기인(주주)
법인 설립 요건	업종	불요	소비성 서비스업 제외	소비성 서비스업 제외	소비성 서비스업 제외
법인 설립 요건	사업의 동일성	불요	유지	유지	유지
법인 설립 요건	법인자본금	불요	소멸되는 사업장의 순자산평가액 이상 금전출자	소멸되는 사업장의 순자산평가액 이상	소멸되는 사업장의 순자산평가액 이상
법인 설립 요건	자산이전 시기	불요	법인 설립 후 3개월 이내	법인설립시	법인설립시 또는 주된 자산 승계시
법인 설립 요건	중소기업 여부	불요	불요	불요	필요

14-38 기업 재무구조 개선 등에 대한 감면(지특법제57조의3)

가. 감면대상자 : 금융기관, 한국자산관리공사, 예금보험공사, 정리금융회사, 상호금융예금자보호기금 및 농업협동조합자산관리회사, 상호금융예금자보호기금, 신용협동조합, 새마을금고
나. 감면대상 : 적기시정조치 또는 계약이전결정을 받은 부실금융기관으로부터 양수한 재산
다. 특례내용 : 취득세(100), • 최소납부세액 배제(지특법제177조의2) • 사치성재산이면 감면배제
라. 추징사유 :
마. 감면신청 : 법인등기부등본, 사업자등록증, 결산대차대조표 등 첨부

14-39 벤처기업 등에 대한 과세특례(지특법제58조)

가. 감면대상자 : ① 벤처기업집적시설 또는 신기술창업집적지역을 개발·조성하는 사업시행자, ② 지정된 벤처기업집적시설 또는 조성된 산업기술단지에 입주하는 자(벤처기업에 해당되지 아니하는 자는 제외), ③ 신기술창업집적지역에서 산업용 건축물 등을 신축하거나 증축하려는 자(공장용 부동산을 중소기업자에게 임대하려는 자를 포함), ④ 벤처기업
나. 감면대상 : ① 분양·임대할 목적으로 취득·보유하는 부동산, ② 입주 벤처기업이 취득·보유하는 부동산, 법인등기, ③ 신기술창업집적지역에서 산업용 건축물 등)을 신축하거나 증축하려는 자(공장용 부동산을 중소기업자에게 임대하려는 자를 포함)가 취득하는 부동산, ④ 벤처기업육성촉진지구에서 그 고유업무에 직접 사용하기 위하여 취득·보유하는 부동산
다. 특례내용 : ① 취득세(50)·재산세(50), ② 취득세·등록면허세·재산세(중과세 배제), ③ 취득세(50)·재산세(50), ④ 취득세(37.5)·재산세(37.5) • 사치성재산이면 감면배제
라. 추징사유 : ①의 경우에 그 취득일부터 3년 이내에 정당한 사유 없이 벤처기업집적시설 또는 신기술창업집적지역을 개발·조성하지 아니하는 경우 또는 부동산의 취득일부터 5년 이내에 벤처기업집적시설 또는 신기술창업집적지역의 지정이 취소되거나 「벤처기업육성에 관한 특별조치법」 제17조의3 또는 제18조제2항에 따른 요건을 갖춘 날부터 5년 이내에 부동산을 다른 용도로 사용하는 경우 ③의 경우 1. 정당한 사유 없이 그 취득일부터 3년이 경과할 때까지 해당 용도로 직접 사용하지 아니하는 경우, 2. 해당 용도로 직접 사용한 기간이 2년 미만인 상태에서 매각·증여하거나 다른 용도로 사용하는 경우

마. 감면신청 : 벤처기업집적시설 인증서, 벤처기업인증서

14-40 지식산업센터 등에 대한 과세특례(지특법제58조의2)

가. 감면대상자 : ① 지식산업센터를 설립하는 자, ② 지식산업센터를 신축하거나 증축하여 설립한 자로부터 최초로 해당 지식산업센터를 분양받은 입주자
나. 감면대상 : 사업시설용으로 직접 사용하기 위하여 신축 또는 증축하여 취득하는 부동산(부속토지 포함)
다. 특례내용 : ① 취득세(35)·재산세(5년간 35), ② 취득세(35)·재산세(5년간 35) • 사치성재산이면 감면배제
라. 추징사유 : ① 가. 직접 사용하기 위하여 부동산을 취득하는 경우 1) 정당한 사유 없이 그 취득일부터 1년이 경과할 때까지 착공하지 아니한 경우 2) 정당한 사유 없이 그 취득일부터 1년이 경과할 때까지 사업시설용으로 직접 사용하지 아니한 경우 3) 해당 용도로 직접 사용한 기간이 4년 미만인 상태에서 매각·증여하거나 다른 용도로 사용하는 경우 나. 분양 또는 임대하기 위하여 부동산을 취득하는 경우로서 다음의 어느 하나에 해당하는 경우 1) 정당한 사유 없이 그 취득일부터 1년이 경과할 때까지 착공하지 아니한 경우 2) 그 취득일부터 5년 이내에 사업시설용으로 분양·임대하지 아니하거나 다른 용도로 사용하는 경우 ② 가. 정당한 사유 없이 그 취득일부터 1년이 경과할 때까지 해당 용도로 직접 사용하지 아니하는 경우 나. 해당 용도로 직접 사용한 기간이 4년 미만인 상태에서 매각·증여하거나 다른 용도로 사용하는 경우
마. 감면신청 : 벤처기업집적시설 인증서, 벤처기업인증서

14-41 창업중소기업 등에 대한 감면(지특법제58조의3)

가. 감면대상자 : ① 수도권과밀억제권역 외(*)의 지역에서 중소기업창업 지원법 제2조 제1호에 따른 창업(**)한 중소기업, ② 벤처기업 중 대통령령으로 정하는 기업으로서 창업일부터 3년 이내에 같은 법 제25조에 따라 벤처기업으로 확인받은 기업('창업벤처중소기업')

(*) 과밀억제권역에서 창업한 중소기업이나 창업벤처중소기업이 해당 사업을 하기 위하여 창업일부터 4년 이내에 지방세법 제13조에 따라 취득하는 사업용 부동산은 2015년 12월 31일까지는 일반세율로 산출한 세액의 75%가 감면되나 2016년 1월 1일부터는 중과세율로 산출한 세액의 75%가 감면된다(세제과-9682, 2015.07.02.). → 지특법부칙(법률 제12955호) 제13조 참조. 주의해야 할 것은 창업중소기업은 수도권 외의 지역에서 창업한 기업이어야 하고, 이 기업이 지방세법 제13조나 제26조에 해당하는 경우에는 먼저 중과세가 적용되고 다음으로 감면이 적용된다는 사실이다.

(**) 중소기업창업법시행령 제2조(창업의 범위) ① 「중소기업창업 지원법」(이하 "법"이라 한다) 제2조제1호에 따른 창업은 다음 각 호의 어느 하나에 해당하지 아니하는 것으로서 중소기업을 새로 설립하여 사업을 개시하는 것을 말한다.

1. 타인으로부터 사업을 승계하여 승계 전의 사업과 같은 종류의 사업을 계속하는 경우. 다만, 사업의 일부를 분리하여 해당 기업의 임직원이나 그 외의 자가 사업을 개시하는 경우로서 산업통상자원부령으로 정하는 요건에 해당하는 경우는 제외한다.
2. 개인사업자인 중소기업자가 법인으로 전환하거나 법인의 조직변경 등 기업형태를 변경하여 변경 전의 사업과 같은 종류의 사업을 계속하는 경우
3. 폐업 후 사업을 개시하여 폐업 전의 사업과 같은 종류의 사업을 계속하는 경우

② 제1항 각 호에 따른 같은 종류의 사업의 범위는 「통계법」 제22조제1항에 따라 통계청장이 작성·고시하는 한국표준산업분류(이하 "한국표준산업분류"라 한다)상의 세분류를 기준으로 한다. 이 경우 기존 업종에 다른 업종을 추가하여 사업을 하는 경우에는 추가된 업종의 매출액이 총 매출액의 100분의 50 미만인 경우에만 같은 종류의 사업을 계속하는 것으로 본다.

• 지방세특례제한법 제58의3 (창업중소기업 등에 대한 감면) ④ 창업중소기업과 창업벤처중소기업의 범위는 다음 각 호의 업종을 경영하는 중소기업으로 한정한다. <개정 2016.12.27.>

1. 광업
2. 제조업
3. 건설업
4. 출판업
5. 영상·오디오 기록물 제작 및 배급업(비디오물 감상실 운영업은 제외한다)
6. 방송업
7. 전기통신업
8. 컴퓨터 프로그래밍, 시스템 통합 및 관리업
9. 정보서비스업(뉴스제공업은 제외한다)

10. 연구개발업
11. 광고업
12. 전문디자인업
13. 전시 및 행사대행업
14. 창작 및 예술관련 서비스업(자영예술가는 제외한다)
15. 대통령령으로 정하는 엔지니어링사업(이하 "엔지니어링사업"이라 한다)
16. 대통령령으로 정하는 물류산업(이하 "물류산업"이라 한다)
17. 「학원의 설립·운영 및 과외교습에 관한 법률」에 따른 직업기술 분야를 교습하는 학원을 운영하는 사업 또는 「근로자직업능력 개발법」에 따른 직업능력개발훈련시설을 운영하는 사업(직업능력개발훈련을 주된 사업으로 하는 경우에 한정한다)
18. 「전시산업발전법」에 따른 전시산업
19. 인력공급 및 고용알선업(농업노동자 공급업을 포함한다)
20. 건물 및 산업설비 청소업
21. 경비 및 경호 서비스업
22. 시장조사 및 여론조사업
23. 「관광진흥법」에 따른 관광숙박업, 국제회의업, 유원시설업 또는 대통령령으로 정하는 관광객이용시설업
24. 그 밖의 과학기술서비스업

● 창업으로 보지 않는 경우(지특법제58조의3⑥)

1. 합병·분할·현물출자 또는 사업의 양수를 통하여 종전의 사업을 승계하거나 종전의 사업에 사용되던 자산을 인수 또는 매입하여 같은 종류의 사업을 하는 경우. 다만, 종전의 사업에 사용되던 자산을 인수하거나 매입하여 같은 종류의 사업을 하는 경우 그 자산가액의 합계가 「부가가치세법」 제5조제2항에 따른 사업개시 당시 토지·건물 및 기계장치 등 대통령령으로 정하는 사업용자산의 총가액에서 차지하는 비율이 100분의 50 미만으로서 대통령령으로 정하는 비율 이하인 경우는 제외한다.
2. 거주자가 하던 사업을 법인으로 전환하여 새로운 법인을 설립하는 경우
3. 폐업 후 사업을 다시 개시하여 폐업 전의 사업과 같은 종류의 사업을 하는 경우
4. 사업을 확장하거나 다른 업종을 추가하는 경우 등 새로운 사업을 최초로 개시하는 것으로 보기 곤란한 경우

나. 감면대상 : ① 창업일 또는 벤처기업확인일부터 4년 이내에 해당 사업에 직접 사용(임대는 제외)하는 부동산(건축물 부속토지인 경우에는 대통령령으로 정하는 공장입지기준면적 이내 또는 대통령령으로 정하는 용도지역별적용배율 이내의 부분만 해당), ② 창업일 또는 벤처기업확인일부터 5년간 해당 사업에 직접 사용(임대는 제외)하는 부동산(건축물 부속토지인 경우에는 대통령령으로 정하는 공장입지기준면적 이내 또는 대통령령으로 정하는 용도지역별적용배율 이내의 부분만 해당), ③ 창업중소기업의 법인설립 등기(창업일부터 4년 이내에 자본 또는 출자액을 증가하는 경우를 포함), 창업벤처중소기업이 벤처기업확인일로부터 1년 이내에 하는 법인설립등기

다. 특례내용 : ① 취득세(75), ② 재산세(50), ③ 등록면허세(100), ①② 농어촌특별세 비과세

● 감면 규정을 적용할 때 창업중소기업으로 지방세를 감면받은 경우에는 창업벤처중소기업에

대한 감면은 적용하지 아니한다(지특법제58조의3⑥). • 사치성재산이면 감면배제
라. 추징사유 : ①의 경우에 1. 정당한 사유 없이 취득일부터 3년 이내에 그 부동산을 해당 사업에 직접 사용하지 아니하는 경우, 2. 취득일부터 3년 이내에 다른 용도로 사용하거나 매각·증여하는 경우, 3. 최초 사용일부터 계속하여 2년간 해당 사업에 직접 사용하지 아니하고 다른 용도로 사용(*)하거나 매각·증여하는 경우 ② 추징제외 사유 : 「조세특례제한법」 제31조제1항에 따른 통합('중소기업간 통합')을 하는 경우와 같은 법 제32조제1항에 따른 법인전환('법인전환')을 하는 경우(이상 지특법제58조의3 ⑦) (*) 입주 적격요건을 갖추어 벤처기업집적시설에 입주한 기업 중 일부가 그 규모의 확대로 중소기업에 해당하지 않게 되어, 벤처기업집적시설의 지정요건을 충족하지 못하게 된 경우, 해당 부동산을 다른 용도로 사용하는 경우에 해당한다(지방세특례제도과-768, 2015.03.19.).
마. 감면신청 : 창업중소기업 또는 벤처기업임을 증명하는 법인등기부등본, 사업자등록증, 벤처기업확인서 등 첨부

14-42 중소벤처기업진흥공단, 중소기업협동조합 등에 대한 감면(지특법제59조, 제60조)

가. 감면대상자 : 중소벤처기업진흥공단, 중소기업협동조합, 창업보육센터사업자, 창업보육센터입주자
나. 감면대상 : ① 중소벤처기업진흥공단이 중소기업 전문기술인력 양성을 위하여 취득하는 교육시설용 부동산, ② 중소벤처기업진흥공단이 중소기업자에게 분양 또는 임대할 목적으로 취득하는 부동산, ③ 중소기업협동조합(사업협동조합, 연합회 및 중앙회를 포함)이 제품의 생산·가공·수주·판매·보관·운송을 위하여 취득하는 공동시설용 부동산, ④ 창업보육센터사업자의 지정을 받은 자가 창업보육센터용으로 직접 사용하기 위하여 취득하는 부동산, ⑤ 창업보육센터에 입주하는 자가 해당 창업보육센터용으로 직접 사용하기 위하여 취득하는 부동산
다. 특례내용 : ① 취득세(25), ② 취득세(50), ③ 취득세·재산세(50), ④ 취득세(75)·재산세(50)⑤ 취득세·등록면허세 중과세 배제, • 사치성재산이면 감면배제
라. 추징사유 :
마. 감면신청 :

14-43 철도시설, 해운항만, 항공운수사업, 운송사업, 물류단지, 별정우체국 등에 대한 감면(지특법제63조, 제64조, 제65조, 제70조, 제71조, 제72조)

가. 감면대상자 : 국가철도공단·한국철도공사·도시철도공사·철도사업면허자, 국제선박등록자·연안항로취항자·외국항로취항자, 국내항공운송사업·국제항공운송사업·소형항공운송사업·항공기사용사업자, 여객자동차운송사업자, 물류단지개발사업시행자·물류사업자, 별정우체국사업지정자(승계자)
나. 감면대상 : ① 국가철도공단·한국철도공사·도시철도공사·철도사업면허자가 시설용 또는 사업용으로 직접 사용하기 위하여 취득하는 부동산, ② 국제선박등록자·연안항로취항자·외국항로취항자가 취득하는 선박, ③ 국내항공운송사업·국제항공운송사업·소형항공운송사업·항공기사용사업자가 취득하는 항공기, ④ 여객자동차운송사업자가 해당 사업에 직접 사용하기 위하여 취득하는 자동차, ⑤ 별정우체국사업지정자(승계자)가 해당 사업에 직접 사용하기 위하여 취득하는 부동산
다. 특례내용 : ① 취득세(25, 50, 100), ② 취득세(기본세율에서 2% 또는 1% 감면), ③ 취득세(기본세율에서 1.2% 감면, ④ 취득세(75)·재산세(50)⑤ 취득세·등록면허세 중과세 배제, • 사치성재산이면 감면배제
라. 추징사유 :
마. 감면신청 :

14-44 토지수용 등으로 인한 대체취득에 대한 감면(지특법제73조)

가. 감면대상자 : 관계 법령(*)에 따라 토지 등을 수용할 수 있는 사업인정을 받은 자(관광진흥법 제55조 제1항에 따른 조성계획의 승인을 받은 자 및 농어촌정비법 제56조에 따른 농어촌정비사업 시행자를 포함)에게 부동산이 매수·수용 또는 철거되어 보상금을 수령하고 대체취득(**)으로 다른 부동산을 취득한 자.

(*) 공익사업을 위한 토지 등의 취득 및 보상에 관한 법률, 국토의 계획 및 이용에 관한 법률, 도시개발법

(**) 토지·건물이 공익사업지구 내로 편입되어 보상을 받은 자가 보상금으로 다른 지역에서 토지나 건물을 취득하는 경우를 말하는데, '대체취득할 부동산등에 관한 계약을 체결하거나 건축허가를 받고, 그 보상금을 마지막으로 받은 날(***)(사업인정을 받은 자의 사정으로 대체취득이 불가능한 경우에는 취득이 가능한 날을 말하고, 공익사업을 위한 토지 등의 취득 및 보상에 관한 법률 제63조 제1항에 따라 토지로 보상을 받는 경우에는 해당 토지에 대한 취득이 가능한 날을 말하며, 같은 법 제63조제6항 및 제7항에 따라 보상금을 채권으로 받는 경우에는 채권상환기간 만료일을 말한다)부터 1년 이내(제6조제1항에 따른 농지의 경우는 2년 이내)에 일정지역에서 종전의 부동산등을 대체할 부동산등을 취득하였을 때(건축 중인 주택을 분양받는 경우에는 분양계약을 체결한 때)라는 요건을 충족해야 한다.

(***) 사업시행자의 보상금 공탁이 있었을 경우에는 마지막 보상금 수령일은 공탁일이 아닌 마지막 공탁금 수령일로 보아야 한다(세정과-18272, 2009.11.05.).

나. 감면대상 : ① 보상금을 수령하거나 대체하여 취득한 부동산(선박·어업권 및 광업권 포함), ② 「공익사업을 위한 토지 등의 취득 및 보상에 관한 법률」 에 따른 환매권을 행사하여 매수하는 부동산

- **토지수용시 대체취득 부동산 감면요건**

1. 대상부동산을 공익 목적으로 수용·매수·철거
2. 보상금 잔금 수령 후 1년(2년) 이내 대체 부동산 잔금 청산(유상승계취득)
3. 대상토지 요건 : 부재지주(지특령제34조②)의 소유토지가 아닐 것

'부재부동산 소유자'란 「공익사업을 위한 토지 등의 취득 및 보상에 관한 법률」 등 관계 법령에 따른 사업고시지구 내에 매수·수용 또는 철거되는 부동산을 소유하는 자로서 다음 각 호에 따른 지역에 계약일 또는 사업인정고시일 현재 1년 전부터 계속하여 주민등록 또는 사업자등록을 하지 아니하거나 1년 전부터 계속하여 주민등록 또는 사업자등록을 한 경우라도 사실상 거주 또는 사업을 하고 있지 아니한 거주자 또는 사업자(법인을 포함한다)를 말한다. 이 경우 상속으로 부동산을 취득하였을 때에는 상속인과 피상속인의 거주기간을 합한 것을 상속인의 거주기간으로 본다.

1. 매수 또는 수용된 부동산이 농지인 경우: 그 소재지 시·군·구 및 그와 잇닿아 있는 시·군·구 또는 농지의 소재지로부터 20킬로미터 이내의 지역
2. 매수·수용 또는 철거된 부동산이 농지가 아닌 경우: 그 소재지 구[자치구가 아닌 구를 포함하며, 도농복합형태의 시의 경우에는 동(洞) 지역만 해당한다. 이하 이 호에서 같다]·시(자치구가 아닌 구를 두지 아니한 시를 말하며, 도농복합형태의 시의 경우에는 동 지역만 해당한다. 이하 이 호에서 같다)·읍·면 및 그와 잇닿아 있는 구·시·읍·면 지역

부재지주 기준

실질요건		형식요건			
		주민등록		사업자등록	
		○	×	○	×
거주사실	○	거주자	부재자	거주자	부재자
	×	부재자	부재자	부재자	부재자
사업영위사실	○	거주자	부재자	거주자	부재자
	×	부재자	부재자	부재자	부재자

4. 대체부동산 요건(소재지)(지특법제73조①)

1. 농지 외의 부동산등

가. 매수·수용·철거된 부동산등이 있는 특별시·광역시·특별자치시·도·특별자치도 내의 지역

나. 가목 외의 지역으로서 매수·수용·철거된 부동산등이 있는 특별자치시·시·군·구와 잇닿아 있는 특별자치시·시·군·구 내의 지역

다. 매수·수용·철거된 부동산등이 있는 특별시·광역시·특별자치시·도와 잇닿아 있는 특별시·광역시·특별자치시·도 내의 지역. 다만, 「소득세법」 제104조의2제1항에 따른 지정지역은 제외한다.

2. 농지(제6조제1항에 따른 자경농민이 농지 경작을 위하여 총 보상금액의 100분의 50 미만의 가액으로 취득하는 주택을 포함한다)

가. 제1호에 따른 지역

나. 가목 외의 지역으로서 「소득세법」 제104조의2제1항에 따른 지정지역을 제외한 지역

대체취득부동산의 감면대상지역

구분	부동산 소재지 시·도(a)	연접 시·군·구(b)	연접시·도(c)	a,b,c 이외 지역(d)
농지 이외	면제	면제	투기지역 이외만 면제	과세
농지	면제	면제	투기지역 이외만 면제	투기지역 이외만 면제
자경농주택	면제	면제	투기지역 이외만 면제	투기지역 이외만 면제

다. 특례내용 : 취득세(100)

- 새로 취득한 부동산등의 가액 합계액이 종전의 부동산등의 가액 합계액을 초과하는 경우에 그 초과액에 대해서는 취득세를 부과하며, 초과액의 산정 기준과 방법 등은 대통령령으로 정한다(지특령제34조①).
- 최소납부세액 적용(지특법제177조의2)
- 사치성재산이면 감면배제

라. 추징사유 :

마. 감면신청 : 토지등 수용사실확인서, 주민등록초본, 사업자등록증 사본, 폐업사실증명원, 대상부동산의 실제사용용도 증명서류 등

14-45 도시개발사업 등에 대한 감면(지특법제74조)

가. 감면대상자 : ① 도시개발법에 따른 도시개발사업과 도시 및 주거환경정비법에 따른 정비사업(주택재개발사업 및 도시환경정비사업으로 한정)(*)의 시행으로 해당 사업의 대상이 되는 부동산의 소유자(**)(상속인을 포함), ② 사업시행자 (*) 도시개발사업과 도시정비사업을 포함하되 도시정비사업 중 재건축사업은 제외한다. (**) '부동산의 소유자'에는 사업시행인가 당시의 소유자뿐 아니라 그로부터 분양처분 이전까지 대지나 건축시설의 소유권을 승계취득한 자를 포함하는 개념이라고 해석하여야 할 것이므로(대법원 995누5172, 1995.8.25.).
나. 감면대상 : ① 도시개발사업시행자가 취득하는 체비지 또는 보류지, ②-1 사업시행자가 주거환경개선사업의 대지조성을 위하여 취득하는 주택, ②-2 해당 사업의 시행으로 취득하는 체비지 또는 보류지, ②-3 정비구역지정 고시일 현재 부동산의 소유자가 스스로 개량하는 방법으로 취득하는 주택 또는 주거환경개선사업의 시행으로 취득하는 전용면적 85제곱미터 이하의 주택, ③-1 재개발사업 시행자가 재개발사업의 대지 조성을 위하여 취득하는 부동산, ③-2 재개발사업의 시행자가 관리처분계획에 따라 취득하는 주택(청산금을 부담하는 경우에는 그 청산금에 상당하는 부동산을 포함), ③-3 재개발사업의 정비구역지정 고시일 현재 부동산의 소유자가 재개발사업의 시행으로 주택을 취득함으로써 대통령령으로 정하는 1가구 1주택이 되는 경우(취득 당시 대통령령으로 정하는 일시적으로 2주택이 되는 경우를 포함)
다. 특례내용 : ① ②-1 취득세(75), ②-2 ②-3 취득세(100), ③-1 ③-2 취득세(50), ③-3 취득세(60㎡ 이하 75, 60㎡ 초과 85㎡ 이하 50) • 최소납부세액 배제(지특법제177조의2) • 사치성재산이면 감면배제
라. 추징사유 :
마. 감면신청 :

14-46 도심공공주택 복합사업 등에 대한 감면(지특법제74조의2)

가. 감면대상자 : ① 해당 사업의 대상이 되는 부동산의 소유자(상속인을 포함), ② 사업시행자
나. 감면대상 : ① 해당 사업의 대상이 되는 부동산의 소유자(상속인을 포함)가 현물보사에 따라 취득하는 건축물(부속토지 포함) ② 복합사업 및 주거혁신지구재생사업("복합사업등")의 시행에 따라 취득하는 부동산
다. 특례내용 : ① 취득세(100), ② 취득세[1. 현물보상 약정 체결시 100, 불체결시 50, 2. 주택 50, 3. 지정 고시일 현재 부동산의 소유자가 복합사업등의 시행으로 주택을 취득함으로써 대통령령으로 정하는 1가구 1주택자가 되는 경우(취득 당시 대통령령으로 정하는 일시적 2주택자가 되는 경우를 포함한다) : 전용면적 60제곱미터 이하 75, 전용면적 60제곱미터 초과 85제곱미터 이하 50) • 최소납부세액 배제(지특법제177조의2) • 사치성재산이면 감면배제
라. 추징사유 :
마. 감면신청 :

14-47 기업도시개발구역 및 지역개발사업구역 내 창업기업 등에 대한 감면(지특법제75조의2)

가. 감면대상자 : 해당 사업의 기업 또는 사업자
나. 감면대상 : 해당하는 사업을 영위하기 위하여 취득하는 부동산
다.. 특례내용 : 취득세·재산세(50의 범위에서 조례로 종하는 경감율)) • 최소납부세액 배제(지특법제177조의2) • 사치성재산이면 감면배제
라. 추징사유 :
마. 감면신청 :

14-48 인구감소지역에 대한 감면(지특법제75조의5)

가. 감면대상자 : 인구감소지역의 창업기업
나. 감면대상 : 창업 또는 사업장을 신설하기 위하여 취득하는 부동산
다.. 특례내용 : 취득세·재산세(100) • 최소납부세액 배제(지특법제177조의2) • 사치성재산이면 감면배제
라. 추징사유 :
마. 감면신청 :

14-49 택지개발용 토지 등에 대한 감면(지특법제76조)

가. 감면대상자 : 한국토지주택공사
나. 감면대상 : 제3자에게 공급할 목적으로 취득하는 부동산 중 택지개발사업지구 및 단지조성사업지구에 있는 부동산으로서 관계 법령에 따라 국가 또는 지방자치단체에 무상으로 귀속될 공공시설물 및 그 부속토지와 공공시설용지
다. 특례내용 : 재산세(100) • 사치성재산이면 감면배제
라. 추징사유 : 지특령제35조의2②
마. 감면신청 :

14-50 산업단지 등에 대한 감면(지특법제78조)

가. 감면대상자 : ① 산업단지 등 개발사업시행자, 산업기술단지 지원에 관한 특례법 제4조에 따른 사업시행자, ② 사업시행자 외의 자(산업단지 입주기업), ③ 한국산업단지공단
나. 감면대상 : ①-1 산업단지 또는 산업기술단지를 조성하기 위하여 취득하는 부동산, ①-2 산업단지 또는 산업기술단지를 개발·조성한 후 대통령령으로 정하는 산업용 건축물등의 용도로 분양 또는 임대할 목적으로 취득·보유하는 부동산, ①-3 산업단지 또는 산업기술단지를 개발·조성한 후 직접 사용하기 위하여 취득·보유하는 부동산, ② 사업시행자 외의 자가 제1호 각 목의 지역("산업단지등"이)에서 취득하는 부동산, ③ 한국산업단지공단이 산업집적활성화 및 공장설립에 관한 법률 제45조의13제1항제3호 및 제5호의 사업을 위하여 취득하는 부동산(같은 법 제41조에 따른 환수권의 행사로 인한 취득하는 경우를 포함)
다. 특례내용 : ①-1 취득세(35)·재산세(35, 수도권 외 산업단지는 60), ①-2 신증축 건축물: 취득세(35)·재산세(35, 수도권 외 산업단지는 60), 조성공사가 끝난 토지: 재산세(5년간 35, 수도권 외 산업단지는 60), ①-3 신증축 건축물: 취득세(35)·재산세(35, 수도권 외 산업단지는 60), 조성공사가 끝난 토지: 재산세(5년간 35, 수도권 외 산업단지는 60), ② 신증축 부동산(부속토지 포함, 임대 포함): 취득세(50), 재산세(5년간 35, 수도권 외 산업단지는 75), 대수선: 취득세(25), ③ 취득세(35), 재산세(50, 수도권 외 산업단지는 70) • 사치성재산이면 감면배제
라. 추징사유 : ①-1 부동산의 취득일부터 3년 이내에 정당한 사유 없이 산업단지 또는 산업기술단지를 조성하지 아니하는 경우 ①-2 • 신증축 건축물: 취득일부터 3년 이내에 정당한 사유 없이 해당 용도로 분양 또는 임대하지 아니하는 경우, • 조성공사가 끝난 토지: 조성공사가 끝난 날부터 3년 이내에 정당한 사유 없이 해당 용도로 분양 또는 임대하지 아니하는 경우 ①-3 • 신증축 건축물: 가. 정당한 사유 없이 그 취득일부터 3년 이내에 해당 용도로 직접 사용하지 아니하는 경우, 나. 해당 용도로 직접 사용한 기간이 2년 미만인 상태에서 매각·증여하거나 다른 용도로 사용하는 경우 • 조성공사가 끝난 토지: 가. 정당한 사유 없이 그 조성공사가 끝난 날부터 3년 이내에 해당 용도로 직접 사용하지 아니하는 경우, 나. 해당 용도로 직접 사용한 기간이 2년 미만인 상태에서 매각·증여하거나 다른 용도로 사용하는 경우 ② 1. 정당한 사유 없이 그 취득일부터 3년이 경과할 때까지 해당 용도로 직접 사용하지 아니하는 경우, 2. 해당 용도로 직접 사용한 기간이 2년 미만인 상태에서 매각(해당 산업단지관리기관 또는 산업기술단지관리기관이 환매하는 경우는 제외한다)·증여하거나 다른 용도로 사용하는 경우 ③ 취득일부터 3년 이내에 정당한 사유 없이 한국산업단지공단이 산업집적활성화 및 공장설립에 관한 법률 제45조의13 제1항 제3호 및 제5호의 사업에 사용하지 아니하는 경우
마. 감면신청 :

14-51 외국인투자에 대한 감면(지특법제78조의3)

<table>
<tr><td>가. 감면대상자 : ① 외국인투자기업이나 출연을 한 비영리법인, 산업기술단지 지원에 관한 특례법 제4조에 따른 사업시행자, ② 사업시행자 외의 자(산업단지 입주기업), ③ 한국산업단지공단</td></tr>
<tr><td>나. 감면대상 : ①-1 외국인투자신고사업에 직접 사용하기 위하여 대통령령으로 정하는 사업개시일부터 5년(일정한 사업의 경우 3년) 이내에 취득하는 부동산, ①-2 산외국인투자기업이 과세기준일 현재 외국인투자신고사업에 직접 사용하는 부동산, ② 사업개시일 전에 사업에 직접 사용하기 위하여 취득하는 부동산으로서 조세감면결정을 받은 날 이후 취득하는 부동산, ③ 사업양수방식의 외국인투자자</td></tr>
<tr><td>다. 특례내용 : ①-1 취득세(취득세 산출세액에 대통령령으로 정하는 외국인투자비율을 곱한 세액 100) ①-2 재산세(100), ② 취득세(조세감면결정일부터 3년 이내에 취득하는 부동산 100), 재산세,(취일 이후 3년간 100, 그 다음 2년간 50), ③ 취득세(사업개시일부터 3년 이내에 취득하는 부동산 50, 그 다음 2년 이애 취득시 30), 재산세(사업개시일부터 3년간 50, 그 다음 2년간 30)
• 사치성재산이면 감면배제</td></tr>
<tr><td>라. 추징사유 : 1. 취득세 또는 재산세가 감면된 후 외국투자가가 이 법에 따라 소유하는 주식등을 대한민국 국민 또는 대한민국 법인에 양도하는 경우
2. 취득세 또는 재산세가 감면된 후 외국투자가의 주식등의 비율이 감면 당시의 주식등의 비율에 미달하게 된 경우
3. 「외국인투자 촉진법」에 따라 등록이 말소된 경우
4. 해당 외국인투자기업이 폐업하는 경우
5. 외국인투자기업이 외국인투자신고 후 5년(고용 관련 조세감면기준은 3년) 이내에 출자목적물의 납입, 「외국인투자 촉진법」 제2조제1항제4호나목에 따른 장기차관의 도입 또는 고용인원이 「조세특례제한법」 제121조의2제1항에 따른 조세감면기준에 미달하는 경우
6. 정당한 사유 없이 그 취득일부터 3년이 경과할 때까지 해당 용도로 직접 사용하지 아니하는 경우
7. 해당 용도로 직접 사용한 기간이 2년 미만인 상태에서 매각·증여하거나 다른 용도로 사용하는 경우</td></tr>
<tr><td>마. 감면신청 :</td></tr>
</table>

14-52 법인의 지방 이전에 대한 감면(지특법제79조)

가. 감면대상자 : 과밀억제권역에 본점 또는 주사무소를 설치하여 사업을 직접 하는 법인이 해당 본점 또는 주사무소를 매각하거나 임차를 종료하고, 대도시(*) 외의 지역으로 이전하는 법인

(*) 과밀억제권역(산업단지 제외)(지특령제39조)

나. 감면대상 : ① 해당 사업을 직접 하기 위하여 취득하는 부동산, ② 그 이전에 따른 법인등기 및 부동산등기

다. 특례내용 : ① 취득세(100)·재산세(5년간 100, 다음 3년간 50), ② 등록면허세(100)

- 감면대상 부동산의 범위와 요건(지특칙제7조①)

  법인의 본점 또는 주사무소로 사용하는 부동산과 그 부대시설용 부동산으로서 다음 각 호의 요건을 모두 갖춘 것으로 한다.

  1. 대도시 외의 지역으로 이전하기 위하여 취득한 본점 또는 주사무소용 부동산으로서 사업을 시작하기 이전에 취득한 것일 것
  2. 과밀억제권역 내의 본점 또는 주사무소를 대도시 외의 지역으로 이전하기 위하여 사업을 중단한 날까지 6개월(임차한 경우에는 2년(*)을 말한다) 이상 사업을 한 실적이 있을 것
  3. 대도시 외의 지역에서 그 사업을 시작한 날부터 6개월 이내에 과밀억제권역 내에 있는 종전의 본점 또는 주사무소를 폐쇄할 것
  4. 대도시 외의 지역에서 본점 또는 주사무소용 부동산을 취득한 날부터 6개월 이내에 건축공사를 시작하거나 직접 그 용도에 사용할 것. 다만, 정당한 사유가 있는 경우에는 6개월 이내에 건축공사를 시작하지 아니하거나 직접 그 용도에 사용하지 아니할 수 있다.

- 제1항에 따른 감면대상이 되는 본점 또는 주사무소용 부동산 가액의 합계액이 이전하기 전의 본점 또는 주사무소용 부동산 가액의 합계액을 초과하는 경우 그 초과액에 대해서는 취득세를 과세한다(지특칙제7조②).
- 최소납부세액 적용(지특법제177조의2) 부칙12조(2019.1.1.부터 적용)
- 사치성재산이면 감면배제

(*) 개인사업자가 부동산을 임차하여 화장품제조업을 영위하다가 법인전환한 후 법인전환일부터 2년 이상 사업을 영위하지 아니한 채 대도시외의 지역으로 이전할 목적으로 부동산을 취득한 경우, 지방이전에 따른 감면요건을 충족한다고 볼 수 없다(조심2008지0813, 2008.12.02.).

라. 추징사유 : 1. 법인을 이전하여 5년 이내에 법인이 해산된 경우(합병·분할 또는 분할합병으로 인한 경우는 제외한다)와 법인을 이전하여 과세감면을 받고 있는 기간에 과밀억제권역에서 이전 전에 생산하던 제품을 생산하는 법인을 다시 설치한 경우, 2. 해당 사업에 직접 사용한 기간이 2년 미만인 상태에서 매각·증여하거나 다른 용도로 사용하는 경우

마. 감면신청 : 지특칙제7조 제1항 제1호~4호의 내용을 증명하는 서류(법인등기부등본, 사업자등록증, 종전 사업자등록증)

14-53 공장의 지방 이전에 대한 감면(지특법제80조)

가. 감면대상자 : 대도시(*) 지역에서 공장 설치가 금지되거나 제한되지 아니한 대도시 외의 지역으로 이전하는 공장을 건축하려는 자
(*) 과밀억제권역(산업단지 제외)(지특령제39조)

나. 감면대상 : 대도시 외의 지역으로 이전한 뒤 해당 사업을 계속하기 위해 취득하는 부동산

다. 특례내용 : 취득세(100)·재산세(5년간 100, 다음 3년간 50)

- 이전공장의 범위와 요건(지특칙제8조)

① 「지방세법 시행규칙」 별표 2에서 규정하는 업종의 공장으로서 생산설비를 갖춘 건축물의 연면적(옥외에 기계장치 또는 저장시설이 있는 경우에는 그 시설물의 수평투영면적을 포함한다)이 200제곱미터 이상인 것을 말한다. 이 경우 건축물의 연면적에는 그 제조시설을 지원하기 위하여 공장 경계구역 안에 설치되는 종업원의 후생복지시설 등 각종 부대시설을 포함한다.

② 감면 대상이 되는 공장용 부동산은 다음 각 호의 요건을 모두 갖춘 것이어야 한다.

1. 이전한 공장의 사업을 시작하기 이전에 취득한 부동산일 것(*)
2. 공장시설(제조장 단위별로 독립된 시설을 말한다. 이하 같다)을 이전하기 위하여 대도시 내에 있는 공장의 조업을 중단한 날까지 6개월(임차한 공장의 경우에는 2년을 말한다) 이상 계속하여 조업한 실적이 있을 것. 이 경우 「수질 및 수생태계 보전에 관한 법률」 또는 「대기환경보전법」에 따라 폐수배출시설 또는 대기오염물질배출시설 등의 개선명령·이전명령·조업정지나 그 밖의 처분을 받아 조업을 중단하였을 때의 그 조업 중지기간은 조업한 기간으로 본다.
3. 대도시 외에서 그 사업을 시작한 날부터 6개월(시운전 기간은 제외한다) 이내에 대도시 내에 있는 해당 공장시설을 완전히 철거하거나 폐쇄할 것
4. 토지를 취득하였을 때에는 그 취득일부터 6개월 이내에 공장용 건축물 공사를 시작하여야 하며, 건축물을 취득하거나 토지와 건축물을 동시에 취득하였을 때에는 그 취득일부터 6개월 이내에 사업을 시작할 것. 다만, 정당한 사유가 있을 때에는 6개월 이내에 공장용 건축물 공사를 시작하지 아니하거나 사업을 시작하지 아니할 수 있다.

- 제2항에 따른 감면대상이 되는 공장용 부동산 가액의 합계액이 이전하기 전의 공장용 부동산 가액의 합계액을 초과하는 경우 그 초과액에 대해서는 취득세를 과세한다(지특칙제8조③). 이 경우 초과액의 산정기준은 다음 각 호와 같다.

1. 이전한 공장용 부동산의 가액과 이전하기 전의 공장용 부동산의 가액이 각각 「지방세법」 제10조제5항에 따른 사실상의 취득가격 및 연부금액으로 증명되는 경우에는 그 차액
2. 제1호 외의 경우에는 이전한 공장용 부동산의 시가표준액과 이전하기 전의 공장용 부동산의 시가표준액의 차액

- 최소납부세액 적용(지특법제177조의2) 부칙12조(2019.1.1.부터 적용)
- 사치성재산이면 감면배제

(*) ① 대도시내에서 대도시외로 공장을 이전하여 사업을 영위하던 중 신축공장을 취득 하였으므로, 신축공장물은 지방세법 시행규칙 제115조제2항제1호에서 규정하는 이전한 공장의 사

업을 개시하기 이전에 취득한 부동산에 해당하지 않아 면제대상이 아니다(조심2008지0568, 2009.04.17.). ② 대도시내 공장시설을 대도시외의 지역으로 이전 후 당해 사업을 영위하기 위해 취득한 부동산에 대해 취득세와 등록세를 면제한다고 규정하고 있으며, 당해 사업을 계속하기 위하여 공장이전 전에 취득한 부동산도 취득세와 등록세 면제 부동산의 범위에 포함된다고 보인다(지방세정팀-1441, 2007.04.27.).
라. 추징사유 : 1. 공장을 이전하여 지방세를 감면받고 있는 기간에 대도시에서 이전 전에 생산하던 제품을 생산하는 공장을 다시 설치한 경우, 2. 해당 사업에 직접 사용한 기간이 2년 미만인 상태에서 매각·증여하거나 다른 용도로 사용하는 경우
마. 감면신청 :

14-54 시장정비사업에 대한 감면(지특법제83조)

가. 감면대상자 : ① 전통시장 및 상점가 육성을 위한 특별법 제37조에 따라 승인된 시장정비구역(*)에서 시장정비사업을 추진하려는 자('시장정비사업시행자'), ② 시장정비사업 시행인가일 현재 기존의 전통시장에서 3년 전부터 계속하여 입점한 상인 또는 시장정비사업 시행인가일 현재 전통시장에서 부동산을 소유한 자(지특령제41조) (*) 위 법률에 따라 사업시행자 또는 공동사업시행자는 시·군·구청장에게 사업추진계획 승인에 대한 추천을 신청하고 시·군·구청장이 시도지사의 승인을 받아 지정하여야 한다.
나. 감면대상 : ① 해당 사업에 직접 사용하기 위하여 취득하는 부동산, ② 시장정비사업시행에 따른 부동산, 시장정비사업 시행으로 인하여 취득하는 건축물
다. 특례내용 : ① 취득세(100)·재산세(5년간 50), ② 취득세(100)·재산세(5년간 50), ①② 농어촌특별세 비과세 • 최소납부세액 적용(지특법제177조의2) 부칙12조(2019.1.1.부터 적용) • 사치성재산이면 감면배제
라. 추징사유 : 「전통시장 및 상점가 육성을 위한 특별법」 제38조에 따라 사업추진계획의 승인이 취소되는 경우, 그 취득일부터 3년 이내에 정당한 사유 없이 그 사업에 직접 사용하지 아니하거나(*) 매각·증여하는 경우와 다른 용도에 사용하는 경우(취득세) (*) 시장정비사업시행자에 대한 취·등록세 감면 요건은 사업에 '직접사용'하기 위하여 취득·등기(2월이내)하는 부동산이고, 분양과 임대를 통해 감면 유예기간(3년) 이내에 시장용 건축물을 재건축한 경우, 직접 사용에 해당되며 분양이나 임대가 되지 않아 공실상태로 시장 상가용으로 분양 또는 임대를 목적으로 광고방송 등 분양을 위해 수차 노력하였다면, 정당한 사유에 해당한다(지방세운영과-4433, 2010.09.20.).
마. 감면신청 :

14-55 새마을금고 등에 대한 감면(지특법제87조)

가. 감면대상자 : ① 신용협동조합법에 따라 설립된 신용협동조합, ② 새마을금고법에 따라 설립된 새마을금고
나. 감면대상 : 업무에 직접 사용하기 위하여 취득·보유하는 부동산
다. 특례내용 : 지역조합, 지역금고: 취득세(100)·재산세(100), 각 중앙회: 취득세(25)·재산세(25) • 최소납부세액 배제(지특법제177조의2) • 사치성재산이면 감면배제
라. 추징사유 : 일반적 추징규정
마. 감면신청 :

14-56 천재지변 등으로 인한 대체취득에 대한 감면(지특법제92조)

가. 감면대상자 : ① 천재지변, 소실, 도괴(倒壞), 그 밖의 불가항력으로 멸실 또는 파손된 건축물·선박·자동차 및 기계장비를 그 멸실일 또는 파손일부터 2년 이내 유사한 재산을 대체취득하는 자, ② 천재지변, 소실, 도괴, 그 밖의 불가항력으로 멸실 또는 파손된 건축물·선박·자동차·기계장비의 말소등기 또는 말소등록을 하는 자 또는 멸실 또는 파손된 건축물을 복구하기 위하여 그 멸실일 또는 파손일부터 2년 이내에 신축 또는 개축을 위한 건축면허를 신청하는 자, ③ 천재지변·화재·교통사고 등으로 소멸·멸실 또는 파손되어 해당 자동차를 회수하거나 사용할 수 없는 것으로 시장·군수로부터 인정받은 자
나. 감면대상 : ① 대체하여 취득(*)하는 건축물등 재산, ② 멸실·파손된 재산의 말소등기, 신축·개축을 위한 건축면허, ③ 멸실·파손된 자동차 (*) 1. 복구를 위하여 건축물을 건축 또는 개수하는 경우, 2. 선박을 건조하거나 종류 변경을 하는 경우, 3. 건축물·선박·자동차 및 기계장비를 대체취득하는 경우
다. 특례내용 : ① 취득세(100), ② 등록면허세(100), ③ 자동차세(100) • ①의 경우 새로 취득한 건축물의 연면적이 종전의 건축물의 연면적을 초과하거나 새로 건조, 종류 변경 또는 대체취득한 선박의 톤수가 종전의 선박의 톤수를 초과하는 경우 및 새로 취득한 자동차 또는 기계장비의 가액이 종전의 자동차 또는 기계장비의 가액(구입가액)을 초과하는 경우에 그 초과부분에 대해서는 취득세를 부과한다. • 최소납부세액 적용(지특법제177조의2) • 사치성재산이면 감면배제
라. 추징사유 :

◇ **저자약력**

◇ **저자 :박 형 기**

전주고등학교 졸업
서울대학교 경영대학 경영학과 졸업
서울중앙지방법무사회 소속 법무사
전. 법무사시험동우회 회장
현. 대한법무사협회 법무사지 편집주간

○ 저 서

▶ 전문가와 CEO를 위한 부동산 기업 세법과 실무

▶ 상담을 위한 부동산세법 강의

▶ 지방세법 실무

상담을 위한 부동산 세법실무 핸드북

2023년 5월 10일 제2판 인쇄
2023년 5월 19일 제2판 발행

저자 인지

저 자 : 박 형 기
발행인 : 양 갑 수
발행처 : 법률&출판
등 록 : 25100-2005-000110
주 소 : 서울 서초구 법원로2길 7-4, 104호(서초동, 동용빌딩)
전 화 : 02-521-8199
팩 스 : 02-598-0332
ISBN 978-89-97476-74-9 93360

홈페이지 : www.법률서적.한국

값 20,000 원